高等职业教育药学类与食品药品类专业第四轮教材

U0741543

药品流通与营销 第②版

（供药学类、中药学及药品经营与管理专业用）

主　编　武卫红

副主编　付晓娟　郝　强

编　者　（以姓氏笔画为序）

丁路阳（济南护理职业学院）　　　　付晓娟（重庆医药高等专科学校）

仲继燕（重庆能源职业学院）　　　　张天超（山东医学高等专科学校）

张锦林（南通大学附属肿瘤医院）　　武卫红（山东医学高等专科学校）

郝　强（长春医学高等专科学校）　　胡　鹏（廊坊卫生职业学院）

唐　蓉（天津生物工程职业技术学院）　盛常富（曲靖医学高等专科学校）

中国健康传媒集团

中国医药科技出版社

内 容 提 要

　　本教材是高等职业教育药学类与食品药品类专业第四轮教材之一，根据《药品流通与营销》教学大纲的基本要求及课程特点编写而成。内容涵盖了十一个项目。以"项目导向，任务驱动"为主线展开，突出药品流通市场营销的实用性，每个项目中安排了案例导入、课堂活动、拓展阅读等模块，结合技能训练，实现"教、学、做"一体化。本教材为书网融合教材，即纸质教材有机融合电子教材、教学配套资源（PPT、微课、视频等）、题库系统、数字化教学服务（在线教学、在线作业、在线考试），使教学资源更加多样化、立体化，有助学习者理解掌握相关知识并及时考察学习效果。

　　本教材供全国高职高专院校药学类、中药学及药品经营与管理等专业师生教学使用，也可作为药品流通行业从业人员的培训教材和参考书。

图书在版编目（CIP）数据

　　药品流通与营销／武卫红主编. -- 2 版. -- 北京：
中国医药科技出版社，2025. 1. --（高等职业教育药学
类与食品药品类专业第四轮教材）. -- ISBN 978-7-5214-
5093-4

　　Ⅰ. F724.73

　　中国国家版本馆 CIP 数据核字第 2024090M30 号

美术编辑　陈君杞
版式设计　友全图文

出版　**中国健康传媒集团** | 中国医药科技出版社
地址　北京市海淀区文慧园北路甲 22 号
邮编　100082
电话　发行：010 - 62227427　邮购：010 - 62236938
网址　www. cmstp. com
规格　889 × 1194mm $^1/_{16}$
印张　12 $^3/_4$
字数　357 千字
初版　2019 年 7 月第 1 版
版次　2025 年 1 月第 2 版
印次　2025 年 1 月第 1 次印刷
印刷　北京金康利印刷有限公司
经销　全国各地新华书店
书号　ISBN 978 - 7 - 5214 - 5093 - 4
定价　49.00 元

获取新书信息、投稿、
为图书纠错，请扫码
联系我们。

出版说明

　　"全国高职高专院校药学类与食品药品类专业'十三五'规划教材"于2017年初由中国医药科技出版社出版，是针对全国高等职业教育药学类、食品药品类专业教学需求和人才培养目标要求而编写的第三轮教材，自出版以来得到了广大教师和学生的好评。为了贯彻党的十九大精神，落实国务院《国家职业教育改革实施方案》，将"落实立德树人根本任务，发展素质教育"的战略部署要求贯穿教材编写全过程，中国医药科技出版社在院校调研的基础上，广泛征求各有关院校及专家的意见，于2020年9月正式启动第四轮教材的修订编写工作。

　　党的二十大报告指出，要办好人民满意的教育，全面贯彻党的教育方针，落实立德树人根本任务，培养德智体美劳全面发展的社会主义建设者和接班人。教材是教学的载体，高质量教材在传播知识和技能的同时，对于践行社会主义核心价值观，深化爱国主义、集体主义、社会主义教育，着力培养担当民族复兴大任的时代新人发挥巨大作用。在教育部、国家药品监督管理局的领导和指导下，在本套教材建设指导委员会专家的指导和顶层设计下，依据教育部《职业教育专业目录（2021年）》要求，中国医药科技出版社组织全国高职高专院校及相关单位和企业具有丰富教学与实践经验的专家、教师进行了精心编撰。

　　本套教材共计66种，全部配套"医药大学堂"在线学习平台，主要供高职高专院校药学类、药品与医疗器械类、食品类及相关专业（即药学、中药学、中药制药、中药材生产与加工、制药设备应用技术、药品生产技术、化学制药、药品质量与安全、药品经营与管理、生物制药专业等）师生教学使用，也可供医药卫生行业从业人员继续教育和培训使用。

　　本套教材定位清晰，特点鲜明，主要体现在如下几个方面。

1. 落实立德树人，体现课程思政

　　教材内容将价值塑造、知识传授和能力培养三者融为一体，在教材专业内容中渗透我国药学事业人才必备的职业素养要求，潜移默化，让学生能够在学习知识同时养成优秀的职业素养。进一步优化"实例分析/岗位情景模拟"内容，同时保持"学习引导""知识链接""目标检测"或"思考题"模块的先进性，体现课程思政。

2. 坚持职教精神，明确教材定位

　　坚持现代职教改革方向，体现高职教育特点，根据《高等职业学校专业教学标准》要求，以岗位需求为目标，以就业为导向，以能力培养为核心，培养满足岗位需求、教学需求和社会需求的高素质技能型人才，做到科学规划、有序衔接、准确定位。

3. 体现行业发展，更新教材内容

　　紧密结合《中国药典》（2020年版）和我国《药品管理法》（2019年修订）、《疫苗管理法》（2019

年)、《药品生产监督管理办法》(2020年版)、《药品注册管理办法》(2020年版)以及现行相关法规与标准,根据行业发展要求调整结构、更新内容。构建教材内容紧密结合当前国家药品监督管理法规、标准要求,体现全国卫生类(药学)专业技术资格考试、国家执业药师职业资格考试的有关新精神、新动向和新要求,保证教育教学适应医药卫生事业发展要求。

4.体现工学结合,强化技能培养

专业核心课程吸纳具有丰富经验的医疗机构、药品监管部门、药品生产企业、经营企业人员参与编写,保证教材内容能体现行业的新技术、新方法,体现岗位用人的素质要求,与岗位紧密衔接。

5. 建设立体教材,丰富教学资源

搭建与教材配套的"医药大学堂"(包括数字教材、教学课件、图片、视频、动画及习题库等),丰富多样化、立体化教学资源,并提升教学手段,促进师生互动,满足教学管理需要,为提高教育教学水平和质量提供支撑。

6.体现教材创新,鼓励活页教材

新型活页式、工作手册式教材全流程体现产教融合、校企合作,实现理论知识与企业岗位标准、技能要求的高度融合,为培养技术技能型人才提供支撑。本套教材部分建设为活页式、工作手册式教材。

编写出版本套高质量教材,得到了全国药品职业教育教学指导委员会和全国卫生职业教育教学指导委员会有关专家以及全国各相关院校领导与编者的大力支持,在此一并表示衷心感谢。出版发行本套教材,希望得到广大师生的欢迎,对促进我国高等职业教育药学类与食品药品类相关专业教学改革和人才培养作出积极贡献。希望广大师生在教学中积极使用本套教材并提出宝贵意见,以便修订完善,共同打造精品教材。

数字化教材编委会

主　编　武卫红
副主编　付晓娟　郝　强
编　者　（以姓氏笔画为序）
　　　　丁路阳（济南护理职业学院）
　　　　付晓娟（重庆医药高等专科学校）
　　　　仲继燕（重庆能源职业学院）
　　　　张天超（山东医学高等专科学校）
　　　　张锦林（南通大学附属肿瘤医院）
　　　　武卫红（山东医学高等专科学校）
　　　　郝　强（长春医学高等专科学校）
　　　　胡　鹏（廊坊卫生职业学院）
　　　　唐　蓉（天津生物工程职业技术学院）
　　　　盛常富（曲靖医学高等专科学校）

前言 《

"十四五"时期是全面提升药品流通现代化水平，促进行业高质量发展的关键时期，药品流通行业发展面临新的机遇与挑战，急需大批既懂药品专业知识又懂药品流通市场营销技能的复合型人才。药品流通与营销是药学类、中药学及药品经营与管理等专业的主要核心课程，是一门理论与实践相结合的课程。为进一步贯彻落实《关于推动现代职业教育高质量发展的意见》《职业教育提质培优行动计划》《关于深化现代职业教育体系建设改革的意见》等文件精神，对标国家深化医药卫生体制改革要求，服务药品流通行业转型升级，不断推动现代职业教育教学改革和发展，根据相关专业人才培养目标，按照本套教材的编写总原则和要求，编写组对上一版教材进行了修订。

本版教材是在上一版教材的基础上进行了全面的梳理、调整和更新，具有以下特点。

一是强化课程思政，体现立德树人，在学习目标中增加素质目标，并在内容中适当融入思政元素。二是紧跟时代发展，优化教材内容，根据《药品经营和使用质量监督管理办法》等最新文件要求优化内容，紧密对接国家政策新要求、行业发展新形势。三是对接岗位实际，体现职教特色，教材编排有利于项目导向和任务驱动教学方式的实施，以强化学生职业能力及职业素养，突出药品流通与营销实践性强的特点。

本教材的编者均为来自全国医药类高职高专院校及教学医院的一线教师，多年从事药学教学与教改工作，具有丰富的教材编写经验。具体分工为：张天超编写项目一、项目三，武卫红编写项目二，张锦林编写项目四，郝强编写项目五，丁路阳编写项目六，盛常富编写项目七，付晓娟编写项目八，唐蓉编写项目九，胡鹏编写项目十，仲继燕编写项目十一。本教材可供全国高职高专院校药学类、中药学及药品经营与管理等专业师生使用，亦可作为相关从业人员学习参考用书。

本教材编写过程中得到了所有编者所在单位的大力支持，并参考了各种介质的文献资料。在此，我们对所有给予指导和支持的各级单位领导、文献资料作者、专家等表示衷心的感谢。

鉴于编者水平有限，书中难免存在疏漏和不妥之处，敬请广大读者、专家和同行提出宝贵意见，以便进一步修订、完善。

编　者
2024 年 9 月

目录
CONTENTS

学习目标

知识目标

1. 掌握药品流通的概念、药品营销的概念、药品流通的构成要素。
2. 熟悉药品流通与营销的关系及药品流通市场营销组合策略。
3. 了解药品流通与营销的现状及发展、药品流通的相关法规。

能力目标

1. 能区分4Ps、4Cs、4Rs、4Vs等营销组合理论。
2. 会初步运用营销组合策略分析药品流通市场。

素质目标

1. 正确认识职业规范与职业素养，养成良好的职业道德。
2. 具有实事求是、严肃认真的科学态度和爱岗敬业、不断创新的精神。
3. 树立药品质量观和安全用药意识。

案例导入

> **案例：** 2016年4月，国务院办公厅颁布了《深化医药卫生体制改革2016年重点工作任务》，明确要求综合医改试点省份在全省范围内推行"两票制"，并鼓励公立医院综合改革试点城市推行"两票制"。同年，国家食品药品监督管理总局发布了《关于整治药品流通领域违法经营行为的公告》，进一步规范了药品流通秩序。2017年1月，国务院医改办、国家卫生和计划生育委员会等八部门联合发布了《关于在公立医疗机构药品采购中推行"两票制"的实施意见（试行）》，标志着"两票制"从部分省市试点逐步推向全国施行。
>
> **讨论：** 1. 什么是药品采购"两票制"？
>
> 　　2. "两票制"全面实施给老百姓带来哪些实惠？给药品流通领域带来什么影响？

任务一　药品流通与营销的基本概念 ⓔ 微课1

PPT

一、流通的概念及构成要素

学术界对流通概念的认识持两种观点：一种观点认为，所谓流通即商品流通，是以货币为媒介的连续不断的商品交换，无数次的商品交换构成了流通过程。流通是商品经济所特有的范畴，商品经济消失，流通也就不存在了，这是狭义的流通概念。另一种观点认为，流通是指资本的流通，也就是马克思在《资本论》里所讲的流通过程，即资本的循环与周转，它是既包括流通过程又包括生产过程的大流通，这是广义的流通概念。

流通不是独立的、简单的、个别的交换行为，而是连续的、整体的、复杂的交换过程，是由多次交换行为所构建成的循环往复的交换系统，是商品和货币这两种价值形态不断转化所形成的完整的运动方式。在商品流通领域，每个商品的交换过程不是独立、孤立地存在，而是互为关联、彼此错综复杂地盘结、缠绕在一起。从这个角度上看，流通又是一切交换关系的总和，是商品交换的总体，是从整体上看的交换。

流通是属于商品交换范畴的经济现象，是商品交换的发展形态，是多次交换过程的反复，是商品交换发展到一定程度的必然结果。商品流通的要素主要包括以下四个方面：第一，流通对象——商品；第二，流通手段——货币；第三，流通形式——买卖；第四，流通过程——循环。

商品流通中"三流"是指商流、物流和信息流。

（一）商流

商流，是指生产者和消费者之间进行"物"的所有权转移时的商业活动，包括商业谈判、订货、销售、交易等内容。商流是商品通过交换而实现价值形态变换和所有权转移的经济运动过程，是商品流通过程的一种运动形式，反映着商品价值运动的本质要求。由于商流是以价值形态变换为基础产生的商品所有权转移，所以商流的结果是商品价值补偿和创造所有权效应。

（二）物流

物流，是指物品从供应地向接收地的实体流动过程，它是由一系列创造时间价值和空间价值的经济活动组成，包括运输、储存、装卸搬运、包装、流通加工、配送、信息处理等。物流反映了商品使用价值运动的本质要求，在物流运动过程中，经营者通过运输、贮存、装卸、包装、加工等手段，推动商品逐渐远离生产者而接近消费者，所以物流的结果是创造商品的时间效应、空间效应和形质效应。

（三）信息流

信息流，是指伴随着商流、物流活动所产生的信息有序运动的过程。信息流活动覆盖整个商品流通过程，是商品流通过程中一切经济活动内容的客观反映，包括信息收集、加工、贮存、传递等。所以信息流运行的结果是使商品流通过程各环节更加紧密、更具有目的性与针对性。

商流、物流和信息流三者之间关系密切，先有商流后有物流，而物流服务的质量又与信息流的流通情况息息相关。商流是动机和目的，信息流是手段，物流是过程。在流通的发展过程中，"三流"在不同阶段发挥着不同的主导作用。在商品流通的原始阶段，物流居于流通的主导地位，在这种物与物交换的时空内，包含了商流和信息流。当有了货币以后，交易或购买欲望驱动下的商流开始居于流通的主导地位，随着商业信用的发展，信息流的地位开始得到了提升。

二、营销与药品营销的概念

（一）营销

市场营销有宏观和微观之区别。当把它理解为是一种社会经济活动过程时，则是宏观市场营销，其目的在于满足社会和人类需要，实现社会的目标；当把它理解为是一种个人或组织活动时，则是微观市场营销，其目的在于满足目标顾客的需要，实现个人或组织的目标。

美国著名的市场营销专家菲利普·科特勒指出："市场营销是企业的一种职能，认识目前尚未满足的需求和欲望，估量和确定需求量的大小，选择和决定本企业能最好地为其服务的目标市场，并决定适当的产品、服务和计划，以便为目标市场服务。"这是从微观角度定义了市场营销就是企业的一种活动，其目的在于满足目标市场的需要和欲望。

宏观的市场营销是把市场营销活动与社会联系起来，着重阐述市场营销与满足社会需要、提高社会经济福利的关系，它是一种重要的社会过程。宏观市场营销的存在是由于社会化大生产及商品经济社会要求某种宏观市场营销机构及营销系统来组织整个社会所有的生产者与中间商的活动，组织整个社会的生产与流通，以实现社会总供需的平衡及社会福利的提高。

简而言之，市场营销是个人和组织通过创造并同他人交换产品和价值以满足需求和欲望的一种社会管理过程。

（二）药品营销

药品营销是市场营销理论在医药行业的一个特定分支，它是医药企业为了实现其目标，创造、建立并保持与目标市场之间的互利互换关系而进行的分析、计划、执行与控制过程。

药品营销是以消费者需求为出发点，综合运用整体营销组合策略，在满足消费者需求的基础上获取利润。消费者需求被满足的程度越高，企业的盈利就越多。当然，企业应树立尊重消费者利益的观念，一方面兼顾消费者的眼前需要和长远利益，如对某些药品长期或过量使用可能带来的不良反应加以说明，提醒消费者适度消费；另一方面兼顾消费者的个别需求与社会公众的利益，对有可能造成环境污染或资源过度消耗的产品加以改进。

药品营销的重点是为医疗保健服务。药品营销应更加注重人文关怀，以生命关注为首，加强与消费者的交流沟通，提供更加人性化的市场服务。总之，药品营销与药品销售不是同义词，而是具有更广泛的含义。

三、药品流通与营销的概念及结构

（一）药品流通

药品流通是指药品由生产领域向消费领域转移的整个过程。药品流通过程是由不同的流通环节所组成。所谓流通环节，是指药品由生产企业向消费领域转移过程中不同交换主体间的经济联系组合方式及相关业务活动职业组合方式的综合。在具体的业务活动中，流通环节有两种表现形式：一是由不同药品流通主体之间的交换活动所构成的流通环节；二是由药品交换过程中为实现药品流通职能而从事的相关业务活动构成。

（二）药品流通渠道基本结构

药品流通渠道与普通商品流通类似，即由生产商通过中间商（包括代理商、批发商、零售商）销售给消费者。其中，医院药房作为一种特殊的、具有垄断地位的零售商，占据了相当一部分药品零售市场份额。

药品流通渠道基本结构：药品生产者→代理商→批发商→零售商→消费者。

（三）药品流通与营销

药品流通包括药品购进、药品运输、药品保管、药品销售四大类业务环节。药品营销是药品流通的重要组成部分，对流通起到导向作用。

四、相关法规

为加强药品监督管理，规范药品流通秩序，保证药品质量，根据《中华人民共和国药品管理法》《中华人民共和国疫苗管理法》《中华人民共和国药品管理法实施条例》等法律、法规，国家先后制定了《药品流通监督管理办法》（2007 年 5 月 1 日至 2023 年 12 月 31 日）、《药品经营和使用质量监督管理办法》（2024 年 1 月 1 日起实施，简称新《办法》）。新《办法》夯实了药品经营活动中各相关方责任。强化药品上市许可持有人、药品经营企业的质量管理责任，细化其对药品购销人员、购销行为、储存运输等的管理要求，强调药品上市许可持有人、药品经营企业委托储存、运输活动的质量管理要求，并对药品零售连锁提出总部对所属门店统一管理的要求。要求医疗机构和其他药品使用单位建立药品质量管理体系，对本单位药品购进、储存、使用全过程的药品质量管理负责。

📖 拓展阅读

从事药品批发活动和药品零售活动应当具备的条件

第八条 从事药品批发活动的，应当具备以下条件：

（一）有与其经营范围相适应的质量管理机构和人员；企业法定代表人、主要负责人、质量负责人、质量管理部门负责人等符合规定的条件；

（二）有依法经过资格认定的药师或者其他药学技术人员；

（三）有与其经营品种和规模相适应的自营仓库、营业场所和设施设备，仓库具备实现药品入库、传送、分拣、上架、出库等操作的现代物流设施设备；

（四）有保证药品质量的质量管理制度以及覆盖药品经营、质量控制和追溯全过程的信息管理系统，并符合药品经营质量管理规范要求。

第十条 从事药品零售活动的，应当具备以下条件：

（一）经营处方药、甲类非处方药的，应当按规定配备与经营范围和品种相适应的依法经过资格认定的药师或者其他药学技术人员。只经营乙类非处方药的，可以配备经设区的市级药品监督管理部门组织考核合格的药品销售业务人员；

（二）有与所经营药品相适应的营业场所、设备、陈列、仓储设施以及卫生环境；同时经营其他商品（非药品）的，陈列、仓储设施应当与药品分开设置；在超市等其他场所从事药品零售活动的，应当具有独立的经营区域；

（三）有与所经营药品相适应的质量管理机构或者人员，企业法定代表人、主要负责人、质量负责人等符合规定的条件；

（四）有保证药品质量的质量管理制度、符合质量管理与追溯要求的信息管理系统，符合药品经营质量管理规范要求。

任务二　药品流通与营销的现状及发展趋势

PPT

一、我国药品流通与营销的现状

我国药品流通行业是一个重要的经济支柱，也是支持医疗保健体系发展的重要行业。近年来，我国药品流通市场发展迅速，呈现出以下发展现状。

（一）市场规模持续扩大

随着人们健康意识的提高和医疗水平的不断提升，医药市场需求不断增长。根据统计数据显示，中国的医药市场规模已经成为全球第二大市场。2021年，全国七大类医药商品销售总额达到26064亿元，药品流通市场规模稳步增长。2022年，全国药品流通市场销售规模进一步增长，达到27516亿元。

（二）流通环节逐步规范

为了加强监管，保障患者用药安全，中国政府加大了对医药流通环节的监管力度，并推进医药流通的规范化发展。相关法规和政策的出台，为医药流通企业提供了更明确的经营准则。

（三）电子商务渠道崛起

随着互联网技术的发展，电子商务渠道在药品流通领域日益崛起。越来越多的企业开始开展在线销售和配送服务，提高了药品的采购效率和患者的用药便利性。医药电商订单数量增幅明显，线上医药销售市场规模约为1.9万亿元人民币，显示出药品流通行业对新零售模式的积极接纳和应用。

（四）供应链管理优化

为了提高医药流通效率和降低成本，企业开始采用先进的供应链管理技术和模式。通过建立信息化平台、优化仓储和配送网络等手段，提高了药品的流通效率和可追溯性。

（五）跨境医药流通合作加强

随着全球医药市场的互联互通，我国与其他国家之间的医药流通合作日益增多，跨境电商平台和自贸区的建设，为进口药品的流通提供了更多便利条件。

总体来说，我国药品流通市场正处于快速发展阶段，同时也面临着一些挑战。与发达国家比，在市场集中度、物流运作模式、渠道管理、供应链安全等方面还存在着较大的差距。这就需要政府和企业共同努力，加强监管和技术应用，进一步推动药品流通市场的健康发展。

二、我国药品流通与营销的发展趋势

目前，医改、降价、直销、网上交易等等都给医药企业成本、质量控制和营销策略创新提出了更高的要求，因此医药企业必须理顺后GMP时代医药企业营销思路，探讨新形势下医药市场流通与营销战略、经营管理，突破医药营销困局、创新医药营销模式，全面提升医药企业的竞争力，方能顺应行业新政策下新的营销环境，才能给我国的医药企业带来新的行业增长。

2016年，国务院办公厅印发《关于开展仿制药质量和疗效一致性评价的意见》，全面开展仿制药质量和疗效一致性评价工作。2018年，药品购销"两票制"全面落地，医药流通行业的集中度进一步提升。2018年初，国务院机构改革国家医保局成立，全权负责药品的市场流通及最终销售价格，掌握着药械产品的定价权、招标采购权和支付权。在医保基金收支平衡压力加大的情况下，控费成为当前医药行业面临的变局之一。

"十一五""十二五"期间我国药品流通市场规模复合增长率高达20.5%和15.2%。随着行业规模扩大等多种因素的影响，进入"十三五"时期，年均增速呈现逐渐下降趋势，进入个位数时代。2021年、2022年我国医药流通市场同比增速分别为8.5%、6.0%。尽管如此，医疗健康产品刚性需求仍使市场规模持续扩大，只是增速变低。进入"十四五"时期，我国药品流通市场规模持续扩大。2023年全国药品流通市场销售总额已达29304亿元，同比增长7.5%。

受国家食品药品监督管理总局关于整治药品流通领域违法经营行为的公告（2016年第94号）、"两票制""营改增"等政策影响，我国医药流通市场集中度将进一步提升。2018年，随着"两票制"在各省陆续落地，药品渠道整合暂时告一段落，为大型流通企业完善网络布局提供了契机。

近年来，随着我国电子商务的快速发展，网购已成为常态化消费方式，药品网络销售的活动也日趋活跃。为进一步规范药品网络销售行为，保障网络销售药品质量安全，确保人民群众用药可及，切实维护人民群众生命安全和身体健康，市场监管总局于2022年7月15日第9次局务会议通过《药品网络销售监督管理办法》（以下简称《办法》），2022年12月1日起正式施行。《办法》中第九条规定："通过网络向个人销售处方药的，应当确保处方来源真实、可靠，并实行实名制。药品网络零售企业应当与电子处方提供单位签订协议，并严格按照有关规定进行处方审核调配，对已经使用的电子处方进行标记，避免处方重复使用。第三方平台承接电子处方的，应当对电子处方提供单位的情况进行核实，并签订协议。药品网络零售企业接收的处方为纸质处方影印版本的，应当采取有效措施避免处方重复使用。"

随着"两票制"带来的新变局，"渠道为王"的市场模式受到挑战，要想延续辉煌，医药企业除了在网络建设、成本管理等方面横向拓展外，还必须在产业链上为上游工业企业合作伙伴与下游终端客户提供更多的增值服务。面对第三方物流平台的激烈竞争，下游客户对成本和效率以及管理提升的诉求，医药供应链创新的趋势也将不断进步。

三、国外药品流通与营销的情况简介

相对于我国药品流通发展现状，国外发达国家已逐步形成了相对成熟和完善的运作模式。尽管不同国家实施了不同的流通体制，但其中不乏一些共同特点。

（一）主渠道是零售药店

许多发达国家早已实行了医药分开的管理制度，例如美国医院只设住院药房，在门诊就医的病人需到零售药店买药；日本1956年就完成了医药分开相关规定的立法，占有药品销售市场份额90%的是由生产企业通过批发商等中间媒介将药品传递到消费者手中；在法国药品生产企业通过零售药店销售药品和销售给医院的比例分别是84.7%和15.3%；德国零售药店销售额约占总销售额的84%。

（二）市场高度集中

处于垄断地位的大型医药批发企业在药品流通市场中占据着主导地位，凭借丰富的营销经验，高效率低成本的优质服务水平，在市场中保持着明显的竞争优势。例如德国十大医药批发商的前三位占有

60%～70%的市场份额；法国前三位占有95%的市场份额，而美国前三家医药企业的销售额占总销售额的95%以上。

（三）中介组织相对成熟

中介组织不仅为医药企业和医疗机构提供便利服务，而且协助政府对药品市场进行管理。例如日本制药协会建立了提供数据交换服务的药品电子网，为信息共享提供平台；欧共体将审查认可工作交给第三方机构，对制造商提供的资料、产品信息等进行审查。

（四）信息化程度高

信息技术的应用降低了药品流通的成本，例如德国批发企业和零售药店之间借助网络查询物流信息进行订货，大大降低了成本。欧美国家对其在全国范围内销售的药品都规定了涵盖基本信息的唯一代码，方便顾客凭代码对药品进行追踪。国外许多大型医药企业都建立了自动化立体仓库，电子标签、无线扫描等自动化设备的运用及条码的普及，基本实现了药品从入库到出库的自动化，提高了工作效率。

（五）药品费用控制系统相对全面

发达国家现已形成了药品生产、经营、使用等的一整套政策来管制药品的价格。鼓励新药研发、生产，采用垄断性质的配送中心，减少流通环节，统购统销。例如法国的严格定价管制、德国的参考定价、英国的药品利润控制等。

拓展阅读

关于"十四五"时期促进药品流通行业高质量发展的指导意见

为贯彻落实党中央、国务院关于深化医疗卫生体制改革、实施健康中国战略的决策部署，全面提升药品流通现代化水平，完善现代药品流通体系，提高药品流通效率，促进行业高质量发展，结合国家相关规划以及《"十四五"商务发展规划》有关精神，2021年10月28日商务部发布《关于"十四五"时期促进药品流通行业高质量发展的指导意见》（以下简称《指导意见》），对我国药品流通行业"十四五"期间高质量发展提出明确要求。

《指导意见》指出，药品流通行业是国家医药卫生事业和健康产业的重要组成部分，是关系人民健康和生命安全的重要行业。

《指导意见》提出，到2025年，药品流通行业与我国新发展阶段人民健康需要相适应，创新引领、科技赋能、覆盖城乡、布局均衡、协同发展、安全便利的现代药品流通体系更加完善。培育形成1～3家超五千亿元、5～10家超千亿元的大型数字化、综合性药品流通企业，5～10家超五百亿元的专业化、多元化药品零售连锁企业，100家左右智能化、特色化、平台化的药品供应链服务企业。药品批发百强企业年销售额占药品批发市场总额98%以上；药品零售百强企业年销售额占药品零售市场总额65%以上；药品零售连锁率接近70%。

《指导意见》还明确了完善城乡药品流通功能、着力提升药品流通能级、稳步发展数字化药品流通、促进对外交流合作、夯实行业发展基础等具体任务，提出加强组织领导、加大政策指导、发挥协会作用三项保障措施。

任务三　药品流通市场营销组合策略 🅔微课2

PPT

一、4Ps、4Cs、4Rs、4Vs 营销理论简介

（一）4Ps 营销理论

20 世纪著名的营销学大师杰罗姆·麦卡锡在 1960 年出版的《基础营销学》中第一次提出了 4Ps 营销组合模式，他认为企业在从事营销活动时，一方面应考虑企业的外部环境，另一方面应制定市场营销组合策略，适应环境，满足目标市场的需要，实现企业目标。麦卡锡绘制了一张市场营销组合模式图，图的中心是某个消费群体，即目标市场，周围一圈是四个可控要素，产品（product）、价格（price）、渠道（place）、促销（promotion），即 4Ps 组合。图的外圈是企业的外部环境，包括各种不可控因素：社会文化环境、经济环境、政治法律环境等。麦卡锡认为 4Ps 组合的各要素将会受到这些外部环境因素的影响和制约。

1. 产品策略　是指企业应考虑为目标市场开发适当的产品，包括产品的效用、质量、外观、附件、商标、品牌、包装和规格，还包括服务和销售保障等因素。

2. 价格策略　是指企业根据不同的市场进行定位，包括基本价格、折扣折让价格、价格变动幅度、支付方式、支付期限、借贷条件等，它是指企业出售产品所追求的经济回报。

3. 渠道策略　是企业通过适当的方式将产品送到目标市场，包括分销渠道、中间商类型、储存设施、运输设施、存货控制等，它是企业为使其产品进入和到达目标市场所组织实施的各种活动。

4. 促销策略　是指企业利用各种信息载体与目标市场进行沟通的活动，包括广告、营业推广、公共关系、人员推销等。

20 世纪 70 年代，随着服务业的迅速发展，传统的营销组合已经不能很好地适应服务业需要，有学者又增加了第 5 个"P"，即"人"（people）；又因为包装在消费品营销中的重要意义，"包装"（packaging）成为第 6 个"P"；20 世纪 80 年代，科特勒教授在强调"大营销"时，又提出了两个"P"，即公共关系（public relations）和政治（political power）。

1986 年，当营销战略计划变得重要时，科特勒教授又提出了战略计划中的 4Ps 过程，即研究（probing）、划分（partitioning）（即细分 segmentation）、优先（prioritizing）、定位（positioning）。至此，营销组合演变成了 12Ps。

12Ps 是市场营销过程中的可控因素，也是企业进行市场营销活动的主要手段，对它们的具体运用，形成了现代企业的市场营销战略。

（二）4Cs 营销理论

随着医药市场的竞争日趋激烈，4Ps 理论越来越受到挑战。1990 年，美国学者罗伯特·劳特朋教授提出了与 4Ps 相对应的 4Cs 营销理论，4Cs 分别指顾客（customer）、成本（cost）、便利（convenience）和沟通（communication）。4Ps 向 4Cs 的转变，意味着产品向顾客转变，价格向成本转变，分销渠道向便利转变，促销向沟通转变。4Cs 营销理论以顾客需求为导向。

1. 顾客策略　强调"忘掉产品，考虑消费者的需要与欲望"，企业营销思想从"消费者请注意"转变为"请注意消费者"，企业必须首先了解和研究顾客，根据顾客的需求来提供产品，同时企业应意识

到其提供的不仅仅是产品和服务，更重要的是由此产生的客户价值（customer value）。

2. 成本策略　强调"忘掉价格，分析消费者为满足自身需要与欲望所愿付出的成本"，这里的成本不但是指 4P 中的 price（价格），还应包括顾客的购买成本，意味着产品的定价是既低于顾客的心理价格，亦能够让企业有所盈利。其中顾客的购买成本不仅包括其货币支出，还包括其为此耗费的时间、精力、体力以及担负的购买风险等。

3. 便利策略　即是研究怎样使得消费者的购买更方便更快捷，顾客在购买某一商品时，除耗费一定的资金外，还要耗费一定的时间、精力和体力，这些构成了顾客总成本。由于顾客在购买商品时，总希望把有关成本降到最低限度，以使自己得到最大限度的满足，因此，零售企业必须考虑顾客为满足需求而愿意支付的"顾客总成本"，努力降低顾客购买的总成本，例如降低商品进价成本和市场营销费用从而降低商品价格，以减少顾客的货币成本；努力提高工作效率，尽可能减少顾客的时间支出，节约顾客的购买时间；通过多种渠道向顾客提供详尽的信息、为顾客提供良好的售后服务，减少顾客精力和体力的耗费等。

4. 沟通策略　是指企业应通过同顾客进行积极有效的双向沟通，改变促销时把顾客看做是被动接受者的观念，建立基于共同利益的新型企业与顾客的关系。沟通不再是企业单向地促销和劝导顾客，而是着重从感情上加强与顾客的双向沟通，在双方的交流中找到能同时实现各自目标的途径。

（三）4Rs 营销理论

20 世纪 90 年代，整合营销传播理论的鼻祖唐·舒尔茨在 4Cs 营销理论基础上提出了 4Rs 理论，4R 即关联（relevance）、反应（reaction）、关系（relation）、回报（reward）。该理论以关系营销为核心，重在建立顾客忠诚，认为随着市场的发展，企业应从更高层次上以更有效的方式与顾客之间建立起有别于传统的新型的主动性关系。该理论既从企业利益出发又兼顾了消费者的需求，是一个更为实际、有效的营销理论。

1. 关联　是认为企业与顾客是一个命运共同体。在竞争的环境中，企业必须随时关注顾客的需求及其变化，通过某些有效的方式在业务、需求等方面与顾客建立关联，形成一种互助、互求、互需的关系，把顾客与企业联系在一起，减少顾客的流失，以此来提高顾客的满意度与忠诚度，赢得长期而稳定的市场。

2. 反应　是指企业应在顾客的需求变化时，甚至是变化前做出适当的反应，从推测性商业模式转变为高度回应需求的商业模式。在相互渗透、相互影响的市场中，对企业来说最重要的不是如何制订、实施计划等，而是如何及时倾听顾客的希望、渴望和需求，并及时做出反应来满足顾客的需求。

3. 关系　是指在企业应与顾客建立长期、稳定且密切的关系，建立顾客数据库，开展数据库营销，减少顾客流失，从而降低营销费用。在当今市场环境下，抢占市场的关键是与顾客建立长期而稳固的关系，与此相适应的是 5 个方面的转变：从一次性交易转向强调建立长期友好合作关系，从着眼于短期利益转向重视长期利益，从顾客被动适应企业单一销售转向顾客主动参与到营销中来，从相互的利益冲突转向共同的和谐发展，从管理营销组合转向管理企业与顾客的互动关系。

4. 回报　是指企业营销的真正动机是为企业带来短期的利润回报和长期的价值回报，一定的合理回报既是维持市场关系的必要条件，也是营销发展的动力，是企业营销的根本出发点和目标。

4Rs 营销理论强调以竞争为导向，体现了关系营销的思想，着眼于企业与顾客建立互动与双赢的关系，不仅积极满足了顾客的需求，而且主动地创造需求，通过关联、关系、反应等形式把企业与顾客紧密联系在一起，形成了独特竞争优势。

（四）4Vs 营销理论

20 世纪 80 年代以来，随着以 IT 技术为代表的高科技产业迅速崛起，高科技企业、高技术产品与服务不断涌现，互联网、移动通讯工具、发达交通工具和先进的信息技术，使原来那种企业和消费者之间信息不对称状态得到改善，沟通的渠道多元化，越来越多的跨国公司开始在全球范围进行资源整合。在这种背景下，营销观念、方式也不断丰富与发展，并形成独具风格的 4Vs 营销理论。4Vs 是指差异化（variation）、功能化（versatility）、附加价值（value）、共鸣（vibration）的营销组合理论。4Vs 营销理论重视产品或服务中无形要素，通过品牌、文化等以满足消费者的情感需求。

1. 差异化　是指企业针对消费者需求的多样化和个性化，通过产品差异化、市场差异化、形象差异化等去满足消费者差异化需求的营销策略。顾客是千差万别的，在个性化时代这种差异更加显著。

管理大师德鲁克曾经说过企业经营的宗旨只有一个，就是创造顾客，而创造顾客就是创造差异，有差异才能有市场。差异化营销所追求的"差异"是产品的"不完全替代性"，即在产品功能、质量、服务、营销等方面与竞争对手区别开来。差异化营销一般分为产品差异化、形象差异化和市场差异化三个方面：①产品差异化是指某一企业生产的产品，在质量、性能上明显优于同类产品的生产厂家，从而形成独自的市场；②形象差异化是指企业实施品牌战略和 CI 战略而产生的差异，借助于媒体的宣传，使企业在消费者心目中树立良好的形象，从而对该企业的产品发生偏好；③市场差异化是指由产品的销售条件、销售环境等具体的市场操作因素而产生的差异，主要包括销售价格差异、分销渠道差异和售后服务差异等。

2. 功能化　又称功能弹性化，是指企业根据消费者差异化需求，提供不同功能的系统化产品，供消费者选择的营销策略。

现代市场营销观念认为企业的产品定位有三个层次：①核心功能，它是产品之所以存在的理由，主要由产品的基本功能构成；②延伸功能，即功能向纵深方向发展，由"单功能 – 多功能 – 全功能"的方向向前发展；③附加功能，如美学功能等。当然，产品的功能越多其所对应的价格也越高。

功能弹性化是企业提供不同功能的系列化产品供消费者选择，增加一些功能可变成豪华奢侈品（或高档品），而减掉一些功能又能变成中、低档消费品。消费者根据自己的习惯与承受能力选择其具有相应功能的产品。

3. 附加价值　是指企业通过营销创新、服务创新、技术创新、文化创新等途径增加产品和服务的延伸功能或附加功能，给消费者创造附加价值的营销策略。

现代企业产品的价值构成，包括基本价值与附加价值两个组成部分，前者是由生产和销售某产品所付出物化劳动和活劳动的消耗所决定，后者由技术附加、营销或服务附加、企业文化与品牌附加三部分所构成。目前，高技术附加价值、品牌或企业文化附加价值与营销附加价值在价值构成中的比重明显升高，所以当前世界顶尖企业之间的产品竞争已不仅仅局限于核心产品与形式产品，竞争优势已明显表现在产品的第三个层次——附加产品，即更强调产品的高附加价值。因而，当代营销新理念的重心在"附加价值化"。

附加价值化可从三个角度入手：①提高技术创新在产品中的附加价值，把高技术含量充分体现在"价值提供"上，从技术创新走向价值创新；②提高创新营销与服务在产品中的附加价值；③提高企业文化或品牌在产品中的附加价值。当今消费者表面上看是购买企业产品的使用价值，实质上是购买企业的价值；表面上是消费企业所提供的产品，实质上是消费企业的文化。

4. 共鸣　是指企业通过持续占领市场并保持竞争优势的价值创造，实现消费者"价值最大化"及企业"利润最大化"的营销策略。

　　共鸣策略强调的是将企业的创新能力与消费者所珍视的价值联系起来，通过为消费者提供价值创新使其获得最大程度的满足。消费者追求"效用最大化"，这就要求企业必须从价值层次的角度为消费者提供具有最大价值创新的产品和服务，使其能够更多地体验到产品和服务的实际价值效用。这里所强调的价值效用，实质上就是消费者追求的一种期望价值和满意程度，是企业对消费者基于价值层面上的一种"价值提供"，这种"价值提供"构成了价值创新的核心内容。企业只有实现其经营活动中各个构成要素的价值创新，才能最终实现消费者的"效用价值最大化"，而当消费者能稳定地得到这种"价值最大化"的满足之后，即不可避免地成为该企业的终身顾客，从而使企业与消费者之间产生了共鸣。

　　4Vs营销组合理论既兼顾了社会和消费者的利益，又兼顾了资本家、企业与员工的利益，更重要的是可以培养和构建企业的核心竞争力。

📱 拓展阅读

药品的学术营销

　　学术营销是指医药企业根据药品的主治功能、临床数据和差异性，提炼出药品的治疗方案和特点，通过多种方式与医生进行科学有效的沟通，帮助医生实现治疗方案最优化，从而实现患者利益最大化。学术营销这种模式的与众不同之处就是要让医生从内心深处认可产品的差异化优势，认可产品带给患者的利益。

　　学术营销最早来源于外资药企做专利药，主要是针对的是医生。由于许多医生不清楚专利药使用的最佳方法和如何联合用药等问题，所以外资药企就利用学术推广，系统地给医生讲授专利药的知识。

　　学术营销的目的是要建立医药企业的品牌优势，从而反映企业的综合实力。近年来，随着国家对医药市场管理的逐步规范，药品的学术营销越来越受到重视，许多业内专家认为，学术营销将成为医药企业营销的必然选择。

二、药品流通市场营销组合策略概述

　　药品市场流通营销组合策略应系统考虑产品、价格、渠道、促销、人员、有形展示、过程等多方面因素，制定一体化的解决方案。

（一）产品策略

　　产品策略是指企业开发适合于目标市场需求的医药产品，选择正确的品牌策略和包装策略，合理设置产品组合结构，并根据医药产品所处生命周期的不同阶段解释相应的营销策略。产品策略包括整体产品概念、新产品研发、产品组合、品牌、包装等内容，影响产品策略的因素主要有产品的特性、质量、外观、品牌、包装、商标、附件、服务等。

（二）价格策略

　　价格策略是指企业充分考虑影响医药产品定价的主要因素，估计消费者的需求与成本，采用正确的定价方法合理制订医药产品的价格，并能对竞争企业价格变动及时作出反应。价格策略包括确定定价目标、定价方法与策略等内容，影响价格策略的因素主要有企业定价目标、产品成本、市场需求的价格弹性、竞争者的价格、国家政策法规等。

（三）渠道策略

渠道策略是指企业选择产品如何顺利到达消费者手中的途径和方式等方面的策略。渠道策略包括分销渠道的模式、设计及其管理等内容，影响渠道策略的因素主要有区域分布、中间商类型、存储条件及运输方式等。

（四）促销策略

促销策略是指企业利用信息传播手段向消费者、社会传递有利于自己的信息，进而促进顾客购买企业产品以实现扩大销售的策略。促销策略包括企业与市场沟通的所有方法，影响因素主要有人员推销、广告、公共关系、营业推广等。

以上四个方面的策略组合起来统称为市场营销组合策略，其基本思想是：从制订产品策略开始，同时制订产品价格、选择分销渠道及促销方式，组合成策略总体，实现以合适的产品、合适的价格、合适的分销渠道、合适的促销方式，把企业的产品和服务提供给合适的消费者的目的。从某种意义上说，企业营销的成败取决于上述组合策略的选择和综合运用的效果。

除了以上四方面的组合策略，企业还有人员策略、有形展示策略及过程策略等。

1. 人员策略　是指企业应建立高效的营销队伍，提高营销人员的素质，把握好个人、企业和顾客三者之间的关系，使企业服务增值。

2. 有形展示策略　是指企业应向外界，特别是顾客，实施有效的服务展示，从而赢得顾客和社会满意，规范员工的行为举止，树立高素质员工形象，改善业务部门的条件，为顾客提供良好的服务环境，建立有效的顾客投诉处理机制等。

3. 过程策略　是指企业在产品由生产领域向消费领域转移的整个过程中，应方便顾客，简化流程，不断创新，满足顾客各方面要求，同时实现企业服务过程高效率、低成本的目的。

目标检测

答案解析

一、单选题

1. 以下关于流通说法不正确的是（　　）

A. 是以货币为媒介的连续不断的商品交换，无数次的商品交换构成了流通过程

B. 流通过程是包括生产过程的大流通

C. 流通不属于商品交换范畴的经济现象

D. 流通是一切交换关系的总和，是商品交换的总体

2. 药品流通的流通对象是（　　）

A. 药品　　　　　　B. 信息　　　　　　C. 资本　　　　　　D. 商品

3. 药品流通的流通手段是（　　）

A. 信息　　　　　　B. 货币　　　　　　C. 药品　　　　　　D. 营销

4. 药品市场营销的重点是为（　　）服务

A. 药品生产企业　　B. 药品批发企业　　C. 药品经营企业　　D. 医疗保健

5. 产品策略不包括（　　）

A. 价格　　　　　　B. 质量　　　　　　C. 品牌　　　　　　D. 包装

6. 关于4Cs营销理论，下列叙述错误的是（　　）

　　A. 产品向顾客转变　　　　　　　　　　B. 价格向成本转变

　　C. 分销渠道向便利转变　　　　　　　　D. 沟通向促销转变

7. 关联属于（　　）营销理论

　　A. 4Ps　　　　　　B. 4Vs　　　　　　C. 4Cs　　　　　　D. 4Rs

二、多选题

1. 商品流通中"三流"是指（　　）

　　A. 商流　　　　　　B. 物流　　　　　　C. 信息流　　　　　　D. 资金流

2. 药品流通包括（　　）

　　A. 药品购进　　　　B. 药品运输　　　　C. 药品保管　　　　D. 药品销售

3. 药品流通渠道基本结构组成有（　　）

　　A. 药品生产者　　　B. 代理商　　　　　C. 批发商　　　　　D. 零售商

4. 4Vs营销理论是指（　　）

　　A. 差异化　　　　　B. 功能化　　　　　C. 附加价值　　　　D. 回报

5. 有形展示策略包括（　　）

　　A. 规范员工的行为举止　　　　　　　　B. 树立高素质员工形象

　　C. 改善业务部门的条件　　　　　　　　D. 为顾客提供良好的服务环境

三、问答题

1. 何为药品流通？举例说明。

2. 简述药品流通与营销的关系？

3. 目前我国药品流通市场主要存在的问题有哪些？

4. 简述4Ps和4Cs营销理论的区别。

5. 怎样理解4Vs营销理论中的差异化？

书网融合……

| 知识回顾 | 微课1 | 微课2 | 习题 |

（张天超）

项目二　药品流通市场营销环境分析

知识目标

1. 掌握药品流通市场营销宏观环境、微观环境的内容。

2. 熟悉药品流通市场营销环境的特征；药品流通市场营销环境分析的方法。

3. 了解药品流通市场营销环境的含义；药品流通企业的战略定位。

能力目标

会运用本章知识对药品流通市场营销环境进行科学分析，并能对医药企业流通市场营销环境机会和威胁提出合理化建议。

素质目标

1. 具有药品质量意识、遵纪守法、诚实守信，能履行药品流通市场营销职业道德准则和行为规范，具有一定的社会责任感和社会参与意识。

2. 具有吃苦耐劳、乐观向上的品质与较强的团队合作精神。

3. 具有独立处理突发事件的能力及创新意识。

▶▶ **案例导入**

案例：2018年11月14日，中央全面深化改革委员会第五次会议审议通过了《国家组织药品集中采购试点方案》，明确了国家组织、联盟采购、平台操作的总体思路，并要求在"4+7"城市（4个直辖市+7个重点城市）开展药品集中采购试点，11月15日《4+7城市药品集中采购文件》发布，12月17日公布中标结果，共有25个药品中标，中标价平均降幅52%，最大降幅达到96%。因试点成效显著，2019年8月6日，国家正式将集中采购政策扩围到所有省份，截至2023年12月，国家医保局共组织九批集中带量采购，累计成功采购药品达374种。药品集中带量采购的改革实施将对医药市场格局带来巨大影响。

讨论：1. "集中带量采购"的实施将会给医药企业的药品流通市场营销环境带来哪些影响？

2. 医药企业面对"集中带量采购"带来的药品流通市场营销环境的改变该如何应对？

PPT

任务一　药品流通市场营销环境概述

药品流通市场营销活动是在一定的环境条件下开展的，必然会受到社会多种因素的影响，一方面来自医药企业的内部因素，包括人、财、物、信息等；另一方面来自企业外部环境因素，包括政治、经济、文化社会、科学技术等。医药企业必须重视药品流通市场营销环境的评价分析，处理好与各种内外环境因素的关系，相互适应、相互协调，才能规避风险，实现企业目标。

一、药品流通市场营销环境的概念

现代营销学之父菲利普·科特勒认为，市场营销环境是指影响企业的市场和营销活动的不可控制的参与者和影响力。具体而言，商品流通市场营销环境是指企业赖以生存和发展的各种内外部因素的综合，这些因素既可以为企业创造市场机会，也可能给企业带来某种威胁。因此企业要重视研究分析商品流通市场营销环境及其变化情况。

药品流通市场营销环境是指与医药企业生存和发展相关的，直接或间接影响药品流通市场营销活动的各种外部条件和内部因素的综合。

根据环境要素对医药企业市场活动的影响方式和程度，可将药品流通市场营销环境分为宏观环境和微观环境两大类。宏观环境是指间接影响医药企业市场活动的社会性因素，主要包括人口、经济、自然、科技、政治法律及社会文化环境。微观环境是指与医药企业市场活动紧密相关的环境因素，是直接影响医药企业市场活动的各种参与者，主要包括企业内部环境、供应商、营销中介、顾客、竞争者及公众。药品流通市场营销环境（图2-1）是多因素、多层次的综合体，微观环境受制于宏观环境，宏观环境通过微观环境对医药企业起作用。

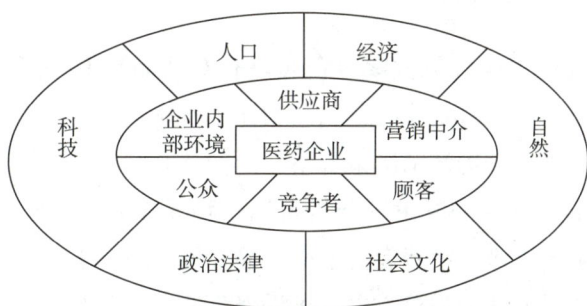

图2-1 药品流通市场营销环境构成要素

二、药品流通市场营销环境的特征 📱微课1

药品是事关人的生命安全与健康的特殊商品，影响和制约药品流通市场营销活动的内外部环境因素复杂而多变，医药企业必须把握环境变化的规律，掌握其特点，才能为营销活动做出正确决策。药品流通市场营销环境具有以下特征。

1. 客观性 医药企业的生存与发展是在特定的社会环境下进行的，药品流通市场营销环境不会以某个组织或个人的意志为转移，有其自身的运行规律和发展特点。医药企业的营销活动只能主动适应和利用客观环境，不能改变或违背。只有客观准确地分析环境因素，才能减少营销决策的盲目和失误，赢得营销活动的成功。

2. 差异性 不同的国家、民族和地区在人口、经济、政治、法律、文化等各方面存在巨大差异，对医药企业产品流通与营销活动的影响差异也较大。即使同样的环境因素变化对不同企业产生的影响也是有差异的，比如医疗体制改革对不同企业的影响是不一样的。医药企业应准确分析其营销环境的差异，采取相应的营销策略。

3. 动态性 药品流通市场营销环境是处在动态变化中的，如药品相关法律法规的修订、医改政策的调整、人口结构的变化、科学技术的进步等。特别是网络化、全球化、信息化、智能化时代的到来给药品流通市场营销活动的内外部环境带来了巨大的变化。因此，医药企业需要建立动态环境监测机制，关注环境的变化，提高对环境变化趋势的预判能力，主动应对环境变化给医药企业带来的影响。

4. 相关性 药品流通市场营销环境各因素之间相互制约、相互影响，其中一个因素的变化会引起其他多个因素相互变化，从而形成新的市场环境。比如，医改政策的变化会影响到药品的价格，继而影响到药品市场的供求。因此，医药企业需要对环境因素进行综合分析，才能全面地掌握环境因素对企业的影响。

5. 复杂性 全球经济一体化、区域经济协同发展的大背景下，各个国家和地区间的经济联系日趋紧密且彼此间产生着重要影响。我国正处在深化医改的关键期，对医药流通行业的监管政策也日渐严格，医药流通行业逐渐向专业化、集约化、市场化发展，这些都增加了医药企业对环境分析的难度。

三、药品流通市场营销环境分析的意义

1. 有利于企业发现市场机会，规避环境威胁 环境的变化对于医药企业的营销活动起着双重作用，既可为企业提供市场机会，也可给企业带来威胁。医药企业只有通过认真分析环境的变化情况，结合本企业的优势和劣势，才能制订出规避威胁、把握机会的药品流通市场营销策略，使企业在竞争中求得生存和发展。

2. 有利于企业制订出正确的营销决策方案 企业只有对药品流通市场营销环境进行调查分析，总结研究，及时了解环境的动态，才能对企业的营销活动作出正确的预测，对原有决策及时进行修正，制订出切实可行的、科学的药品流通市场营销决策方案。

3. 有利于企业更好地满足消费者的需求 分析营销环境是企业进行营销活动的基础，企业只有首先分析消费者的需求，才能生产出满足消费者需求的产品和服务。同时，消费者消费需求的形成又受到营销环境的影响，营销环境可引导消费需求方向，可诱发新需求及促使消费方式、消费习惯的转变。所以，企业对药品流通市场营销环境的分析能更好地满足消费者的需求。

任务二　药品流通市场营销环境分析

PPT

一、药品流通市场营销宏观环境分析 微课1

药品流通市场营销宏观环境是指医药企业无法直接控制的因素，是通过影响微观环境来影响企业营销能力和效率的一系列社会因素，包括人口、经济、自然生态、科学技术、政治法律及社会文化等因素。由于这些环境因素对企业营销活动起着间接影响作用，又称间接营销环境。

（一）人口环境

人口是构成市场的第一要素，人口数量、人口密度、人口结构、地理分布等因素的变化直接影响市场的规模及发展趋势。企业应加强对人口因素的研究，密切关注人口特性及其发展动向，善于抓住市场机会。

1. 人口数量与增长速度 在购买力及发病率一定的情况下，人口数量的多少直接决定了人们对药

品需求量的大小，人口数量与医药市场规模成正比。当前世界人口仍然在持续增长，医药市场总规模仍在增大。目前，我国依然是世界上人口最多的国家，而且人民生活稳步提高，药品消费水平也大幅增长，世界制药巨头均看好中国市场前景。

2. 人口结构　人口的年龄结构会对药品流通市场营销活动带来影响，不同年龄的消费者对药品的消费需求、消费方式及消费行为等方面存在较大差异。目前，我国人口老龄化进程加快，预计到2050年，我国60岁以上人口数量将超过5亿，占总人口比例近40%，将会影响我国疾病谱的变迁，恶性肿瘤、糖尿病、老年神经系统疾病、精神障碍等慢性疾病的患病率将持续增加，该类型疾病的治疗药品及保健品的市场发展前景广阔。

性别结构对医药市场的需求也有明显差异。例如，成年女性贫血明显高于男性，女性骨质疏松症的发病率也高于男性；保健品市场上，女性更多需要减肥、美容等健美类产品，男性则更需要壮阳类产品。这些都是医药企业进行市场营销活动时值得注意的问题。

此外人口的职业结构、文化结构、家庭结构、民族结构、宗教结构都会给医药企业的市场营销活动带来影响。

3. 人口分布　人口密度与市场营销的关系密切，人口密度越高，市场越集中，对企业的营销活动越有利。在我国农村与城市、东部与西部、南方与北方、山区与平原等不同地理环境的人口由于自然条件、经济、生活习惯、疾病谱等差异，其消费需求方面有着显著差异，导致对医药市场需求的种类和数量的不同。这就要求企业根据不同地域的消费差别，提供不同的产品和服务。

（二）经济环境

经济环境是指影响顾客购买力和消费方式的经济因素，包括经济发展阶段、地区发展状况、货币流通状况、收入因素及消费结构。其运行状况及发展趋势会直接或间接地对医药企业营销活动产生影响。其中消费者的收入水平、支出情况是影响医药企业市场营销的最重要的因素。

1. 国家宏观经济状况　当国家整体经济呈现上升趋势时，市场需求旺盛，当整体经济呈现衰退态势时，市场需求萎缩。宏观经济的跌宕起伏对整个市场的影响是普遍的，医药企业进行市场营销活动时，一定不能忽视大环境的影响。经济发展水平较高的国家和地区对新特药、进口药的需求量会增大，而经济发展水平较低的国家和地区对普药的需求量大。

2. 消费者收入　市场容量的大小是由消费者的购买力决定的，消费者收入的多少不仅决定着消费者市场购买力水平的高低，而且直接影响着消费者的支出行为模式。消费者收入可分为个人可支配收入和可任意支配收入，其中，可任意支配收入的多少是消费者需求变化的最活跃因素，这部分收入越多，消费者购买力就越强，医药企业营销的机会也就越多。

3. 消费者支出　主要是指消费者支出结构模式的变化对医药企业市场营销活动的影响。德国统计学家恩斯特·恩格尔提出了著名的"恩格尔定律"，来表示居民个人收入与消费之间存在的函数关系，恩格尔系数越小，表明食物支出所占比重越小，居民生活质量越高，则对医疗保健、药品需求方面的要求会越高。

4. 居民储蓄与消费信贷　社会购买力受到居民储蓄的影响。当居民收入一定时，储蓄量越大，现实支出就越少，近期购买力就较弱，而潜在支出和远期购买力越大。国家金融政策会影响到居民储蓄，储蓄的增减变动会引起市场需求规模和结构的变动，对医药企业的市场营销活动产生或近或远的影响。

拓展阅读

透过进博会看我国经济稳步增长带来的市场自信

2023 年 11 月 5 日至 10 日，为期 6 天的第六届中国国际进口博览会在上海举行，共迎来 154 个国家，3400 余家企业参展，其中医疗器械及医药保健展区共有 231 家展商参与，国内外各大制药企业纷纷亮相，参展企业国别数及世界 500 强企业数均超过上一届。作为近 3 年来首届线下进博会，此次进博会承载了中国经济稳步增长带来的市场自信，也再次向世界释放出中国持续推进高水平对外开放、与各国共享发展机遇的强音，我们坚信我国将始终是世界发展的重要机遇，将持续推动经济全球化朝着更加开放、包容、普惠、平衡、共赢的方向发展。

（三）自然环境

自然环境主要是指影响医药企业市场营销活动的自然资源、地形地貌、气候条件等。自然环境的发展变化会给医药企业带来"市场机会"或造成"环境威胁"，所以医药企业要不断分析和认识自然环境变化的趋势。

1. 自然资源　自然资源状况是企业选址、采购原材料时考虑的重要因素，特别是中药制药企业，中药材资源的获取对企业来说至关重要。比如，中药企业设置在中药种植基地附近，会降低原材料价格及运输成本，增强竞争优势。近年，由于对自然资源的破坏现象较为严重，资源浪费、环境污染等问题也较突出，政府对自然资源管理的干预也逐渐增多，相继出台了一系列政策来规范企业的生产经营活动。这种影响具有双重性，给某些企业带来威胁挑战的同时，也给另一些企业带来了机遇。医药企业的市场营销活动应及时作出调整，增强自身的社会责任感和使命感，确定正确的营销策略。

2. 地理环境　地理环境主要是指一个国家或地区的地形、地貌和气候，这些地理特征对医药企业的市场营销活动有一定的影响。例如，安徽、江西等省份是血吸虫病的高发地区，而东北三省及山东等地就基本没有血吸虫病；四川、湖南、湖北等地属于盆地地形，常年闷热潮湿，山区居民关节炎发病率高；低纬度地区气温高，当地居民发育较早，身材相对矮小，高纬度地区气温低，当地居民发育较迟，身材比较高大。医药企业应针对不同国家、不同地区的地理环境调整其产品种类和营销方案。此外，从经营成本上考虑，平原地区道路平坦，运输费用比较低，而山区、丘陵地带道路崎岖，运输费用高。医药企业开展营销活动时应充分考虑这些因素。

（四）科学技术环境

当前世界，科学技术迅猛发展，对社会经济生活及医药企业的市场营销活动带来了深远的影响，主要表现在以下几个方面。

1. 药品生命周期呈缩短趋势　制药行业是高科技、高投入的知识密集型行业，新技术、新工艺、新材料的研究开发，使医药市场竞争日益激烈，药品的生命周期呈缩短趋势，产品更新换代速度加快，医药企业在市场营销活动中应及时调整产品生命周期各阶段的营销策略。

2. 药品流通方式与结构发生变化　随着医药科学技术的发展，传统商业模式逐渐被新型商业模式所代替。现代医药物流、网上药店、第三方医药物流及 DTP（direct to patient）模式等新型药品流通方式逐步发展，扁平化、少环节、可追踪、高效率、重服务的现代流通模式逐渐盛行。这些转变将为医药企业开拓更广阔的市场创造新的机遇。

3. 消费者的购买行为发生改变　医药科技的迅猛发展，一方面为消费者提供了大量新剂型新功能的药品；另一方面也改变了消费者的消费行为，使他们不再局限于药品的实体店消费，而是追求消费方式的多样化、个性化。随着时代的发展，公众的自我保健意识日益增强，自我诊疗、自主服药能力相应提高，这些变化给医药企业进行市场细分、目标市场选择及产品和服务的定位都带来了前所未有的挑战。

拓展阅读

互联网技术对传统药品流通渠道的影响

互联网技术正以其独特的方式影响着各行各业，医药行业也不例外，将会被冲击、被颠覆。有业内人士认为，在互联网的冲击影响下，未来将有50%以上的传统中小型医药企业倒闭，取而代之的将是适应互联网时代新环境、新趋势的新的医药企业。

在互联网技术和电子商务平台的快速发展下，医药电商成为药品销售新模式，为人们购买药品提供了更加便捷、快速的方式，也为医药行业提供了一个全新的销售渠道。近年来，我国医药电商市场规模快速增长。据全球新经济产业第三方数据挖掘和分析机构——艾媒咨询发布的《2023—2024年全球与中国医药电商市场与发展趋势研究报告》数据显示，2022年中国医药电商市场规模为2486.0亿元，同比增长10%，预计2026年市场规模将增至3410.2亿元。

互联网技术革命是不可阻挡的发展趋势，随着网售处方药解禁，网售药品医保放开，网售药品监管法规成熟，医药互联网将会迎来更大的发展机会。

（五）政治法律环境

企业是在一定的政治法律环境下运行的，政治法律环境对企业营销活动的约束具有强制性。政治法律环境分为政治环境和法律环境。政治环境引导着企业营销活动的方向，法律环境则为企业规定经营活动的行为准则。政治与法律相互联系，共同对企业的市场营销活动产生影响和发挥作用。

1. 政治环境　主要是指由政党、政府的方针、政策以及政体、政治局势等所构成的环境。政府所制定的方针、政策、指令，既可给企业带来市场机会，也可对少数企业带来市场威胁，企业只有密切关注方针政策变动的趋势，才能不断适应市场环境变化，获得成功发展。

近年来，国家对医药行业宏观调控的力度不断加大，例如，2022年由九部委联合发布的《"十四五"医药工业发展规划》及2023年国务院常务会议审议通过的《医药工业高质量发展行动计划（2023—2025年）》对"十四五"期间我国医药工业的发展均具风向标意义。商务部出台的《关于"十四五"时期促进药品流通行业高质量发展的指导意见》则进一步明确了药品流通行业未来发展的重点任务，如完善城乡药品流通功能、着力提升药品流通能级、稳步发展数字化药品流通、持续优化流通行业结构等均在规划之列。再如，持续推行的药品购销"两票制"对减少药品流通环节、规范我国药品流通秩序起到重要作用。总之，随着中国经济体制、政治体制改革的逐步深入，中国医药企业将在一个更为开放、民主、法制化的政治环境中运行。

2. 法律环境　是指与市场营销有关的法律、条例、标准、惯例和法令。这些法律、法规是本国家或地区每个公民必须遵守的规则。相比其他行业，国家在医药领域的管制更加严格，相关法律、法规也更多，对医药企业营销活动产生影响的法律法规主要有三方面：①有关经济方面的法律，例如我国《合同法》《公司法》《商标法》《专利法》《广告法》《反不正当竞争法》《票据法》等；②有关药品生产、销售的法律法规，例如《药品管理法》《药品零售连锁企业有关规定》《药品经营质量管理规范》《药品流通监督管理办法》《医疗广告管理办法》《进口药品管理办法》《精神卫生法》《医疗事故处理条例》《中医药法》《国境卫生检疫法》等；③有关对消费者利益进行保护的法律法规，例如《产品质量法》《药品不良反应监测管理办法》《消费者权益保护法》等。

我国现在的法律环境正在日趋完善和健全，每一项新的法律、法规的颁布实施，或者原有法律、法规的修改，都会对医药企业的营销活动带来影响。医药企业应该严格遵守相关的法律法规，密切关注法律环境的变化，及时调整自己的营销战略和策略。

（六）社会文化环境

社会文化环境主要是指一个国家、地区或民族的传统文化，如风俗习惯、道德规范、审美观念、价值观念、宗教信仰等。社会文化环境不像其他因素那样显而易见，但它却无时不在影响着医药企业的市场营销活动，所以无论是国际市场营销还是国内市场营销，企业都应重视对社会文化环境的分析。

1. 价值观念 是人们对社会生活中各种事物的态度和看法，是人们判断和评估事物好坏、善恶、美丑、主次的标准。消费者的价值观念会引导他们的消费观念，影响他们的购买决策。因此，医药企业开展营销活动之前，应先了解目标消费者的某些价值观念，如对生命的理解、自我健康观念、对待财富的态度、时间观念、对新事物的态度等，并据此设计产品和组织营销，而不是让消费者适应其产品。

2. 宗教信仰 对社会体系及营销方式的影响不可低估，它决定着信仰者的人生观、生活方式、价值观念及消费行为。医药企业开展营销活动必须密切关注宗教信仰对企业产品的品牌、包装、颜色等方面的影响。例如佛教崇尚黄色，而伊斯兰教则视黄色为死亡的象征；基督教把蓝色视作象征天国的颜色，所以蓝色被选为欧盟的代表色，许多公司的标志、产品目录、包装设计都以蓝色为主色；斯兰教徒喜爱绿色，所以伊朗、阿富汗、也门、沙特阿拉伯、土耳其等国家药品的包装颜色以绿色居多。

3. 风俗习惯 是指人们在长期的社会生活中形成的时间、空间、图案、数字、社会交往等方面的偏好和禁忌。风俗习惯影响人们的思想和行为，包括对疾病的看法和治疗行为，这一点在医药市场体现尤为突出，其中比较典型的就是我国的传统中医药，在我国及部分亚洲国家深受推崇和信任，但在欧美国家中药的销售还是有比较大的障碍。因此，从事市场营销必须重视对目标市场的风俗习惯与审美观念的研究。

二、药品流通市场营销微观环境分析 ⓔ 微课 2

药品流通市场营销微观环境是指那些对市场营销直接起影响与制约作用的环境因素，又称直接营销环境。在一定范围内，各个企业的宏观营销环境是相同的，而微观营销环境则是不完全相同的。市场营销的微观环境主要包括企业内部环境、供应商、营销中介、顾客、竞争者和公众。

（一）企业内部环境

企业内部环境主要包括企业组织机构、企业资源、企业能力、企业文化等因素。企业内部环境是企业市场营销活动的基础，是企业可以控制的因素，是制定战略的出发点、依据和条件，是市场竞争取胜的根本。

药品流通市场营销活动是一项系统工程，需要医药企业内部各职能部门（如研发、采购、生产、质保、营销、财务等部门）的密切配合，能否与其他部门高效协调配合将直接影响营销部门的绩效。企业文化是企业在经营活动中形成的经营理念、经营目的、价值观念、经营行为、社会责任、经营形象的总和，是企业个性化的体现，是企业生存、竞争和发展的灵魂。优秀的医药企业文化，可以提升企业品牌的知名度和影响力，增强职工对企业的荣誉感和自豪感。医药企业可通过挖掘祖国医药文化积淀，借鉴国内外先进管理理念和优秀文化成果，不断丰富企业文化新的内涵，推动企业市场营销新发展。此外，企业管理水平高低直接影响营销效果，企业的管理者必须整合所有资源，有效集中并合理利用所有的人力、财力、物力及信息，才有可能实现企业营销目标。

（二）供应商

药品供应商是指向医药企业提供生产经营所需资源的供应者，比如药品原材料供应商、药品中间体供应商、药品半成品供应商、机器设备供应商等。供应商对医药企业营销活动有重要影响，其所供应的原材料数量、质量直接影响产品的数量和质量，所提供的资源价格会直接影响产品成本、价格、利润，最终影响产品的销量和企业的竞争力。

医药企业必须和供应商保持密切联系，加强信息沟通，及时了解供货动态，保证货源供应的稳定性和及时性。同时，选择供应商的数量要合理，避免对某一供应商的过分依赖，形成供应商的单方面垄断，就会增加企业的供应风险，降低商品供应的质量。此外，企业在处理与供应商的关系时，还要注意考虑交货时间、退货政策、售后服务等因素。

（三）流通营销中介

药品流通营销中介是指直接或间接协助医药企业促销、分销其产品给最终购买者的公司、组织和个人，包括中间商（商人中间商和代理中间商）、配送机构（运输公司和仓储公司）、营销服务机构（广告公司、市场调研公司、广告媒介及营销咨询公司）和金融机构（银行、信贷公司、保险公司）。多数情况下，医药企业的营销活动都必须在营销中介的协助下才能顺利完成，营销中介是药品流通营销活动不可缺少的环节。因此，医药企业必须重视中介组织对企业营销活动的影响，处理好同他们的合作关系。

1. 中间商　药品流通营销中间商是指介于生产者与消费者之间专门从事药品流通营销活动的经济组织，包括商人中间商（拥有商品所有权，主要指零售商、批发商）和代理中间商（不拥有商品所有权，主要指各级代理商）。中间商对企业营销具有极其重要的影响，它能帮助企业寻找目标顾客，为产品打开销路，一般企业都需要与中间商合作，来完成企业营销目标。因此，企业选择适合自己产品的营销中间商，建立良好的合作关系，在竞争日趋激烈的药品市场中尤为重要。

2. 配送机构　药品配送机构指帮助企业进行药品保管、储存、运输的物流机构，包括运输公司和仓储公司。专业的现代化物流企业可以提高药品流通效率、降低营销成本。企业应结合自身产品的特点，在综合考虑储存运输成本、速度和安全性等因素后，选择最适宜的药品配送机构。

3. 营销服务机构　营销服务机构主要包括市场调研公司、广告公司、传播媒介公司及市场营销咨询机构等。除个别实力雄厚的企业设有市场调研部门和营销广告策划部门外，大多数医药企业要借助营销服务机构来开展销售活动，医药企业在选择这些机构时，需对他们所提供的服务、质量、信誉、创新能力等方面进行综合评估，择优选择。

4. 金融机构　金融机构又称财务中介机构，包括信托公司、保险公司及银行等。金融机构不直接参与药品的流通营销活动，其主要功能是为医药企业营销活动提供融资及保险服务。为保证融资渠道畅通，医药企业应与这些公司保持良好的关系，以保证融资及信贷业务的稳定和渠道的畅通。

（四）顾客

顾客，即企业服务的对象，是医药企业营销活动最重要的环境因素，医药企业的一切营销活动都要以满足顾客的需求为中心。按顾客的需求和购买目的的不同，可将药品市场分为四种类型：①消费者市场，即个人和家庭为健康需求购买药品所形成的市场；②生产者市场，即为了进一步生产、取得利润而购买药品原材料、中间体、包装材料等形成的市场；③中间商市场，即为了转卖、获得利润而购买药品的批发商和零售商所构成的市场；④政府市场，即为了履行政府职能而购买药品所形成的市场。

顾客在这里既包括物质产品的消费者也包括精神产品的消费者，顾客不断变化的需求，会影响企业营销决策的制订和服务能力的形成，企业要以不同的方式提供相应的产品和服务，只有不断满足顾客变化发展的消费需求，才能获得市场。

（五）竞争者

医药企业面临的竞争环境，既包括同行业企业间的直接竞争，也包括未来新加入企业间的潜在竞争；既包括技术、产品等有形的竞争，也包括形象、声誉等无形的竞争；既有国内市场的竞争，也有国际市场的竞争。医药企业欲在竞争中取得成功，必须熟知并适应竞争环境。从消费者需求角度分析，医药企业在市场上所面对的竞争者，大体上可分为四类：①愿望竞争者，是指提供不同产品以满足不同需求的竞争者；②属类竞争者，是指提供不同产品以满足同一种需求的竞争者；③产品形式竞争者，是指满足同一需求的产品的各种形式间的竞争；④品牌竞争者，是指满足同一需求的同种形式产品的不同品牌之间的竞争。

竞争对手的营销策略及营销活动（例如价格、广告宣传和促销手段等）的变化，都将直接对企业造成威胁。为此，医药企业应密切关注竞争对手的动态，及时做出相应的对策。

（六）公众

公众是指对药品流通市场营销活动有实际或潜在影响的组织和个人。医药企业要采取积极措施，保持与公众之间的良好关系，树立良好的企业形象。公众主要包括：①融资公众，是指影响企业融资能力的金融机构，如银行、投资公司等；②媒介公众，主要指报纸、杂志、广播、电视等大众传播媒介；③政府公众，是指与医药企业的市场营销活动有关的政府部门，如各级食品药品监督管理局、工商、物价、环保、财税、海关、卫生检疫等部门；④群众组织公众，包括保护消费者权益的组织、环保组织及其他群众团体等；⑤地方公众，是指医药企业所在地区周围的居民和团体组织，他们对企业的态度会影响企业的营销活动；⑥企业内部公众，指医药企业内部的全体员工，包括各级管理人员和一般员工。企业内部员工对企业的满意度和意见，必然会向社会传播并影响外部公众，从而对塑造企业形象产生一定影响。

任务三　药品流通市场营销环境分析的方法与对策

PPT

一、药品流通市场营销环境分析方法概述

药品流通市场营销环境分析的目的是寻求营销机会，避免环境威胁。营销环境具有动态性，医药企业在不同时期面临着不同的市场营销环境。企业必须严密监视和及时预测相关环境的发展变化，善于分析和鉴别由于环境变化所带来的机会与威胁，以便采取相应的态度和行为，提高营销决策的科学性。对企业内外环境进行分析的方法很多，常用的方法有 SWOT 分析法、PEST 分析法、波特五力模型分析法和专家分析法。

（一）SWOT 分析法

SWOT 分析法，即态势分析法，是用来分析企业优势 S（strengths）、劣势 W（weaknesses）、机会 O（opportunities）、T 威胁（threats），将企业的战略与其内部资源、外部环境有机结合起来的一种科学的分析方法。通过研究企业内部的优势、劣势和外部的机会、威胁，依照矩阵形式排列，将各种因素相互匹配进行系统分析，从而制订企业战略，作出相应决策。

1. 分析环境因素　通过调研，分析医药企业所处的各种环境因素，即外部环境因素和内部条件因素。SWOT 分析可分为两部分：第一部分为优势与劣势分析（SW），主要用来分析企业内部条件，即企业在其发展中自身存在的积极和消极因素，属于主观因素分析；第二部分为机会与威胁分析（OT），主要用来分析企业外部环境，即外部环境对企业发展有利的和不利的因素，属于客观因素分析。

（1）优势（S）　具体包括有利的竞争态势、良好的企业形象、先进的技术力量、充足的财政来源、较大市场份额、优良产品、成本优势、广告攻势等。

（2）劣势（W）　具体包括设备老化、管理混乱、缺少关键技术、研究开发落后、资金短缺、经营不善、产品积压、竞争力差等。

（3）机会（O）　具体包括新产品、新市场、新需求、外国市场壁垒解除、竞争对手失误等。

（4）威胁（T）　具体包括新的竞争对手、替代产品增多、市场紧缩、行业政策变化、经济衰退、客户偏好改变、突发事件等。

利用这种方法从中找出对自己有利的、值得发扬的因素以及对自己不利的、要避开的因素，发现存在的问题，并将问题按轻重缓急分类，明确哪些是急需解决的问题，哪些属于战略目标上的障碍，哪些属于战术上的问题，找出解决办法，明确发展方向。

2. 构建 SWOT 矩阵　将调查得出的各种因素根据轻重缓急或影响程度等排序方式，构造 SWOT 矩阵。在此过程中，将那些对企业发展有直接的、重要的、大量的、迫切的、久远的影响因素优先排列出来，而将那些间接的、次要的、少许的、不急的、短暂的影响因素排列在后面。

在 SWOT 分析矩阵（图 2-2）中显示出四种不同战略：①SO 战略，即扩张型战略，企业内部拥有优势，而环境又提供了机会，这是理想的最佳状态；②WO 战略，即扭转型战略，面对某种市场机会，企业可能并不具有相应的竞争优势，但可以利用外部环境提供的一些机会，调整自己的弱势，从而取得更好的成绩；③ST 战略，即多元化战略，利用自身优势加大产品差异化，提升产品服务及质量，避免或者减轻与威胁正面碰撞，降低威胁对企业带来的影响；④WT 战略，即防御型战略，企业高度重视在业务发展中可能出现的各种风险，并注意到在面对风险时所存在的不足之处。

内部环境

外因 ＼ 内因	优势（S） 优势排序	劣势（W） 劣势排序
机会（O） 机会排序	SO战略 （扩张型战略）	WO战略 （扭转型战略）
威胁（T） 威胁排序	ST战略 （多元化战略）	WT战略 （防御型战略）

（左侧竖排：外部环境）

图 2-2　SWOT 分析矩阵

3. 制订行动计划　在完成环境因素分析和 SWOT 矩阵的构建后，便可以制订出相应的行动计划。制订计划的基本思路是：发挥优势因素，克服劣势因素，利用机会因素，化解威胁因素，考虑过去，立足当前，着眼未来。运用系统分析的综合分析方法，将排列与考虑的各种环境因素相互匹配起来加以组合，得出一系列企业未来发展的可选择对策。

📱 **拓展阅读**

某制药企业的 SWOT 分析与战略

某制药企业已研发生产生物药品多年，随着宏观市场环境和微观市场环境的变化，其市场经营遇到了挑战，于是利用 SWOT 矩阵分析法进行分析，见表 2 − 1。

表 2 − 1　SWOT 矩阵分析表

内因 外因	优势（S） 1. 企业研发能力强，拥有多项专利 2. 设备、工艺先进，具成本优势 3. 充足的资金	劣势（W） 1. 实行自动化生产后劳动力过剩 2. 激励机制不完善 3. 缺乏市场竞争意识
机会（O） 1. 市场需求旺盛 2. 政府支持力度大	SO 战略 （扩张型战略）	WO 战略 （扭转型战略）
威胁（T） 1. 国家新制订的排污标准高，增加了企业成本压力 2. 国外制药企业进入国内，本土品牌面临更加激烈的竞争	ST 战略 （多元化战略）	WT 战略 （防御型战略）

1. SO 战略　企业利用自主研发能力及成本优势，借助政府支持政策，保持市场地位，树立品牌形象，提高市场占有率。

2. WO 战略　为强化销售，把多余的劳动力推向市场，其工资与销售业绩挂钩，完善激励机制，大大激发销售热情。

3. ST 战略　利用资金优势，引进先进污水、污气处理设备，争取达到先进国家标准，增强企业竞争能力，强化全员竞争意识。

4. WT 战略　深化企业体制改革，制定长远发展战略规划。

（二）PEST 分析法

PEST 分析法是对企业所处宏观环境进行分析的方法，主要指对政治环境（political factors）、经济环境（economic factors）、社会环境（sociocultural factors）和技术环境（technological factors）四大类影响企业的主要外部环境因素进行分析。PEST 分析模型见图 2 − 3。

1. 政治环境　指对医药企业制定发展战略有影响的国家或地区的政治体制、政治形态、国家法律和地方法规等，如政治环境的稳定性、国家医药政策的调整、相关法律法规的出台、税收政策的变化等。

2. 经济环境　指医药企业在制定战略过程中必须考虑的国内外经济条件、经济发展趋势等多种因素。医药企业应重视的经济变量，包括医药产业结构调整、国内生产总值的变化趋势、可支配收入水平、消费模式、地区之间的收入和消费习惯的差别、居民消费倾向、劳动力及资本输出、贷款的难易程度、税率变化等。

3. 社会环境　指医药行业所涉及的国家或地区的人口状况、居民受教育程度和文化水平、宗教信仰、风俗习惯、健康意识、价值观念、审美观点等。例如，我国人口的绝对增长、人口结构老龄化、城镇化进程加快、人民价值观转变、商业模式的颠覆式创新、消费结构和产业结构的携手升级，都在给中国医药行业带来更大的契机和挑战。

4. 技术环境　指医药行业所涉及的国家或地区的技术水平、技术政策、新产品开发能力和技术发展的动态，如医药行业技术发展趋势、竞争者的新技术等。技术的突飞猛进会大大地缩短药品的生命周期。

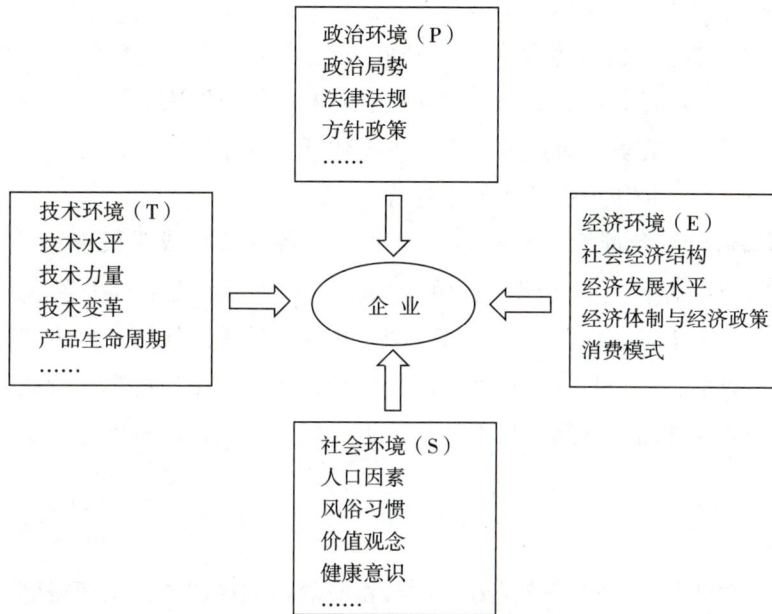

图 2 - 3　PEST 分析模型

（三）波特五力模型分析法

波特五力模型是迈克尔·波特（Michael Porter）于 20 世纪 80 年代初提出的，他认为影响企业竞争结构的因素主要由五方面力量决定，分别为供应商的议价能力、购买者的议价能力、替代产品的威胁、行业内现有竞争者的竞争能力、潜在竞争者的进入能力。波特五力模型将大量不同的因素汇集在一个简便的模型中，以此分析一个行业的基本竞争态势，见图 2 - 4。

1. 供应商的议价能力　供应商主要通过提高投入要素价格与降低单位产品质量的能力，来影响行业中现有企业的盈利能力与产品竞争力。影响供应商议价能力的因素主要包括：供应商的规模与数量、供应商的市场地位、供应商所服务买主的数量、供应商提供产品的替代性、供应商所提供产品的价值构成买主产品总成本的比例、供应商实行前向联合或一体化的能力等。

2. 购买者的议价能力　购买者主要通过压价与要求提供较高的产品或服务质量的能力，来影响行业中现有企业的盈利能力。影响购买者议价

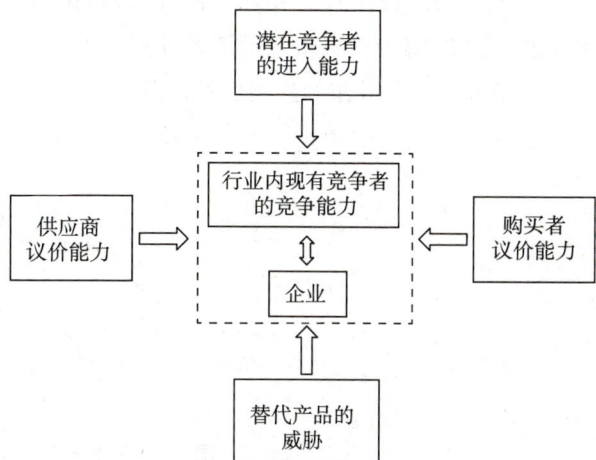

图 2 - 4　波特五力模型

能力的因素主要包括：购买者的总数、单个购买者的购买量、卖方行业的规模与数量、购买的产品是否属于标准化产品及购买者后向一体化的能力等。

3. 替代产品的威胁 替代品是指具备与现有产品相似的功能，能满足相同消费者需求的产品。替代品的存在会抑制现有产品的价格和盈利能力，随着替代品的入侵，现有企业必须通过提高产品质量或增加产品功能或降低产品价格等方式扩大销售。影响替代品能力的因素主要有：替代品的价格、替代品的质量、消费者的转换成本等。现有企业可以通过考察替代品销售增长率、替代品厂家生产能力与盈利扩张情况来衡量其威胁程度。

4. 潜在竞争者的进入能力 潜在竞争者一旦进入市场就有可能与现有企业发生原材料或市场份额的竞争，最终也将导致行业的盈利能力下降。潜在竞争者的威胁力取决于进入新领域障碍的大小与现有企业对竞争者的反应。影响潜在竞争者进入的因素主要包括：行业集中度、行业增长速度、资本量的要求、转换成本、产品差异性、销售渠道开拓的难易等。

5. 行业内现有竞争者的竞争能力 是指现有企业运用各种策略或手段在行业内参与竞争的能力。当出现以下情况时，行业内现有企业之间的竞争会加剧：势均力敌竞争对手较多，竞争参与者范围广泛；市场趋于成熟，产品需求增长缓慢；竞争者企图采用降价等手段促销；竞争者提供几乎相同的产品或服务，用户转换成本较低；一个战略行动如果取得成功，其收入相当可观；行业外部实力强大的公司在接收了行业中实力薄弱企业后，发起进攻性行动；退出障碍较高，即退出竞争要比继续参与竞争代价更高。

（四）专家分析法

专家分析法主要是向药品流通市场营销专家进行相应的咨询和调查，从而得到正确的市场预测。专家分析法是否有效与专家对所研究问题的熟悉程度、关注程度和掌握相关资料的多少等有关。常见的有个别专家询问调查法、专家会议法、德尔菲法等。

二、药品流通企业的战略定位

（一）战略定位概述

战略定位就是企业的发展方向，表现为一定的扩张路径取舍，它是在对企业所处的外部竞争环境进行正确评估、对自身的资源配置及核心能力进行客观判断的基础上，确定企业的产业边界、商业形态和竞争地位。战略定位的实质就是选择与竞争对手不同的运营活动，由成本领先、差异化和业务聚焦等构成的"通行战略"，可作为战略定位的代表性活动。战略定位要高于营销定位、产品定位，更需要高瞻远瞩、切实可行且与时俱进，才能解决企业扩张发展的方向问题。战略定位与营销定位关系见图 2-5。

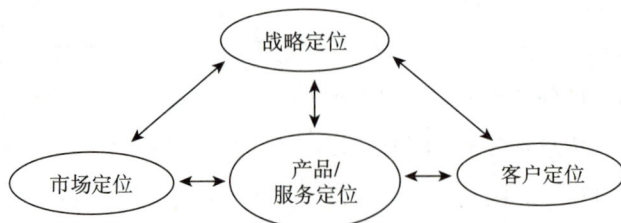

图 2-5 战略定位与营销定位关系示意图

（二）药品流通企业的战略定位

1. 战略定位对药品流通企业发展的意义

（1）为企业具体行为活动提供指导　在企业总体战略定位的指导之下，企业目标的拟定才能够具有针对性，才能不断结合市场行情、企业环境、企业资源等诸多要素来进行企业发展规划，从而为企业总体发展规划提供有效的发展条件，以此来促进企业核心竞争力的提高。

（2）调整企业经营重点，实现利益最大化　在企业战略定位的指导下，紧跟时代发展，调整适合自己的经营重点及流通销售模式，实现盈利最大化。如完善特殊药品存储条件，改革企业物流配送体系，提高药品配送的准时性和高效性，加快物流速度和存货周转率等。

（3）实现必要的企业成本控制　药品流通企业成本控制对药品营销活动以及目标市场的开发都有着重要意义。成本控制作为一种经济管理行为，往往需要对成本形成过程进行有效监督，及时纠正成本预算偏差，这一系列的控制过程终究是企业战略定位作用的结果。因此，企业成本控制作为企业战略定位的重要环节，应该从根本上实现对于企业战略定位的重新认识，从而不断地提升企业总体目标规划，为各项活动的顺利开展创造条件。

2. 药品流通企业战略定位的实施步骤　对药品流通企业而言，首先必须对企业整体战略规划进行全面认知，并结合企业的外部环境和内部环境进行综合分析，进一步明确企业的发展目标，形成企业总体战略定位。然后，结合企业产品品类、顾客需求、渠道类型等企业业务进行衡量和分析，再根据各业务的市场占有率和增长率情况来进行战略定位细分，最终付诸实施，其流程见图2-6。

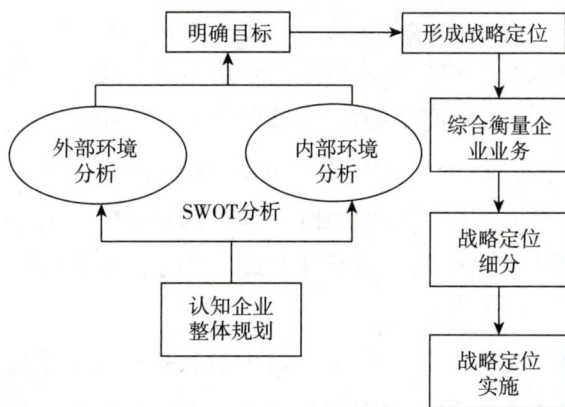

图2-6　药品流通企业战略定位的实施步骤

技能训练　我国药品流通企业市场机会与威胁分析

【实训目的】

1. 能对我国药品流通企业的市场营销环境进行科学分析。
2. 能对我国药品流通企业营销机会和威胁提出合理化建议。

【实训内容】

背景材料

目前，我国的医药行业供应链虽然在管理技术、流通环节等方面取得了一定进步，但是供应链的现状依然存在一定的问题，如药品流通渠道较混乱，药品供应链成本居高不下，造成市场上药品价格不一、质量难以保证的隐患。随着经济全球化程度的不断加深，许多外资注入我国，我国的医药企业面临巨大的国际竞争压力，很多大规模的医药企业开始与外资合作，跨国医药物流企业逐渐发展起来。在国内医药改革的大背景下，未来药品流通企业可能就是配送公司＋信息公司＋融资公司，在新的政策和市场环境下，将可能表现出如下特点。

1. 物流集中度、专业化进一步提升 由于"两票制"实施后药品生产企业需要直接面对省级甚至地市级商业公司，管理难度随之加大，因此生产企业更愿意选择与有实力的集团型商业公司合作，导致诸多中小型药品企业退出市场或加入集团性商业企业，由此行业集中度将会大幅提升，从而推动供应链高效协同，争取更多的市场份额。随着"两票制"推进，流通企业要主动为上游生产企业提供更好的服务与便利，推动供应链高效协同。

2. 物流网络运营 国家医药政策、市场环境对药品物流提出了更多的要求，如销售规模扩张对库容的挑战；全国各地药监部门对药品仓储配送质量提出更高的要求；药品零差率、上下游终端将进一步压缩药品流通企业利润，迫使企业要进一步提高资金使用效率；越来越多的外围竞争者涌入医药商业，在保障医药供应的基础上对药品配送效率提出更高的要求等。随着市场及政策的变化，物流网络扁平化及多仓一体化是大势所趋。

3. 医药公司职能转型 从关系维护、渠道拓展、政策争取、垫资、收款、物流配送，逐步向营销服务、药事管理、健康服务、物流专业配送等转型，以客户为中心的服务意识、理念将逐步加强，行业整体服务水平将得到明显提升。对于相对封闭、保守的药品流通行业，虽然医药物流有其特殊性和专业性，但是随着社会物流能力的逐步提升，医药企业需要以更加开放、共享、包容的心态积极融入到大的社会专业物流体系里去，利用社会化资源、合资等方式，只有这样才能降低物流成本，提高物流服务能力。

4. 物流自动化和现代化水平提升 目前除了几家大型医药商业企业物流网络、规模、能力、信息化水平较高外，行业整体物流现状与能力不容乐观，普遍存在对物流的核心竞争力认识不足，重视度不够的情况。伴随着去中心化、互联网体验经济的冲击，物流信息技术，特别是移动互联网、大数据、云计算等技术应用水平将大幅度提升，行业发展将充分依赖信息化技术实现物流全程可视化、可控、可管理和可追溯。

请同学们根据背景材料讨论我国药品流通企业所面临的宏观环境和微观环境。

【实训要求】

1. 请用SWOT分析法分析我国药品流通企业所面临的市场环境。
2. 撰写一份我国药品流通企业所处市场环境分析报告。

目标检测

答案解析

一、单选题

1. 药品流通市场营销环境不会以某个组织或个人的意志为转移，有其自身的运行规律和发展特点，体现出其（ ）特征

    A. 客观性　　　　　　B. 差异性　　　　　　C. 动态性　　　　　　D. 相关性

2. 消费者收入属于市场营销环境的（ ）因素

    A. 人口　　　　　　　B. 自然　　　　　　　C. 经济　　　　　　　D. 科技

3. 对企业营销活动的影响具有强制性的是（ ）

    A. 人口环境　　　　　B. 经济环境　　　　　C. 科学技术环境　　　D. 政治环境

4. 对药品流通市场营销活动的影响无时不在，却不那么显而易见的是（ ）

    A. 社会文化环境　　　　　　　　　　B. 科学技术环境

    C. 政治法律环境　　　　　　　　　　D. 人口环境

5. 人们在长期的社会生活中形成的时间、空间、图案、数字、社会交往等方面的偏好和禁忌是指（ ）

    A. 价值观念　　　　　B. 宗教信仰　　　　　C. 风俗习惯　　　　　D. 性格特征

6. 配送机构属于（ ）

    A. 流通营销中介　　　B. 供应商　　　　　　C. 宏观环境　　　　　D. 竞争者

7. 用来分析企业优势、劣势、机会、威胁的分析方法是（ ）

    A. 波特五力模型分析法　　　　　　　B. SWOT 分析法

    C. PEST 分析法　　　　　　　　　　D. 专家分析法

8. 主要对企业所处宏观环境进行分析的方法是（ ）

    A. 波特五力模型分析法　　　　　　　B. SWOT 分析法

    C. PEST 分析法　　　　　　　　　　D. 专家分析法

二、多选题

1. 属于药品宏观市场营销环境的是（ ）

    A. 人口环境　　　　　B. 科学技术环境　　　C. 竞争者　　　　　　D. 公众

2. 人口环境主要包括（ ）

    A. 人口数量　　　　　B. 人口结构　　　　　C. 人口分布　　　　　D. 人口增长速度

3. 科学技术对药品流通市场营销活动的影响主要包括（ ）

    A. 药品生命周期呈缩短趋势　　　　　B. 药品流通方式与结构发生变化

    C. 消费者的购买行为发生变化　　　　D. 药品生命周期呈延长趋势

4. 药品流通市场营销微观环境包括（ ）

    A. 竞争者　　　　　　B. 供应商　　　　　　C. 流通营销中介　　　D. 顾客

5. PEST 分析法的分析内容包括（ ）

    A. 政治环境　　　　　B. 经济环境　　　　　C. 技术环境　　　　　D. 社会环境

三、问答题

1. 简述药品流通市场营销宏观环境的分析内容。

2. 简述药品流通市场营销微观环境的分析内容。

3. 简述 SWOT 分析法的分析内容和流程。

书网融合……

| 知识回顾 | 微课 1 | 微课 2 | 习题 |

（武卫红）

学习目标

知识目标

1. 掌握药品流通市场营销信息系统的基本内容；药品流通市场调研的内涵与分类；药品流通市场预测的方法。

2. 熟悉药品流通市场调研的方法和技术。

3. 了解药品流通市场营销信息的含义与特点。

能力目标

会运用本章知识对药品流通市场进行调研，并能根据调研结果对药品流通市场进行预测，提出合理化建议。

素质目标

1. 具有科学严谨的工作态度和务求实效的工作作风。

2. 具有善于解决实际问题的能力和勇于探索的创新精神。

3. 树立市场调研意识，提升团队合作意识。

案例导入

案例： 某药企在其早期发展过程中为了提升健胃消食片的销量，不断变换品牌定位，如：中药成分、老人和儿童都适合、孩子不吃饭等，然而并没有收到理想的销售效果。经过药品流通市场调研，江中药业发现，在日常生活中人们经常会出现"胃胀""食欲不振"症状，然而在药品流通市场中并没有相应的产品。于是江中药业确立了"日常助消化用药"的品牌定位，制订了广告语"胃胀、腹胀、不消化，用××牌健胃消食片"。广告风格相对轻松、生活化，而不采用药品广告中常用的权威认证式的诉求。重新定位的××健胃消食片仅用两年时间就完成了吗丁啉用十年才完成的成长。

讨论： ××牌健胃消食片成功的原因是什么？带给我们哪些启示？

PPT

任务一　药品流通市场信息系统

一、药品流通市场信息概述

（一）药品流通市场信息的含义及特点

药品流通市场信息是在一定时间和条件下，与药品流通市场活动相关的各种消息、情报和数据资料的总称。药品流通市场信息反映药品流通市场营销动态，包括消费者心理、竞争情况、市场供求、产品研发及新药上市情况等，是医药企业了解医药市场及其消费者，提供医药产品和服务的重要借鉴资源。

作为一种特殊的信息，药品流通市场信息既具备市场信息的共同特征，如可扩散性和共享性，可加工、存贮和扩充性，客观性、系统性和时效性等，也具有自身不同的特点，如来源明确、复杂多样和不可控性等。

1. 来源明确　药品流通市场信息产生于药品流通活动和与其相关事物的动态变化。药品流通市场信息的直接来源包括药品流通市场的交易行为、药品供求关系及其变化、国家相关的药品政策、行业法律法规及其对药品流通市场的影响等。

2. 复杂多样　随着信息时代的不断发展，药品流通市场信息也呈现出复杂性和多样性。药品流通市场信息内容不仅包括商品需求量、供应量、销售量、产品种类、质量和价格等，还包括间接影响交易行为的市场需求潜力、市场占有率、销售前景、广告效果、市场竞争状况和消费者心理等。

3. 不可控性　与其他市场信息相比，药品流通市场信息在准确度、时效性等方面更加难以控制。目前药品流通市场销售环节过多、销售渠道复杂多样、管理制度不健全，容易造成信息的失真。由于药品流通市场有关规定政策限制多，药品流通市场信息易受到规定政策的干扰。因此，药品流通市场信息的传播者和使用者应选择可靠渠道和有效方法收集药品流通市场信息，认真筛选信息，从而获取能真正帮助企业正确决策的有效信息。

（二）药品流通市场信息的功能

药品流通市场信息是医药企业进行市场营销的必要因素，企业能否及时有效地掌握药品流通市场信息将关系到其营销的成败。药品流通市场信息为医药企业营销管理的多个环节提供了参考和依据。

1. 药品流通市场信息是医药企业营销决策的基础　医药企业管理的首要职能就是对企业的发展战略目标、营销策略及内部管理问题做出正确决策。决策的正确性直接取决于获取市场信息的多少及其准确性。这就需要医药企业管理者运用科学的方法收集决策所需的药品流通市场信息，并整理加工成可直接利用的信息，使之成为预测和决策的依据。

2. 药品流通市场信息是医药企业制订营销计划的依据　在市场营销中，医药企业必须依据药品流通市场信息，在营销决策的基础上，制订企业的长期或短期营销计划，以确定实现营销目标的具体措施和途径。要制订一份好的营销计划，医药企业必须掌握充足的药品流通市场信息，并时刻关注市场变化和发展状况，必要时还可以对计划进行补充、修改或重新制订营销计划。

3. 药品流通市场信息为产品营销策略的制订提供依据　在经营一种新产品时，企业需要制订相应的营销策略，并且随着市场的变化适时调整营销策略。当医药企业能够根据市场波动规律制订相应营销策略时，市场的波动就变成了企业产品经营的机会，给企业带来效益。因此，企业要掌握市场的波动规律，就需要通过市场调研来获取准确的药品流通市场信息，并据此制订和调整产品营销策略。

二、药品流通市场信息的分类

药品流通市场信息可以从不同角度，按照不同的分类方法进行分类。

（一）按照信息产生过程分类

可分为原始信息和加工信息。

1. 原始信息　又称初级信息，主要指信息工作者获得的未经筛选、加工和分析的原始资料和企业生产经营活动的原始记录。例如：医药企业内部的产量、销售额、利润和费用等的原始记录。

2. 加工信息   又称为二级信息或三级信息，是以原始信息为基础，按照既定的管理目标和要求进行加工处理后获取的信息。例如：医药企业内部报表分析、医药商情动态报告、医药产品需求报告等。

（二）按照信息来源分类

可分为内部信息和外部信息。

1. 内部信息   是指来自医药企业内部生产、经营过程及管理活动的信息。

（1）企业资源信息   主要包括人力资源信息、财务资源信息、物质资源信息及技术资源信息等。

（2）企业经营信息   主要包括生产活动、技术活动、营销活动、管理活动等方面的有关信息。

（3）企业效益信息   主要包括经济效益和社会效益方面的信息。

2. 外部信息   是指与医药企业经营管理系统相关的市场环境信息。

（1）环境信息   主要包括政治法律环境信息、经济环境信息、科学技术环境信息、社会文化环境信息、自然环境信息和人口环境信息等。

（2）供求信息   药品供应信息，包括可供药品信息、销售区域信息、销售方式信息、销售量信息等；药品需求信息，包括现实需求、潜在需求、需求特征和需求趋势等信息。

（3）消费者信息   主要包括消费者类型信息、消费者需求信息、消费者的地理分布信息、消费者购买动机信息和消费者购买习惯信息等。

（4）医药产品信息   主要包括药品生产信息、药品效用信息、药品生命周期信息、新药开发信息、替代产品信息以及价格信息等。

（三）按照信息来源的稳定程度分类

可分为固定信息和动态信息。

1. 固定信息   是相对稳定性的信息资料，是医药企业制定程序性决策的重要依据，如统计资料、法律文件和各种行业标准等。

2. 动态信息   是随时反映药品流通市场活动进程及变化动态的信息，如市场供求变动、利率变化、价格变化、商品结构调整等。这类信息具有很强的时效性，是医药企业对生产经营活动进行监督控制的重要依据。

（四）按照信息的时间属性分类

可分为历史信息、现时信息和未来信息。

1. 历史信息   反映已经发生的医药市场运行现象与过程的信息。

2. 现时信息   反映正在进行的市场经济活动的信息，其时效性较强。

3. 未来信息   用于预测市场未来发展动向，揭示市场未来变动趋势的信息。

三、药品流通市场信息系统的基本内容和建立原则

（一）药品流通市场信息系统的基本内容

药品流通市场信息系统是一个由人员、计算机设备及程序构成的相互作用的人机结合的药品流通市场信息处理系统，它通过连续有序地收集、挑选、分析和评估药品流通市场信息，为医药企业的营销管理人员制定、执行和改进营销决策提供依据。药品流通市场信息系统主要由以下四个系统构成。

1. 内部报告系统   内部报告系统是药品流通市场信息系统中最基本的系统，提供的是医药企业的

内部信息。内部报告系统的信息来自企业内部的生产、销售、财务等部门，反映医药企业经营状况。内部报告系统用于日常营销活动的计划、管理和控制。

2. 情报系统 药品流通市场情报系统是医药企业决策者和营销管理人员用以获得外部营销环境信息的系统。药品流通市场营销管理人员借助该系统了解有关药品流通市场最新发展趋势的各种信息，并将其传递给有关的管理人员。营销情报的质量和数量决定着企业营销决策的灵活性和科学性，进而决定着企业的竞争力。

3. 研究系统 内部报告系统和情报系统都是收集、传递和报告日常性问题的情报信息，而药品流通市场研究系统是研究医药企业所面临的营销活动中出现的某些特定的问题的信息系统。它针对某一特定的营销问题进行收集、分析和传递有关药品流通市场营销活动的信息，提出与问题有关的研究报告，以帮助营销管理者制定有效的营销决策。

4. 分析系统 分析系统的任务是通过对复杂现象的统计分析，建立数学模型，帮助市场营销管理人员分析复杂的医药市场营销问题，做出最恰当的市场营销决策。一个完善的药品流通市场分析系统是由资料库、统计库和模型库三部分组成。

（二）药品流通市场信息系统构建原则

药品流通市场信息系统的构建必须遵循以下原则。

1. 系统性原则 一个合理的药品流通市场信息系统的构建需要从企业整体出发，使信息系统与企业经营目标、组织结构、经营业务相适应，同企业经营管理对市场信息的要求相适应。药品流通市场信息系统应成为一个结构完整、运行有序的有机统一体。

2. 经济性原则 建立药品流通市场信息系统应以最大限度地提高企业的经营管理水平和效益为目的，同时也要以尽量少的费用达到预期的目标。建立药品流通市场信息系统，需要投入人力、物力和财力，系统的正常运行与维护也需不断地投入，因此，医药企业必须始终注意成本与效益之比，关注药品流通市场信息系统的回报率。

3. 简明性原则 构建药品流通市场信息系统时应注重其运作的简明性。在加工处理和传输药品流通市场信息时应尽量简明扼要，尽可能避免繁杂的流程，信息的筛选优化应以适当为标准。只有这样才能缩短信息流通时间，提高信息利用的效率。

4. 适应性与可靠性原则 由于药品流通市场的复杂多变性和药品的特殊性，建立药品流通市场信息系统，必须考虑系统的适应性与可靠性。适应性要求系统能够适应企业经营管理工作需要，适应外部环境的变化，为此系统本身要有较大的灵活性和应变能力。可靠性要求系统提供的信息必须可靠，要能鉴别信息是否准确，剔除无效的或不适用的信息，选择有效、适用的信息。

5. 兼顾现实与未来原则 构建药品流通市场信息系统，既要立足于企业的现有基础和条件，从实际出发，逐步完善，逐步发展；又要以发展的眼光，充分预计到企业经营管理活动的变化和信息技术的发展，具有一定的前瞻性。

任务二　药品流通市场调研

一、药品流通市场调研概述

（一）药品流通市场调研的内涵

药品流通市场是医药企业生产和经营的出发和归宿，市场环境时刻影响和制约着企业的生存和发展。对一个医药企业而言，由于其身处的药品流通市场处于不断变化当中，因此，必须在药品流通市场调研的基础上，不断地搜集最新的市场信息，明确医药企业所处市场环境中所蕴含的机会与威胁，这样才能使企业真正地满足市场的现实和长远需要，在竞争中立于不败之地。企业搜集的药品流通市场信息包括行业市场状况、消费者的产品需求、企业的潜在细分市场等。例如，经常使用抗胃溃疡药消费者的特性、感冒药市场出现的新药、抗过敏药品的市场增长速度、药品流通市场中新的服务类型等。

从定义上来说，药品流通市场调研是指医药企业运用科学的方法和手段，有目的、有计划地收集、整理、分析并报告与企业有关的药品流通市场营销信息，为药品流通市场预测和企业营销决策提供依据的活动。

（二）药品流通市场调研的意义

通过药品流通市场调研，医药企业不仅可以了解市场的动态，掌握市场供求变化关系，更好地满足消费者的需求，而且能预见市场发展变化的趋势，对企业管理者制定正确的决策具有重要意义。

1. 有助于企业了解市场供求关系，发现新的市场需求，有利于企业发现新的市场机会。

2. 有助于及时掌握竞争对手的动态，有利于企业有针对性地调整营销策略。

3. 有助于发现现有产品的缺点和营销中的不足，有利于提升企业产品的竞争力。

4. 有助于了解药品流通市场环境对企业发展的影响，有利于企业抓住新的发展机会，规避药品流通市场存在的威胁和损失，从而提高企业的经济效益。

（三）药品流通市场调研的分类

1. 按资料的来源分类

（1）实地调研　又称现场调研，是深入现场，与受访对象直接接触，从而获取相关的第一手资料的市场调研活动。其缺点是所用时间较长，调研费用较大。

（2）文案调研　又称文献调研，是对文献、档案和书籍等各种现有的信息资料进行收集、分析、研究，从而取得二手资料的市场调研活动。与实地调研相比，文案调研节约时间与费用，但必须对其所得的二手资料进行甄别。

2. 按调研的功能分类

（1）探索性调研　是指在正式调研之前提供一些资料帮助调研者认识和理解医药企业存在的问题所进行的调研。它是市场调研人员对企业所出现的问题无法确定要调研哪些内容而进行的简单调研。探索性调研所需的信息一般是定性的，过程具有灵活性和多样性。探索性调研的样本量一般较小，资料来源有3个方面：①现存资料；②参考以往类似的实例；③请教有关人士。

（2）描述性调研　是结论性研究的一种，通过详细的调研和分析对药品流通市场的某个方面进行客观描述的调研。描述性调研是以获得一般性信息为主的调研，所要回答的是"什么""何时""如何"等问题。多数以问卷调研的形式出现，是最普遍、最常见的调研。描述性调研主要内容有：描述药品购买者的特征；估算在某一总体中显示某种行为人群所占的比例；确定药品特征的概念；确定变量间的联系程度。

（3）因果性调研　是指为了发现药品流通市场某一问题产生的因果关系而进行的专题调研。这类调研主要是在市场问题已经明确的情况下，企业寻求解决该问题的方法，即解决"为什么"的问题。因果性调研的主要方法是市场实验法。

3. 按调研的范围分类

（1）全面调研　是对所有调研对象进行逐一的、全面的调研，如人口普查、物资库存普查等。全面调研可以使调研人员充分了解调研对象的详细资料，准确把握药品流通市场的变化方向和程度。但是全面调研由于调研对象众多，费时费力，只有政府部门才可以组织实施，一般企业难以采用。

（2）抽样调研　是根据概率统计的随机原则，从被调研对象的总体中抽取部分单位作为样本进行调研，由部分推断总体基本特征的一种调研活动。目前大多数所进行的市场调研为抽样调研，此类调研运用灵活、花费少、适用面广。

（四）药品流通市场调研的内容

1. 药品流通市场宏观环境调研

（1）政治环境　包括与医药企业经营活动有关的国内和国际政治环境。

（2）经济环境　包括影响消费者购买力及支出模式的各个因素，如一个国家或地区的经济结构、消费者收入、消费者支出模式、储蓄和信贷等。

（3）人口环境　包括全国及各主要药品目标市场的人口数量和增长速度、人口年龄结构、人口地理分布、人口健康状况、个人消费观念与心理的变化等。

（4）科技环境　包括新技术、新环境、新材料的开发、应用、推广等。

（5）文化环境　包括文化修养、价值观念、宗教信仰、风俗习惯等。

2. 药品流通市场微观环境调研

（1）企业内部环境要素调研　包括营销能力、财务能力、生产能力和组织能力等。

（2）供应商调研　包括供货的及时性和稳定性、供货的质量水平、供货的价格水平等。

（3）营销中介调研　包括对中间商、实体分销商（运输企业和仓储企业）、营销服务机构及金融机构等的调研。

（4）客户调研　包括对消费者市场、生产者市场、中间商市场、政府市场及国际市场等的调研。

（5）竞争者调研　包括正在生产和销售本企业相同产品或服务的直接竞争者、潜在的进入者等。

（6）社会公众调研　包括政府公众、媒介公众、金融公众、群众团体、地方公众和企业内部公众等。

3. 药品消费者购买行为调研

（1）消费者群体调研　主要包括弄清消费过程中发起者、影响者、决策者、购买者和使用者的情况，如年龄、收入、职业、受教育程度等。

（2）消费者购买动机调研　主要包括了解和探究消费行为的动机或影响其行为的因素。

（3）消费者购买方式调研　主要调研消费者怎样购买，如现场购买、网络购买和预购等。

（4）消费者购买习惯调研　主要调研消费者消费偏好、喜欢何种促销方式以及支付方式，如现金购买、支付宝、微信支付、信用卡购买和支票等。

（5）消费者需求影响因素调研　主要包括经济因素、文化因素、心理因素、社会因素、个人因素和药物因素等。

4. 药品流通市场营销组合要素调研

（1）产品调研　主要包括产品生命周期分析、产品试销调查、包装调查、品牌调查、老产品改进、新产品开发、销售服务等。

（2）价格调研　主要包括市场供求情况及其变化趋势、影响价格变化的各种因素、产品需求价格弹性、替代产品价格、新产品定价策略等。

（3）分销渠道调研　主要包括分销渠道的合理性调研、中间商评价、分销渠道常见问题调研等。

（4）促销调研　主要包括促销信息调研、促销组合调研和促销效果调研等。

二、药品流通市场调研的步骤 🅔 微课1

药品流通市场调研是一项涉及面广、操作复杂的科学研究活动，包含了若干个既相对独立又相互联系的工作阶段。为了保证市场调研的系统性和准确性，药品流通市场调研应遵循一定的程序。药品流通市场调研的步骤包括确定调研目的、制订调研方案、实施调研、资料整理与分析、撰写调研报告（图3－1）。

（一）确定调研目的

确定调研目的之前，调研人员一定要弄明白3个问题，即为什么要调研；调研中想要知道哪些信息；调研结果有什么样的用处。在确定调研目的阶段，通常要先做背景分析，然后通过初步调研确定调研目的。

```
确定调研目的
    ↓
制订调研方案
    ↓
实施调研
    ↓
资料整理与分析
    ↓
撰写调研报告
```

图3－1　药品流通市场调研的步骤

1. 背景分析　收集医药企业内部和外部的有关信息资料进行分析。调研人员只需重点收集对所要调研分析的问题有参考价值的信息资料，资料全面即可，不必过于详细。

2. 初步调研　对企业内部的销售经理和推销员、相关领域的专家、批发商、主要零售商以及用户进行简单调研，征求他们对所要调研问题的意见和看法。

（二）制订调研方案

中国有句古语："凡事预则立，不预则废。"为了更有效地进行调研，需要根据调研问题制订一个完善的调研方案，有助于市场调研工作顺利进行。药品流通市场调研是一项有计划的研究工作，药品流通市场调研方案是医药企业针对其所面临的问题和调研工作全程的通盘考虑，是整个市场调研工作的行动纲领。其具体内容包括：①确定调研目的；②确定调研对象；③确定调研项目；④制订调研提纲和调研表；⑤确定调研时间和调研工作期限；⑥选取调研地点；⑦确定调研方式和抽样方法；⑧确定信息的整理和分析方法；⑨确定调研报告的提交方式；⑩制订财政预算和详细的行动计划表等。

（三）实施调研

调研方案设计完成后，调研人员就可以开始按照调研方案实施调研。实施调研就是对药品流通市场信息资料的收集过程。调研人员一般先对现有的二手资料进行有目的地检索，从中选取对本次调研有用的信息，如企业的年度销售报告、利润报表、期刊、报纸、电子期刊和数据库等。当二手资料不能解决调研问题时，调研人员必须针对调研问题进行实地调研，即一手资料收集，是药品流通市场调研的关键环节。在进行实地调研之前，调研管理者应做好调研人员的选择、培训工作，确保调研人员有足够的能力完成信息收集工作。实地调研工作的好坏将直接影响调研结果的正确性。

（四）资料整理与分析

由于搜集的二手资料和实地调研资料来源于不同组织和个人，市场调研收集的资料大多是零星分散的，很难直接用于分析和汇总，需要"去粗取精、去伪存真"地整理分析，这是整个药品流通市场调研过程中的一个重要环节。

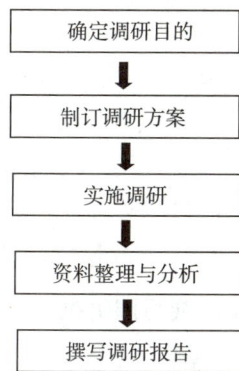

1. 整理资料

（1）问卷检查　为确保原始资料的准确性和全面性，调研人员对收集的调研问卷在完整性和完成质量方面进行检查，确定可以用于最终分析的问卷。那些填写不完整、乱答一气或者未按要求填写的问卷将会被舍弃或要求重新做。

（2）资料再编辑　资料再编辑是为了提高调研问卷中数据的准确性和精确性而进行的再编辑，目的是将问卷中填写不完整、书写不清或前后不一致的答案找出，分别视情况予以重做、赋值或舍弃等处理。

（3）编码　为了方便数据的录入、处理和制表，调研人员对问卷中每个调研问题的每一种可能答案都赋予一个数值代码，将调研问卷的文字信息转化为计算机可识别的数字代码。

（4）录入　录入是指编码完成后，将各种编码数据输入计算机的过程。

2. 分析资料　运用数理统计分析方法对整理汇总的原始资料进行运算处理，并根据运算结果对研究总体进行定量的描述与推断，以发现药品流通市场的真实状况和内部规律。

（五）撰写调研报告

市场调研结果必须写成调研报告，供有关预测决策部门应用或参考，这样才有价值。调研报告必须简明概括，力求客观，重点突出，文字简练，图表形象。调研报告的内容包括标题、目录、摘要、正文、附录等五部分。

1. 标题　标题即调研报告的题目，作为药品流通市场调研报告的开端，既要涵盖整个报告的内容和意义，概括药品流通市场调研的主要结果和结论，又必须运用恰当的表达方式以吸引报告对象的注意，帮助读者快速把握调研报告的精髓和医药市场变化的重要信息。调研报告标题可以只用一个正标题，如"糖尿病治疗药市场分析"；也可以在正标题之外再加副题，正标题表明报告的主题，副标题表明调研的对象及内容等，如"甘草市场告急，发展迫在眉睫——来自市场的调研报告"。

2. 目录　一份完整的调研报告通常信息量大、页数较多，为了方便阅读者准确快速地查找调研报告中信息的位置，应当使用目录或索引形式列出报告所分的章节及其相应的起始页码。一般来说，目录的篇幅不宜超过 1 页。

3. 摘要　摘要是在报告正文之前对正文的概述，主要阐述调研的基本情况，用简明扼要的文字向阅读者介绍整个市场调研的基本方案，包括阐明报告的目的、描述主要的调查与预测结果、阐述主要结论、给出相应的建议等。

4. 正文　正文是市场调研报告的主体部分。正文部分依据药品流通市场调研所获的资料，详细地叙述调研结果和分析结果，研究其存在的问题，揭示其发生、发展变化的影响因素，预测其发展趋势。正文主要包括调研的问题、调研采用的方法、调研步骤、取样方法、资料的收集方法、调研结果以及调研结果对企业营销活动的分析等，对所调研的问题做出结论，并提出解决问题的措施和建议。

5. 附录　附录是指调研报告正文包含不了或没有提及，但与正文有关必须附加说明的部分。附录对调研报告起注释作用，包括资料汇总统计表、原始资料来源、调研问卷、抽样名单、统计检验技术结果，以及一些重要的数据、图表和相关的制度文件等。调研过程中产生的附带性资料信息也可在整理后放在附录中。

三、药品流通市场调研的方法和技术

（一）药品流通市场调研的方法　e 微课 2

药品流通市场调研方法按信息来源不同，可分为两种方法：①一手资料调研法，即实地调研法；

②二手资料调研法，即文案调研法。文案调研法与实地调研法是相互依存、相互补充的。在药品流通市场调研中，二手资料的搜集是原始资料搜集的先决条件，药品流通市场调研一般先从搜集二手资料开始。通过搜集二手资料，可以使医药企业迅速了解药品流通市场有关历史信息，有助于调研人员对药品流通市场情况有一个初步认识，并为进一步实地调研奠定基础。

1. 二手资料调研法

（1）二手资料调研　是指调研人员在充分了解调研目的后，通过阅读、检索、剪辑、购买、复制等手段收集各种有关文献资料，对现成的数据资料加以整理、分析，进而提出有关建议以供企业管理人员参考的调研方法。二手资料收集的途径有：企业内部的资料、政府权威机构的定期出版物、行业协会的报告和定期出版物、商业资料和网络等。二手资料调研法的优点主要有来源丰富、迅速便捷、费用低、不受时空限制、影响因素较少等，其不足之处有缺乏针对性、加工和审核工作较难、存在滞后性和残缺性等。

（2）二手资料的搜集方法　二手资料的搜集方法很多，主要有以下几种。

1）查找法　是获取二手资料的基本方法。医药企业先从内部查找，获取大量反映其自身、客户、市场信息等方面的资料。在内部资料的基础上，调研人员还可以从企业外部的图书馆、信息中心等处查找。

2）剪辑法　是指调研人员从各种报刊上剪辑与药品流通市场调研活动有关的文章、报道、述评、资讯等资料的一种搜集信息的方法。药品流通市场情况的瞬息万变在日常新闻报道中都有所体现，只要用心观察便可搜集到有用的信息。

3）购买法　医药企业可订购公开发行的二手资料（如经济年鉴、统计年鉴、医药企业名录等），从中搜集与药品流通市场相关的信息资料。另外，医药企业还可通过订阅刊登有关药品流通市场信息的医药报刊、杂志等来搜集信息，需要注意订阅的医药报刊、杂志要尽量覆盖面广、避免重复。

4）索取法　是指药品流通市场调研人员向占有信息资料的有关机构（如制药企业、医院、连锁药店）或个人直接索取某方面的药品流通市场信息情报的搜集方法。索取法的效果在很大程度上取决于信息占有方的态度。

5）互换法　在医药企业与一些医药信息机构之间建立长期合作关系的基础上，企业间进行对等的信息交流。互换关系是一种信息共享、互利共赢的协作关系。进行信息交换的双方都有向对方无代价提供资料的义务和获取对方无代价提供资料的权利。

2. 一手资料调研法　又称实地调研，主要是指调研者从被调研对象处直接收集到的有关信息资料。一手资料调研法的优点是资料的正式性强、及时性强等，其缺点是费时费力、成本高、受时空限制、影响因素较多、对调研者的专业知识及实践经验要求较高等。一手资料调研法主要有访问法、观察法和实验法。

（1）访问法　是将拟定调研的事项以口头或书面的形式，通过访谈询问的方式向被调研者了解市场情况、收集资料的调研方法。访问法是市场调研中最常用的、最基本的调研方法。根据访问的具体方式，访问法可以分为面谈访问、电话访问、邮寄访问、会议访问和网上访问。

1）面谈访问　是指调研人员按事先准备的调研提纲当面询问被调研者以获取信息资料的一种方法。其主要靠"走出去"和"请进来"两种方式，如采用客户座谈会的方式。面谈访问的优点是灵活自由、回答率高、资料全面、真实性强，当面听取被调研者的意见，还能观察其反应，发现新问题；缺点是成本高、时间长，调研结果受调研人员技术熟练程度和个人理解的影响大。

2）电话访问　是指调研人员利用电话与选定的被调研者交谈以获得信息资料的一种方法。此法的优点是效率高、覆盖面广、费用低，不受调研人员在场的心理压迫，被调研者回答比较坦诚，易于控制实施质量；缺点是成功率较低，受通话时间的限制，调研问题少而简单，所获信息的准确性和有效性难以判断。

3）邮寄访问　是指通过信件、报刊广告页、产品包装等途径，把事先设计好的调研问卷分发给被调研者，由被调研者根据要求填写后寄回，以获取信息的一种调研方法。此法的优点是调研区域广、费用较低、隐匿性较好，不受调研人员在场的影响；缺点是可控性差、回收时间周期长、漏答问题多、回收率低、低教育程度者回答困难等。

4）会议访问　是指通过召开有关会议，利用会议的便利条件展开市场调研的一种调研方式。药品订货会、物资交流会和展销会等各种各样的会议都是开展市场调研的有效场所。调研的形式主要有发调研表、出样订货、召开座谈会或个别交流等。

5）网上访问　是指在互联网上针对特定的问题进行调研设计、资料收集和分析的一种方法。网上访问是一种计算机网络技术和传统调研技术相结合的新调研方式，主要用来做产品研究方面的市场调研，如产品市场占有率、产品推广渠道等内容的调研。此法的优点是辐射范围广、不受时空限制、信息反馈及时、成本低、隐匿性好等；缺点是受到被调研对象填报意愿的限制，容易造成调研结果可信度低。

📖 **拓展阅读**

网上访问的特点

利用多媒体技术，声图文并茂，交互界面友好；不受时空限制；相较于传统的访问方法，省去调研实施过程中的访问员费用，降低了访问成本；克服了传统+调研"入户难"的问题，在一定程度上提高了问卷的应答率；调研对象可以不受调研员的影响，能获得调研对象的真实信息；问卷处理程序简化，可以减少数据录入和数据转换等工作。

（2）观察法　是调研人员凭借自己的感官和各种记录工具深入调研现场，在被调研对象未察觉的情况下，直接观察和记录被调研对象的行为，以收集市场信息的一种方法。观察法的优点是灵活性强、客观实在，能如实反映问题；缺点是时间长、费用高，调研结果的表面化，很难反映内在原因，更不能说明购买动机和意向。

1）自然观察法　是指调研人员在一个自然环境中（包括超市、展示地点、服务中心等）观察被调研对象的行为和举止。

2）设计观察法　是指调研机构事先设计模拟一种场景，调研员在一个已经设计好的并接近自然的环境中观察被调研对象的行为和举止。所设置的场景越接近自然，被观察者的行为就越接近真实。

3）机器观察法　调研人员在调研现场安装收录、摄像及其他监听、监视仪器设备对被调研者的行为和态度进行观察、记录和统计，该方法简单方便，调研人员不必亲临现场。

（3）实验法　指市场调研者有目的、有意识地改变一个或几个影响因素，来观察市场现象的变动情况，以认识市场现象的本质特征和发展规律。实验调研既是一种实践过程，又是一种认识过程。实验法的优点是客观性强，具有可控性和较强的说服力；缺点是所需的实验时间较长，成本也较高，同时市场环境的偶然因素多，限制性比较大，不易选择出与社会经济因素相类似的实验市场。实验法在因果性调研中应用很广，多用于调研市场营销策略、广告效果、销售方法等，如产品包装、价格、广告等的变动对销售情况的影响。在药品流通市场调研中，常用的实验设计方法如下。

1）单一实验组前后对照法 选择若干实验对象作为实验组，将实验对象在实验活动前后的情况进行对比，得出实验结论。在药品流通市场中，经常采用这种简便的实验调研方法。

2）实验组与控制组对照法 在实验时要选择两组条件相当的研究对象，设定其中一组为实验组，另一组为控制组，在实验组中改变控制变量，而在控制组中控制变量恒定，对比实验组和控制组在同一时期内的测量结果，其差异为控制变量的影响结果。

以上每种调研方法各有优点，在调研过程中究竟采用哪一种方法，调研人员应根据调研目的、调研要求和调研对象的特点来灵活地进行选择。

（二）药品流通市场抽样调研法

药品流通市场抽样调研法就是从调研对象总体中抽取具有代表性的部分个体作为样本进行调研，然后根据样本的调研结果去推断总体的一般特征的调研方法。调研所选的样本是否具有代表性对调研结果影响很大。

抽样一般分为随机抽样和非随机抽样两大类。随机抽样一般用于总体数量较大的调研，而非随机抽样则用于总体数量较少的情况。

1. 随机抽样 又称概率抽样，是指严格按照随机原则在调研总体中进行抽选，调研对象总体中的每个部分都有相同的机会被抽中的抽样方法。常用的随机抽样方法有：简单随机抽样、分层随机抽样、分群随机抽样、等距抽样等。

（1）简单随机抽样 又称完全随机抽样，是指从调研总体中不做任何有目的的选择，随机抽取若干个个体为样本的抽样方法。对总体中的每个个体来说，被抽中的机会是完全平等的。简单随机抽样是最常用的一种随机抽样方法。

（2）等距抽样 又称系统抽样或机械抽样，是指先将总体的各个单位按某一标志排序，并根据总体单位数和样本单位数计算抽样距离，然后按固定的顺序和间隔来抽取样本的抽样方法。等距抽样适用于总体单位变异程度比较大，但变化率比较均匀的调研总体。

（3）分层随机抽样 又称类型抽样，是在抽样前先将调研总体按某一种或几种特征分成若干个组，每一组称为一层，然后按随机原则分别从各层内抽取样本单位构成总体样本的抽样方法。分层抽样一般适用于分布不均匀、各单位之间变异程度比较大的总体。

（4）整群抽样 又称分群抽样，是指将调研总体按一定的标准（如地区、单位）划分为若干群，然后利用简单随机抽样技术从中随机抽取某些群，对抽中的群进行全面调研的抽样方法。分群抽样适用于变异程度较大的调研群体。

2. 非随机抽样 是指在特定市场调研条件的限制下，调研人员抽样时不是遵循随机原则，而是按照自己对市场调研总体特点的主观经验来抽取样本的一种抽样方法。常用非随机抽样方法包括方便抽样、配额抽样和判断抽样。

（1）方便抽样 其样本的选择完全取决于调研人员感觉到是否"方便"。它是非随机抽样调查中最方便、最经济的一种方法。方便抽样适用于无差异的市场调研总体，操作简便，能及时取得所需要的信息，节省调研经费，主要局限在于样本信息缺乏代表性。

（2）判断抽样 是指调研人员依据对实际情况的了解和经验，人为确定样本单位的抽样方法。判断抽样普遍用于探测性设计时，如何确定样本单位主要取决于调研目的。

（3）配额抽样　是指先将调研总体按某一种或几种特征分成若干个组，将样本数额分配到各组，由调研人员随意抽取样本的抽样方法。在配额抽样中，调研人员根据主观判断抽取样本，样本的抽取不是随机的。

（三）调研问卷设计技术

在药品流通市场调研中，问卷是收集市场信息资料最普遍使用的工具，是调研人员与被调研对象之间信息交流的桥梁。因此，调研问卷的设计是市场调研的一项基础性工作，一份高质量的调研问卷，既能保证市场信息的收集，又能提高整个调研工作的效率。

1. 市场调研问卷设计要求　问卷的设计是否科学直接影响市场调研的成功与否。因此，进行市场调研前需要认真仔细地设计、测试和调整调研问卷，以保证调研工作能顺利完成。一份高质量的调研问卷应满足下述具体要求。

（1）有明确的主题　根据调研主题，从实际出发拟题，问题目的明确，重点突出，没有可有可无的问题。

（2）结构合理、逻辑性强　问题的排列应有一定的逻辑顺序，符合应答者的思维程序。一般是由简单到复杂、由表面直觉到深层思考、由一般性问题到特殊性问题排序。

（3）通俗易懂　问卷应使应答者一目了然，并愿意如实回答。问卷中语气要亲切，符合应答者的理解能力和认识能力，避免使用专业术语。对敏感性问题采取一定的技巧调查，使问卷具有合理性和可答性。必须避免倾向性、引导性、暗示性的提问。

（4）控制问卷的长度　问卷中所提出的问题不宜过多、过细、过繁；回答问卷的时间控制在20分钟左右，问卷中既不浪费一个问句，也不遗漏一个问句。

（5）便于资料的校验、整理和统计　设计时要考虑问卷回收后的数据汇总处理，便于进行数据统计处理。

调研问卷在大规模使用之前应对问卷进行小规模的测试，考虑这些调研问题能否得到准确的信息，能否使被调研人回答方便等，详细审查调研结果，对不足之处予以改进。

拓展阅读

调研问卷的外观设计

问卷的外观也是调研问卷设计中不可忽视的重要因素。问卷所用的纸张品种、颜色，问卷的编排，字体样式等外观设计直接影响调研对象是否愿意作答，同样也会影响调研对象回答问卷的质量水平。调研问卷的外观设计应注意以下几点。

1. 问卷的外观应庄重、正式，以使被访问者感觉到是一份有价值的问卷。

2. 问卷应当为答案留出足够的空间，关键词应当画线或用醒目的字体。

3. 问卷使用的纸张大小比例恰当，使被访问者容易接受。

4. 问卷的每一页应当印有供识别用的顺序号，以便于被访问者答卷。

2. 调研问卷结构　一份正式的调研问卷一般由6部分构成：问卷标题、问卷说明、被调查者基本情况、调研项目、编码和附录等。

（1）问卷标题　是对调研主题的高度概括，使被调研者对要回答哪些方面的问题有个大致的了解，一般位于问卷的上端居中。标题设计应简明扼要、主题明确，易于引起调研者的兴趣。

（2）问卷说明　一般放在标题之后，向被调研者说明调研的目的、意义及有关事项，旨在消除被调研者的顾虑，以取得被调研者的信任和支持。问卷说明一般包括问候语、调研主题、调研组织、调研者身份、调研用途以及其他信息。问卷说明的形式既可采取比较简洁、开门见山的方式，也可在问卷中进行一定的宣传，以引起调研对象的重视。填表须知、交表时间、地点和其他事项说明等信息也能够在问卷说明中显示。

（3）被调研者基本情况　指被调研者的一些主要特征，包括被调研者的姓名、性别、年龄、家庭人口、收入、文化程度、职业等。列入这些项目，是为了便于对调研资料进行分析和分类。这些基本情况并非多多益善，哪些应该列入，应根据调研目的和要求而定。

（4）调研项目　是由若干问题与答案来表达调研者所需了解的具体内容，如商品的价格、质量、意见等，是调研问卷中最重要的部分。它主要是以提问的形式提供给被调研者，这部分内容设计的好坏直接影响整个调研的价值。因此，调研项目的设置是调研问卷的关键。

（5）编码　是将问卷中的调研项目变成数字信息的过程，对问卷中的问题和答案进行编码。通常编号放在问题和答案的前边，以便调研者进行分类整理、归档以及在计算机上建立数据库的统计处理。

（6）附录　调研问卷的附录一般放在问卷的最后。包括：①调研者的情况，把调研人员的个人信息资料列出，如调研人员的姓名、访问日期等，以明确调研人员完成任务的性质；②结束语，出现在问卷的最后，一般可以用简短的语句对被调研人员的配合表示感谢，也可以征询被调研人员对调研问卷的建议。

3. 调研问卷的问题设计　调研人员要想通过一份调研问卷成功获取目标资料，除了做好大量的前期准备工作外，还应对调研问题有清楚的了解，并能够根据调研目的和具体情况选择适当的提问方式。

（1）调研问题的类型　根据答案设计的不同，问题可分为两种：封闭式问题和开放式问题。

1）封闭式问题　指事先给定了备选答案，被调研者只能在所规定的答案范围内选择一个或几个答案的问题。封闭式问题的常用方法有二项选择法和多项选择法。封闭式问题常用选择题的形式，便于被调研者回答，也便于调研者统计，但其缺点是由于封闭性问题答案的伸缩性较小，可能不能完全准确表达被调研者的看法。封闭式问题常用于描述性、因果性调研。

2）开放式问题　是指所提出问题并不为调研对象提供备选答案，而是由被调查者自由回答的问题。由于不在问题后预设备选答案，被调研者可以自由地、不受限制地使用自己的语言或提供精确的数字来回答问题，答案能真实反映内心的想法。其缺点是答案的标准化程度低，回答率比较低，整理分析比较困难。开放式问题适用于调研消费者心理因素影响较大的问题，如消费习惯、购买动机和服务态度等。

（2）调研问卷的提问方式

1）二项选择法　又称真伪法或二分法，是指提出的问题仅有两个答案可以选择，如"是"或"否"，"有"或"无"，"喜欢"或"不喜欢"等。调研对象回答非此即彼，没有更多的选择。例如"您家里是否常备感冒药？"①是（　）②否（　）。二项选择法优点是易于理解，回答方便，便于统计分析，但其缺点是无法反映调研对象意见与程度的差别，了解不够深入。

2）多项选择法　在提问时一个问题事先提供两种以上的备选答案，调研对象可任意选择其中一项或几项。这种方法保留了二项选择法的回答简单、结果易整理的优点，又缓和了二项选择法强制选择的缺点，是一种应用广泛、灵活的提问方式。但其缺点是备选答案的设计较为复杂，要注意不要遗漏可能的答案，否则会使信息不够全面、客观。

3）排序法　在多项选择法的基础上，给回答者多个给定答案进行排序。这种方法便于调研对象对其意见、动机、感觉等做出衡量和比较性的表达，也便于对调研结果加以统计，但应注意提示答案不宜过多，过多则应答者难以准确排序，而且回答结果也容易分散。例如，您购买药品时优先考虑的因素是：价格、质量、效果、品牌、外观、售后服务、其他。请按优先顺序号对上述因素进行排序。

4）自由回答法　调研者围绕调研内容提问，不设定备选答案，调研对象不受任何约束，自由回答。该方法优点是问题的设计比较简单，并且调研对象可积极思考、充分发表看法；缺点是调研对象的观点可能比较分散，个人的表达能力也会导致答案的差异度较大，难以进行数据的统计分析。

> **课堂互动**
>
> 答案解析
>
> 下面是一张"问题的问卷"，请修改，并说明理由。
> 1. 你的收入最接近多少？
> 2. 你是否同意药品生产商和中间商要为药品的价格居高不下负责？
> 3. 你最近一次在药店购买的感冒药是多少钱一盒？
> 4. 消费者普遍认为××品牌的药好，你对××品牌的印象如何？

任务三　药品流通市场预测

PPT

一、药品流通市场预测概述

（一）药品流通市场预测的概念

药品流通市场预测是在药品流通市场调研和市场分析的基础上，运用逻辑、数学和统计等科学的预测方法，预先对药品流通市场未来的发展变化趋势进行评估、测算和判断，得出符合逻辑的结论的活动和过程。其最终目的也是为医药企业的市场营销决策提供参考。

药品流通市场预测的内容非常广泛，如某种医药产品的市场供求趋势预测、价格变动趋势预测、市场占有率预测、医药科技发展趋势预测以及新药开发前景预测等。

（二）药品流通市场预测的作用

科学的市场预测是商品经济发展到一定历史阶段的产物。随着医药经济向专业化、社会化、国际化的发展，药品流通市场市场预测的重要作用将日趋明显。

1. 有利于医药企业更好地满足消费需求　通过药品流通市场预测，掌握病情、疫情的变化趋势，掌握人民群众对药品的消费需求，掌握药品生产供应情况，从而做到药品的有效供给，满足人民群众对药品的各种不同需要。

2. 有利于医药企业掌握市场竞争的主动权　药品流通市场竞争日趋激烈，经营品种、价格、质量、促销手段和售后服务等均是竞争的内容。因此，医药企业必须充分掌握药品流通市场动态，掌握竞争对手的竞争策略和竞争方式，有针对性地调整经营战略，做出超前决策，抢在竞争对手之前采取必要行动，把握市场竞争的主动权。

3. 有利于医药企业开拓市场，提高市场占有率　医药企业以企业外部环境分析和内部条件分析为依据,通过药品流通市场预测,了解和掌握药品流通市场的未来发展趋势,明确企业内部条件所具有的优势和存在的劣势,为企业的市场细分、确定目标市场和产品定位提供依据,从而有效地开展销售推广工作,占领目标市场,扩大销售数量,提高市场占有率。

4. 有利于提高医药企业的经济效益 通过药品流通市场预测,发现市场机会,规避市场风险,调整经营策略,改善经营管理,合理使用人、财、物、时间和空间,正确安排生产和经营各环节的数量和比例,做到企业结构合理,加速资金周转,提高资金利用率,节约流通费用,提高企业经济效益。

(三)药品流通市场预测类型

为使医药企业适应瞬息万变的市场需求,市场预测应从不同的角度进行多种类型的预测,以满足医药企业经营决策的需求。药品流通市场预测可按不同标准进行分类。

1. 按预测的时间分类 按时间长短分类,市场预测可分为短期预测、中期预测和长期预测。

(1)短期预测 是指一年之内的预测,适用于制订年度、季度和月计划工作。

(2)中期预测 是指 1~5 年的市场预测,可作为制订年度计划和修订长期计划的依据。

(3)长期预测 是指五年以上较长时间的市场预测,适用于企业制订长远发展规划和企业战略。

2. 按预测的要求分类 按市场预测要求的质与量的侧重点不同,可分为定性预测和定量预测。

(1)定性预测 是指通过调研对药品流通市场的发展规律进行分析和判断,预测其未来发展变化趋势。

(2)定量预测 是指根据药品流通市场调研所收集的历史数据,通过建立数学模型,预测药品流通市场未来发展变化趋势。

3. 按预测的空间范围分类 按预测的空间范围分类,市场预测可分为国际药品流通市场预测、全国药品流通市场预测和地区药品流通市场预测。将国际药品流通市场发展趋势或市场潜力作为预测对象为国际药品流通市场预测;将某种产品国内药品流通市场的需求和竞争态势作为预测对象为全国药品流通市场预测;将某个地区的药品流通市场作为预测对象为地区药品流通市场预测。

📖 拓展阅读

案例分析:感冒药品流通市场营销预测

作为非处方药(OTC),抗感冒药物是我国医药产品推广品牌营销中最成功的范例。然而随着非处方药市场逐渐走向规范,药品零售市场竞争将进入一个崭新的时期。面对新的机遇与挑战,医药企业在产品研发、市场拓展、经营管理、营销策略上将会有何种应对措施?在这种市场背景下,研究抗感冒药物零售市场的竞争状况是非常具有借鉴意义的。因此,我们选取了某市 50 家药店进行了调研。

(1)按某市各城区实有药店数(三证齐全)比例抽取 50 家药店进行深度调研。

(2)各区内按随机原则实地抽取药店,每家药店至少访问一名营业人员,对设有药品专柜的药店,访问抗感冒药品专柜营业人员。

(3)此次调查活动于 2023 年 5 月 1 日至 5 月 6 日实施,访问 4 月份的药品销售情况。

(4)调研每家药店销售量排前 10 位的感冒药品种。

本次调研结果显示,感冒治疗药物占零售市场的份额仅次于保健类药品;销售量和销售额排在前 10 位药品全部是化学药品;抗感冒药物大多含有非甾体抗炎药;消费者用药更趋向于名牌产品。

【分析预测】

抗感冒药物作为药品零售市场的重要组成之一，企业应加大投入发展；国产品牌目前较大地落后于合资品牌在国内市场的发展；目前抗感冒药价格水平偏高，应有进一步下降空间；企业应努力拓展销售服务方式；传统中成药具有较大的发展空间。

二、药品流通市场预测的方法

（一）定性预测法

定性预测法是指通过直观材料或判断的方法对事物未来的变化趋势进行分析与预测。预测者依靠具有丰富业务知识和综合分析能力的人员，根据现有的文献资料和直观材料，运用个人的经验和分析判断能力，对药品流通市场的未来发展做出判断和预测。由于这种预测主要依靠预测者的直观判断力，难免存在片面性，因此定性预测法也称判断预测法。在缺乏历史文献资料或准确的数据难以量化，无法用定量指标来表示的情况下，预测者往往采用定性预测法。

定性预测方法简便易行，易于掌握，而且成本低，费用少，适用范围广，但由于缺乏准确的数据分析，预测精确度易受影响。因此，在采用定性预测时，应尽可能结合定量分析的方法，使预测结果更准确、更科学。

定性预测法的常用方法有经验判断预测法、专家意见集合法和德尔菲法等。

1. 经验判断预测法 是单纯凭借预测人员的个人经验和分析判断能力，对事物的未来发展方向做出判断的预测方法。经验判断预测法是定性预测法中最常用的方法之一，具有操作简单、经济、便利和及时的特点；其缺点就是由于预测凭借的是个人经验，预测结果主观性较强。

根据参与者人数的不同，经验判断预测法又可以分为个人直观判断法和集体经验判断法。个人直观判断法是指凭借个人的经验、知识和综合分析能力，对预测目标的未来发展方向做出的推断。集体经验判断法是指由经过精心挑选的、具有丰富经验和相关知识的人员组成一个小组，在总结分析药品流通市场过去发展情况的基础上，对其未来发展趋势做出判断预测，最后由预测人员进行总结分析，得出预测结果的方法。

2. 专家意见集合法 又称专家会议法，是指根据药品流通市场预测的目的和要求，聘请一些相关专家成立预测小组，医药企业向专家组提供相关的背景资料，专家们以座谈讨论会的形式进行讨论和分析，在综合专家分析判断的基础上，医药企业对药品流通市场的未来发展趋势做出预测的方法。专家会议法的关键是让各个专家充分发表意见，通常可以采用直接头脑风暴法和质疑头脑风暴法结合的方法。

专家意见集合法最大优点是集思广益，与会专家畅所欲言，自由辩论，充分讨论，使预测的准确性提高。其缺点在于容易受专家个性和心理因素或个别权威专家意见的影响，从而影响预测的准确性。

3. 德尔菲法 是在 20 世纪 60 年代由美国著名的兰德咨询公司首创和使用的一种特殊的预测方法。德尔菲法，又称专家小组法，指以背对背通信的方式，征询专家小组成员对药品流通市场变化趋势的预测意见，经过几轮反复征询，使专家们的意见趋于一致，做出预测结论的一种预测方法。德尔菲法具有以下特点。

（1）匿名性 专家直接与预测人员联系，专家之间不能有横向的交往和沟通，确保预测意见是由专家独立思考、判断后得出的结论。

（2）反馈性 预测人员与专家之间多次反馈沟通信息，有助于提高预测意见的准确性，保证最终预测结论的全面性和可靠性。

（3）统计性　可根据预测需要从不同角度对所得专家意见进行定量化的统计处理，提高了预测结果的科学性。

德尔菲法的缺点在于操作过程复杂、花费时间较长，因此这种方法多用于缺乏历史资料和数据的长期预测。德尔菲法是一种科学性比较强的定性预测方法，在实际工作中得到广泛应用，它已经成为企业决策部门制订政策和长远规划，征求专家意见和进行市场信息交流的重要手段。

（二）定量预测法

定量预测法是根据药品流通市场调研所收集到的历史和现有统计资料，运用数学方法对资料进行科学的分析和处理，从而预测药品流通市场未来发展变化趋势的方法。由于其对数据资料采用数学统计分析方法，定量预测法又称作统计预测法。定量预测法是一种知识形态的预测，适用于原始数据比较充足或数据来源多且稳定情况下的市场发展趋势预测。

定量预测法以数学模型作为预测手段，精确度比较高，不受人为因素影响，对药品流通市场变化可以做出量化的推断，但其不足是对数据资料的质量、数量及时效性要求较高，需要熟悉预测技术的专业人员，费用比较高。定量预测法的常用方法可以分为两大类：①时间序列分析法；②因果关系分析法。

1. 时间序列分析法　时间序列是指药品流通市场某种经济指标（如某商品的销售量或销售额、某企业工业产值）按发生时间的先后顺序排列而成的数列。时间序列反映了某种经济指标在时间上的发展变化过程，故又称动态数列。时间序列分析法是指根据时间序列分析药品流通市场经济现象发展变化过程的规律性，测定其发展变化的趋势和程度，运用一定的数学方法构建预测模型，并据此确定药品流通市场预测值的方法。时间序列分析法是遵循连续性原理，认为事物发展是延续的，从过去到现在并发展到未来。时间序列分析法应用范围比较广泛，如对商品销售量的平均增长率、季节性商品的供求、产品的生命周期等的预测，都可以采用时间序列分析法。

2. 因果关系分析法　在时间序列分析法中，将时间作为药品流通市场变化趋势的唯一影响因素。然而，药品流通市场的发展变化趋势的影响因素有很多，如经济发展水平、居民收入水平、药品价格等。对于这些因素的影响，时间序列分析法是无法预测的，一般应用因果关系分析法。因果关系分析法是根据事物之间的因果关系来进行预测的方法。它是以药品流通市场与有关因素的因果关系为依据，抓住事物发展的主要矛盾与次要矛盾的相互关系，建立相关的数学模型，进而预测药品流通市场未来的发展趋势。因果关系分析法常用的方法有：回归分析预测法、基数叠加法、比例推算法等。其中回归分析法是经常使用的一种预测方法。回归分析预测法是在掌握大量观察数据的基础上，利用数理统计方法建立因变量与自变量之间的回归关系函数表达式（称回归方程）。回归分析中，当研究的因果关系只涉及因变量和一个自变量时，叫做一元回归分析；当研究的因果关系涉及因变量和两个或两个以上自变量时，叫做多元回归分析。此外，回归分析依据描述自变量与因变量之间因果关系的函数表达式是线性的还是非线性的，分为线性回归分析和非线性回归分析。通常线性回归分析法是最基本的分析方法，遇到非线性回归问题可以借助数学手段化为线性回归问题处理。

技能训练　感冒药流通市场调研问卷设计

假设你是一名医药企业的员工，现企业要了解感冒药的市场及消费者使用情况，需要设计一份针对感冒药使用情况的调研问卷。

【设计要求】

1. 自行设计问题。问题数量控制在 15～20 题。

2. 调查内容要包括消费者感冒药使用现状、对感冒药的认知（品牌、功效、副作用）、购买渠道方式、对感冒药市场的建议等。

【问卷评价】

1. 问卷的结构是否完整，内容是否科学。

2. 问卷提问是否紧扣调研主题进行。

3. 问卷的答案设置是否科学，用词是否准确。

目标检测

答案解析

一、单选题

1. 药品流通市场信息作为一种特殊的信息，有着与其他信息不同的特点。但以下特点不能体现药品流通市场信息与一般信息的区别（　　）

　　A. 来源明确　　　　　　B. 双向性　　　　　　C. 复杂多样　　　　　　D. 不可控性

2. 作为药品流通市场信息系统的四个子系统之一，分析系统不包括（　　）

　　A. 数据库　　　　　　B. 模型库　　　　　　C. 资料库　　　　　　D. 统计库

3. 在调研开始阶段为明确医药企业存在的问题所进行的调研是（　　）

　　A. 探测性调研　　　　B. 描述性调研　　　　C. 因果关系调研　　　　D. 预测性调研

4. 一个国家或地区的经济结构、国民收入、消费结构、消费水平、经济增长走势等属于宏观医药市场调研涉及的（　　）内容

　　A. 政治环境　　　　　B. 科技环境　　　　　C. 社会文化环境　　　　D. 经济环境

5. （　　）是整个调研的核心

　　A. 调研意义　　　　　B. 调研项目　　　　　C. 调研方法　　　　　D. 调研时间进度安排

6. 二手资料的不足在于（　　）

　　A. 收集不方便　　　　B. 费时　　　　　　　C. 时效性差　　　　　D. 可以克服时空限制

7. 将拟定调研的事项以口头或书面的形式，通过会面、问卷、电话或因特网向被调研者提出询问，从对方的回答中获取资料的调研方法是（　　）

　　A. 文案法　　　　　　B. 观察法　　　　　　C. 实验法　　　　　　D. 访问法

8. 下列哪种方法不属于访问法（　　）

　　A. 走访调研　　　　　B. 信函调研　　　　　C. 电话调研　　　　　D. 顾客动作观察

9. "请问您使用过××感冒药吗？"这种提问方式属于（　　）

　　A. 多项选择法　　　　B. 比较法　　　　　　C. 二项选择法　　　　D. 排序法

二、多选题

1. 一手资料的不足在于（　　）

　　A. 耗时长　　　　　　B. 受时空限制　　　　C. 成本高　　　　　　D. 时效性差

2. 二手资料收集的途径主要有（　　）

    A. 企业内部的资料　　　　　　　　　　　　B. 网络

    C. 政府部门的统计年鉴　　　　　　　　　　D. 商业资料

3. 一手资料收集信息的方法很多，主要有（　　）

    A. 文案法　　　　　　B. 观察法　　　　　　C. 实验法　　　　　　D. 访问法

4. 常用的随机抽样方法有（　　）

    A. 简单随机抽样　　　B. 分层随机抽样　　　C. 等距抽样　　　　　D. 配额抽样

5. 根据问题的答案是否具有规定性，调研问卷的问题一般有（　　）

    A. 封闭式问题　　　　B. 事实性问题　　　　C. 开放式问题　　　　D. 态度性问题

三、简答题

1. 组成药品流通市场信息系统的四个子系统是什么？请简要阐述它们的任务。

2. 药品流通市场调研程序包括哪些步骤？

3. 一份正式的调研问卷由哪些部分构成？

4. 药品流通市场定性预测和定量预测的优缺点是什么？

5. 药品流通市场预测的作用是什么？

书网融合⋯⋯

知识回顾　　　　　微课1　　　　　微课2　　　　　习题

（张天超）

学习目标

知识目标

1. 掌握药品流通市场细分的标准和方法；药品流通目标市场的策略与定位。
2. 熟悉医药企业目标市场策略选择应考虑的因素。
3. 了解药品流通市场细分的概念、作用。

能力目标

会运用本章知识对药品流通市场进行科学细分，并能对医药企业目标市场定位提出合理化建议。

素质目标

培养学生市场意识、竞争意识和创新协作意识，提高综合素质。

案例导入

　　案例： 走进药店，很多消费者会被某公司维生素产品金黄亮丽的包装所吸引。仔细观察就会发现该公司维生素有很多品种，它们在同一个药店的 OTC（非处方药）柜台上互相竞争。不过就是维生素而已，该公司为什么还要生产好几个品种，有的甚至用不同的品牌？原因在于，不同的人想要从购买的维生素中得到不同的需求，如都市白领购买维生素是因为他们生活节奏快，饮食蛋白质含量高，购买维生素作为营养补充剂以提高免疫力，因此，他们对维生素的要求是高含量、高吸收、服用次数少，同时还要弥补饮食结构的不足。这样在维生素购买者中就出现了不同的群体，或者称作细分市场，每一个细分市场都要寻求特定的利益组合。该公司定位于不同细分市场的维生素品种如下。①为 30 岁以上、50 岁以下都市白领设计，一天一粒，全面补充所需维生素和矿物质。②专为儿童设计的营养补充剂，强化儿童生长发育所需的维生素和矿物质，橙子口味以及小星星形状的片剂，让儿童乐于接受。③专为 50 岁以上中老年人设计，提高中老年人免疫力，预防多种疾病。④维 C 泡腾片，仅需一粒，就可泡出一大杯橙汁味的维生素 C 饮料。

　　讨论： 1. 该公司为何要细分市场？

　　　　　　2. 该公司细分市场的依据是什么？

PPT

任务一　药品流通市场细分

一、药品流通市场细分概述

（一）药品市场细分的概念

药品市场细分是指依据消费者对医药产品需求、购买行为、习惯等的差异性，把一个总体市场划分成若干个具有共同特征的"亚市场"或"子市场"的过程。细分后每一"亚市场"或"子市场"是具有相同或类似需要和欲望的消费者群，可以被医药企业选择为目标市场。分属于不同细分市场的消费者，对同一产品的需要和欲望存在着明显的差异。

市场细分是在生产力水平迅速发展，企业竞争日益激烈，消费者收入逐渐提高，消费需求趋向多样化背景下产生的，药品市场细分的概念是由美国市场营销学家温德尔·史密斯（Wendell R Smith）于20世纪50年代中期提出的，这一概念很快得到业内人士广泛接受和应用推广。"市场细分"被看作继"以客户为中心"观念之后的又一次营销革命。在此之前，企业往往把消费者看成具有同样需求的整体市场。

（二）药品市场细分的客观依据

药品市场细分是以消费者需求的差异性，即异质市场的存在为理论依据。从消费者需求的角度可以将药品市场分为同质市场和异质市场。同质市场是指消费者对某种商品的需求和对企业营销策略的反应具有一致性的市场，如日常生活中的普通食盐市场，药品中某些原料药市场等。在同质市场上，竞争者向市场提供的产品和采用的市场营销策略大致是相同的，但只有少数的药品市场属于同质市场。异质市场是指消费者对某种产品的需求和对企业营销策略的反应具有明显差异的市场。正是这种消费者需求的差异性才使药品市场细分成为可能，同时，具有相似需求偏好的消费者群，则构成一个医药子市场。例如，有的消费者习惯用中药，有的习惯用西药，则形成中药市场和西药市场。

医药企业可依据消费者对产品的不同需求偏好，针对不同的消费者群提供不同的产品和相应的营销策略，以满足顾客需求，从而扩大市场。

异质市场中市场群之间的差异大，但市场群内的差异小，因此，医药市场细分的过程要存大异求小同，其实质是异中求同。市场细分不仅是一个分解的过程，也是一个聚集的过程。

（三）药品市场细分的作用

市场细分是营销战略组合的重要部分，为企业发现和了解市场机会，选择目标市场提供科学依据，在避免企业人、财、物的浪费，更好满足消费者需求，提高企业市场竞争力等方面发挥重要作用。药品市场细分的作用具体表现在以下几方面。

1. 有利于医药企业认识市场和发现市场机会　医药企业通过对每个药品细分市场的购买潜力、满足程度、竞争情况等进行分析比较，发现尚未满足或未被充分满足的消费需求，从而得到市场机会，开拓新市场，夺取优势市场的地位。该作用在中小型医药企业中尤为明显，通过市场细分，可以发现那些被大型企业所忽视且尚未满足的消费需求，拾遗补阙，扬长避短，以便在激烈的市场竞争中占有一席之地。

2. 有利于医药企业更好地满足消费者的用药需求 现代市场营销的核心就是满足消费者的需求，通过药品市场细分，企业才能更准确地了解不同细分市场中消费者的用药需求，有针对性地开发产品。当市场中越来越多的企业奉行市场细分策略时，产品就会日益多样化，消费者的需求就会得到更好的满足。

3. 有利于医药企业制订合理市场营销战略与策略

（1）帮助医药企业准确把握目标市场策略和市场定位 通过市场细分，医药企业可更好地了解消费者的需求，有针对性地选择目标市场策略，同时依据竞争对手的状况，确定本企业产品与竞争产品的差异，即市场定位。

（2）帮助医药企业制订产品、价格、促销及分销策略 通过市场细分，企业可以更好地了解子市场中的消费者需求、价格接受程度、购药方式与渠道、不同促销手段的影响力等，以此作为企业制订各种营销策略的依据。

4. 有利于医药企业及时应对市场变化，调整营销策略 在较小的细分市场即子市场上开展营销活动，增强了市场调研的针对性，市场信息反馈快，企业易于掌握市场需求的变化，并迅速准确地调整营销策略，取得市场主动权。

5. 有利于医药企业合理有效分配人力、物力、财力资源，实现营销目标 任何一个企业的资源和资金都是有限的，通过市场细分，确定企业营销目标，选择自己最有利的市场，有效利用人力、物力、财力等资源，发挥最大优势，取得最好经济效益，实现企业发展目标。

药品市场细分的作用越来越被企业所重视。需要注意的是，市场细分的目的是发现市场机会，而不是为细分而细分，不是分得越细越好，因为有可能增大市场成本，经济效益变低，因此药品市场细分是有限度的。

（四）药品市场细分的原则

进行有效市场细分，有利于企业获取市场机会，满足顾客需求，但细分市场并非越细越好。一般而言，有效的药品市场细分应遵循的基本原则如下。

1. 细分市场之间的异质原则和细分市场内的同质原则 细分市场之间的异质原则是指不同细分市场的消费者的需求应具有差异性，对同一市场营销组合方案，不同细分市场会有不同的反应。一方面，如果不同细分市场顾客对产品需求差异不大，行为上的同质性远大于其异质性，此时，企业就不必对市场进行细分。另一方面，对于细分出来的市场，企业应当分别制定出独立的营销方案。如果无法制定出这样的方案，或其中某几个细分市场对是否采用不同的营销方案不会有大的差异性反应，也就不必进行市场细分。

细分市场内的同质原则是指在同一细分市场中消费者的需求应是相同或相似的，对同一市场营销组合方案，会有相同或相似的反应。如果同一细分市场中的消费者的需求存在较大的差异，或对同一市场营销组合方案有不同的反应，说明细分市场的细分程度不够，应进一步细分。

2. 细分市场可衡量原则 是指细分后的市场应是可以识别和衡量的，亦即细分出来的市场不仅范围明确，而且对其容量大小也能大致做出判断。首先，据以细分市场的变量应是可以识别的；其次，对细分后的市场规模、市场容量应是可以计算、衡量的。否则细分的市场将会因无法界定和度量而难以把握，市场细分也就失去了意义。

3. 细分市场可盈利原则 是指细分出来的市场，其容量或规模要大到足以使企业获利并具有发展潜力，防止细分范围过细或范围过大。过细的市场，市场容量有限，成本耗费大，企业获利小，难以持续经营；过大的范围则不利于企业目标市场的选择，因此要求企业在进行市场细分时，必须考虑细分市场上顾客的数量、顾客购买能力和购买频率，保证细分市场的可盈利性。

4. 细分市场可开发性原则　是指细分后的子市场是企业能够并有优势进入的市场。一是企业在一定成本范围内能达到细分市场的要求，具备能满足细分市场的人力、物力、财力资源；二是有关产品信息能够顺利传递给该细分市场的大多数消费者，并使消费者有效理解产品概念；三是企业在一定时期内能够将产品通过有效的分销渠道运送到该细分市场。

5. 细分市场稳定性原则　是指细分市场的特征应在一定时期内保持相对稳定。市场调查、开发新产品、调整营销策略等都会增加企业运营成本，过于频繁的市场变化会影响企业的经济效益。

二、药品流通市场细分的标准

药品市场细分的前提是消费者需求的差异性，每个消费者的生理特征、健康意识、产品知识、社会地位、经济状况、性格特征各不相同，他们对产品的品牌偏好、追求的利益、广告感受度、价格承受力及对销售渠道的信任程度也各不相同，因而消费需求存在很大的差异。构成消费者需求差异的各种因素变量，称为药品市场细分的标准。药品市场细分的常用标准如表4-1所示。

表4-1　药品市场细分标准

细分标准	具体因素
地理因素细分	国界、地区、政区、城市与乡村、地形、气候
人口因素细分	人口、年龄、性别、职业、收入、民族、受教育程度
心理因素细分	购买习惯、个性、类型、追求利益
行为因素细分	购买动机、购买频率、购买数量、营销敏感性

（一）地理因素细分标准

由于地域环境、自然气候、文化传统、风俗习惯和经济发展水平等因素的影响，处在不同地理环境下的消费者，其需求偏好、购买行为、对企业营销策略的反应往往具有明显差别。常见地理因素细分标准，如表4-2所示。

表4-2　地理因素细分标准

地理因素	细分变量
国界	国内、国际
地区	东部、西部、南部、北部等
政区	省、市、县等
城市	特大城市，大、中、小城市等
乡村	近郊、远郊、边远地区
地形	平原、高原、山地、盆地、丘陵
气候	热带、亚热带、温带、寒带等

1. 地区　根据地理位置，将市场细分为东部、西部、南部、北部等，地区差异会影响用药习惯。

2. 城市与农村　消费者在用药习惯、用药常识、购买能力等方面都存在明显差异。

3. 气候　由于气候的差异，疾病的发生率有很大不同，如鼻炎为寒冷气候条件下的多发病，炎热气候则会促使人们习惯喝凉茶。

4. 人口密度 人口密度与市场规模直接相关，一般呈正比关系，对医药企业的市场细分有较大意义。

5. 人口的地区间流动 这一因素既影响了医药需求总量，又改变了需求结构。对于人口流入较多的地区，不但会使药品需求总量增长，而且外来人口通常没有医疗保险，直接在药店购药的较多。

（二）人口统计细分标准

人口是构成市场的最主要因素，是市场需求差异的本质性动因，同时，人口统计变量更具有可衡量性，有关数据相对容易获取，因此，常作为企业市场细分的依据。常见人口统计因素细分标准，如表4-3所示。

表4-3 人口统计因素细分标准

人口因素	细分变量
人口总数	一个国家或地区人口总量
年龄	婴儿、学龄前儿童、学龄儿童、少年、青年、中年、老年
性别	男、女
职业	教师、医生、科研人员、文艺工作者、企业管理人员、私营企业主、工人、离退休人员、学生、家庭主妇、失业者等
收入	高收入、中收入、低收入
受教育程度	小学、初中、高中、大学、研究生以上
宗教	佛教、道教、基督教、天主教、伊斯兰教、犹太教等
民族或种族	汉族、少数民族；黄种人、白种人、黑种人等
家庭生命周期	单身；新婚；已婚，子女6岁以下；已婚，子女6岁以上；已婚，子女18岁以下；中年夫妇；老年夫妇；老年单身

1. 年龄 由于不同年龄的消费者在生理、审美、生活方式、价值观、社会角色、社会活动等方面存在差异，必然会有不同的需求特点。首先，疾病发生情况有很大差异，如高血压等心脑血管疾病为中老年人的多发病，青年人较少见。其次，不同年龄段消费者的社会经历、价值观等均有差异，对药品的选择也有区别，如老年人购买药品时，通常以经济、方便为首选条件，他们有充裕的时间反复挑选；而年轻人具有追求时尚、不在意价格、易受广告影响、易产生购买冲动的消费特点。当前我国60岁以上老人已达10%，预计我国人口老龄化将于2040年达到高峰，这将会对保健品和治疗老年性疾病的药品市场产生重大影响。

2. 性别 由于生理上的差别，男性与女性在药品需求与偏好上有很大不同，如减肥药通常以女性消费者为主体。

3. 收入 消费者收入水平在很大程度上决定其购买力，直接影响市场的大小和消费者的支出模式，如高收入者对保健品的需求较多，对药价敏感度相对较低。

4. 受教育程度 消费者受教育程度不同，其价值观、文化素养、知识水平不同，会影响他们对药品种类的选择和购买行为。受教育程度较高的人获取药品知识的能力较强，自我保健意识也较强，其购买行为相对较为理性；受教育程度较低的人，其购买行为受他人和广告的影响较大。

5. 家庭生命周期 处于不同生命周期的家庭，其家庭结构会有差异，用药需求也会不同。

（三）心理因素细分标准

心理因素较为复杂，难以准确把握，在药品市场中，消费者心理差异对用药需求的影响较大，常见心理因素细分标准，如表4-4所示。

表4-4 心理因素细分标准

心理因素	细分变量
个性特征	自信、自主、支配、顺从、保守、适应
消费态度	踏实者、寻求权威者、怀疑论者、忧虑者
购买动机	治疗、保健、自用、馈赠
生活方式	平淡型、时髦型、知识型、名士型等

1. 个性特征 个性是指一个人比较稳定的心理倾向与心理特征，它会导致一个人对其所处环境做出相对一致和持续不断的反应。通常个性会通过自信、自主、支配、顺从、保守、适应等性格特征表现出来，并影响消费者的思维和行动。如个性保守者通常不愿做新的尝试，新药接受程度低，外向型的人则更喜欢新鲜事物。

2. 消费态度 是指一个人对某些事物或观念长期持有的好与坏的认识上的评价、情感上的感受和行动的倾向。根据消费者对药品的需求及治疗作用所持态度不同可分为踏实者、寻求权威者、怀疑论者和忧虑者。踏实者追求方便、有效的药品；寻求权威者更相信医生的处方；怀疑论者对药品的效果有所置疑，很少用药；忧虑者则极关注自己的健康，稍有症状即找医生或自行购药。

3. 购买动机 人的行为是受动机支配的，购买药品的目的是自我治疗、保健或是馈赠，目的不同，选择则有差异，如脑白金主打馈赠市场。

（四）购买行为细分标准

依据购买者对药品的了解程度、使用情况、购买频率及反应等变量来细分市场。行为变数能更直接地反映消费者的需求差异，因而也成为市场细分的最佳标准。具体如表4-5所示。

表4-5 购买行为因素细分标准

购买行为因素	细分变量
购买者的品牌偏好程度	专注、无所谓
使用情况	从未使用者、曾经使用者、初次使用者、经常使用者等
购买频率	日常购买、特别购买、节日购买、规则购买、不规则购买
营销敏感性	敏感、不敏感
购买决策权	自主决策型、非自主决策型
购买渠道	医院、药店、网站等
追求利益	经济、服务、质量、安全、时髦、刺激、声望、健康等

1. 购买者的品牌偏好程度 有些购买者经常变换品牌，也有一些购买者则在较长时期内专注于某个或少数几个品牌。对有品牌偏好的购买者，新药推广较为困难。

2. 使用情况 根据患者和医生处方的使用频率，细分为经常使用、偶尔使用和不使用等。

3. 购买决策权 根据药品分类管理，购买处方药的决策权基本在医生。购买非处方药，虽然患者拥有自主决策权，但药店营业员的影响也很大。调查显示，在药店购药消费者中自主决定型占25%，店员推荐型占21%，应根据药品的特征，采取适当的营销策略。

4. 购买渠道 根据患者获取药品的渠道细分，可分为医院购买、药店购买及网上购买等。

5. 追求利益 购买者购买药品时所追求的利益不同，如有的追求经济实惠（低价），有的追求使用方便（剂型）等。

三、药品流通市场细分的方法和步骤

（一）药品流通市场细分的方法

1. 单一变量细分法 即选择影响消费者需求的某一个重要因素进行市场细分的方法，例如补血产品可依据地理区域这一变量划分为城市与乡村两个市场，也可依据购买动机分为自用和送礼两个市场。

2. 综合变量细分法 即根据影响消费者需求的两种或两种以上的因素进行市场细分的方法。比如针对补钙药物市场，可按年龄及缺钙程度将市场细分为少年患者的轻度、中度、重度缺钙，中年患者的轻度、中度、重度缺钙，老年患者的轻度、中度、重度缺钙等 9 个细分市场。

采用综合变量细分法，当使用的变量增加时，细分市场的数量会按几何级数增加，这会给细分市场的选择带来困难，因此很多企业采用了系列变量细分法。

3. 系列变量细分法 即根据企业经营的特点并按照影响消费者需求的多个因素，由粗到细地进行市场细分的方法。这种方法划出的市场就是目标市场，有利于企业更好地制定相应的市场营销策略。

（二）药品流通市场细分的步骤

市场细分过程基本上是按从宏观到微观，从大到小，由粗及细的顺序进行的。美国市场营销学家麦卡锡提出了一套简便易行的七步细分法，很有实用价值。其步骤如下。

1. 选定产品市场范围，确定经营方向 在明确企业任务和战略目标的前提下，对市场环境充分调研分析后，首先从市场需求出发选定一个可能的产品市场范围。

2. 预估潜在购买者的基本需求 由企业决策者从地理因素、心理因素和购买行为因素等方面对潜在顾客的需求做大致分析，然后将其估算和罗列出来，为以后的深入分析提供基本资料。

3. 分析潜在购买者的不同需求 将潜在顾客的不同需求进行分类，粗略地将市场划分为若干细分市场。

4. 剔除潜在购买者的共同需求 对初步形成的几个细分市场之间共同的需求加以剔除，以它们之间需求的差异作为细分市场的基础，筛选出最能发挥企业优势的细分市场。

5. 为不同的细分市场命名 在对各个细分市场进行分析的基础上，结合顾客群的特点，暂时为各细分市场命名。

6. 进一步考察各细分市场的科学性与合理性 企业在对各细分市场的顾客需求及其行为做更深入考察的基础上，根据各细分市场的特点，决定是否需要再度细分或合并。

7. 测量各细分市场的规模，估算盈利水平 市场细分可促使企业更加有效地利用企业资源，带来较高的销售额和利润额，因此，市场细分的最后一步就是估算预期的盈利水平。

以上是市场细分的一般程序，医药企业在实际操作时，可结合实际，对市场细分七步法加以简化或丰富。

任务二　药品流通目标市场选择

PPT

一、药品流通目标市场概述

（一）药品目标市场的概念

药品目标市场是指医药企业在市场细分的基础上，依据企业资源和经营条件所选定的、准备以相应

的产品或服务去满足其需求的一个或几个细分市场。目标市场的选择是企业制定营销战略的基础，对企业的生存与发展具有重要意义。

一般而言，任何企业都不可能满足所有顾客群的需要，为提高效益，企业通常在市场细分的基础上选择一个或几个最有利于企业经营的细分市场作为目标市场，针对性地制定和实施企业的营销战略和策略，企业的一切营销活动都是围绕目标市场展开的。目标市场选择与市场细分密不可分，市场细分是目标市场选择的前提条件和基础，选择目标市场是市场细分的目的。

（二）药品目标市场的评估

目标市场的选择是最终决定企业将进入哪些市场领域，决定企业将来生存和发展的一种策略。医药企业选择目标市场是在细分市场的基础上进行的，因此，目标市场的评估也与细分市场的评价息息相关，通常可从以下四个方面进行。

1. 潜在的市场规模　潜在市场规模的大小决定了该细分市场的发展性，也决定了企业今后发展的空间。潜在市场规模过小，意味着企业在该市场上难以有大的作为，但也并不是说，潜在市场的规模越大越好。潜在市场规模过大，一方面，说明市场还可按某种标准进一步细分；另一方面，也会吸引更多的企业进入，增加本企业的竞争压力。只有规模适当，细分市场才具有吸引力。这就要求企业在进行市场调查时，必须充分考虑各种不确定因素的影响，综合运用各种科学预测法，提高市场预测的准确性。

2. 竞争状况　市场细分的目的之一是为了减少竞争对手，从而缓和竞争。如果一个细分市场内的竞争对手过多，则市场细分就没有达到这一目的。因此，在选择目标市场时，企业要正确估计各细分市场的竞争状况以及自身的竞争地位。一般来说，应选择那些竞争对手较少，而企业自身具有较大竞争优势的细分市场作为自己的目标市场。竞争对手既包括各细分市场上已经存在的其他企业，还包括尚未进入但可能进入该细分市场的其他企业。因此，在分析竞争状况时，还必须要考虑潜在的竞争对手。

3. 细分市场所具有的特征与企业资源积累状况的吻合程度　企业在目标市场上能否具有较强的竞争力，取决于其积累的资源在该市场上是否具有较明显的优势，以及这种资源优势在该市场上能否得到充分的利用和发挥。如果细分市场的特征能够促使企业的资源优势得到充分地发挥，则企业就可能具有较强的竞争力。如某企业有广泛的销售网络、大批经验丰富的销售人才，而某个细分市场上竞争的关键又恰恰是在市场销售方面，那么，企业选择这一细分市场作为目标市场就能使自己的优势得到充分发挥。

4. 细分市场的盈利水平　盈利是企业营销活动最基本的要求，因此，盈利水平是企业评价细分市场的一个基本标准。盈利水平往往与产品的生命周期、市场的竞争程度、产品主要消费者的特征等有关。

评估细分市场可以采用定性预测和定量预测相结合的方法。

（1）定量预测　主要包括：①市场占有率分析；②销售增长率分析；③核算成本利润。

（2）定性预测　主要分析企业内外部环境。内部环境主要衡量企业的自身力量可以为其产品做何种营销努力，以获取适当的市场份额。外部环境主要包括：①政治法律环境；②技术环境；③人口环境；④经济环境；⑤自然环境；⑥社会文化环境。

二、药品流通目标市场选择模式

企业在对不同的细分市场评估后要选择目标市场，常见的进入目标市场的模式有市场集中化、产品专业化、市场专业化、选择专门化、全面覆盖化五种。

（一）市场集中化

企业只选择一个细分市场，用单一的产品满足单一目标顾客群的需求，进行集中营销。企业的产品和服务对象都集中于一个细分市场，这种模式一般适合于：企业具备在该市场从事专业经营的优势条件；限于资金压力，企业只能经营一个细分市场；该市场上竞争者通常较少。

采用这种模式的优点是：可以使企业更了解该细分市场的需求；企业可以集中力量于单一市场从而提高投资效率和利润。但这种模式的缺点是：风险较大，一旦这一细分市场不景气或有强大的竞争者出现，都会使公司陷入困境。

（二）产品专业化

企业集中生产某种产品，并向各类顾客销售这种产品，通常使用相似的产品，不同的品牌。采用这种模式的优点是：企业专注于某一种或某一类产品的生产和经营，有利于企业形成经营优势，在某类产品方面树立良好的形象。但同样也存在潜在的风险，当同类产品中出现全新的替代产品时，企业会面临巨大的冲击。

（三）市场专业化

企业专门经营满足特定顾客群体需求的各种产品，专门为特定的顾客群体服务。采用这种模式的优点是：经营的产品类型众多，能有效分散企业经营风险，同时可与这一群体建立长期稳定的关系，并树立良好的形象。但由于集中某类顾客，当这类顾客需求下降时，企业也会遇到收益下降的风险。

（四）选择专门化

企业在市场细分的基础上，选择进入若干细分市场，针对每个不同的细分市场，提供不同的产品与服务，通常企业所选择的细分市场之间很少存在联系。采用此种模式要求企业有较强的资源及营销实力。其优点是：有效分散企业的经营风险，某个细分市场的失败对其他细分市场的盈利影响不大。但要避免贪多，应选择具有吸引力并符合企业目标的细分市场。

（五）全面覆盖化

企业生产各种产品去满足各种顾客群体的需求，通常只有实力雄厚的大企业才能采用这种模式。

三、药品流通目标市场选择策略

医药企业目标市场的确定范围不同，选择进入目标市场的模式不同，所采用的营销策略也就不同。企业可供选择的目标市场策略有无差异性市场策略、差异性市场策略和集中性市场策略三种。

（一）无差异性市场策略

无差异性市场策略是指企业基于整体市场的消费者对某种药品需求的无差异性，只向市场推出单一产品，采用一种市场营销组合，试图满足所有消费者需求的策略。采用无差异性市场策略的企业是把一个市场看作一个整体，将整个市场作为自己的目标市场（图4-1）。

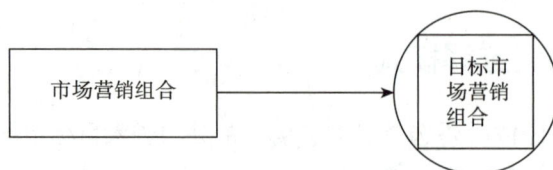

图 4-1　无差异性市场营销策略图

采用这种营销策略有两种情况：一是某种药品的需求本来就不存在差异，无需采用差异性营销策略；二是消费需求虽有差异，但企业只抓住市场共性需求，舍弃差异。

无差异性市场策略的优点是：①成本的经济性。以单一品种满足整体市场，生产批量大，可以实现规模生产，降低单位产品的生产成本；单一品种可以减少储存量，节约存货成本；渠道简单、固定，可以节省流通费用；单一的促销方案可以节省促销费用；相应减少市场调研、新产品研制、制订市场营销组合策略的人、财、物等方面的投入；②可打造超级品牌。

无差异性市场策略的缺点是：①忽略了消费需求的差异性，可能失去某些较好的市场机会，不符合当前个性化需求的潮流；②无差别市场需求如未得到满足，会吸引众多的企业加入，加剧整体市场的竞争，损害企业利益；③企业过分依赖单一产品，会降低对市场的适应能力和应变能力，企业竞争风险大。

无差异性市场策略主要适用于具有广泛需求，公司也能够大量生产、销售的产品，如原料药、普药等。

（二）差异性市场策略

差异性市场策略是指企业在市场细分的基础上，选择若干细分市场作为自己的目标市场，并针对每个细分市场提供不同的产品，采取不同的市场营销组合，以满足不同目标市场需求的策略。采用这种策略的企业一般都具有多品种、小批量、多规格、多渠道、多种价格和多种广告形式的营销组合特点，以满足不同细分市场的需求（图4-2）。

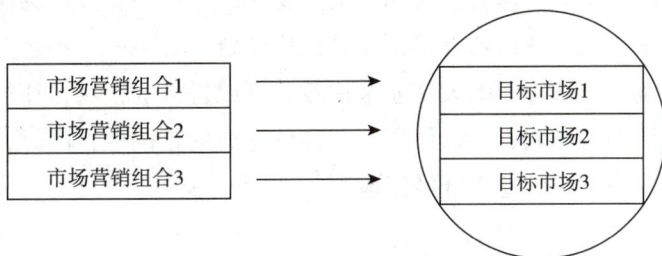

图4-2　差异性市场策略

差异性市场策略按市场覆盖方式不同，可分为三种：①品种覆盖策略，即企业以品种的系列化覆盖目标市场需求的多样化；②消费覆盖策略，即企业对各个目标消费者群提供各种营销服务，满足消费者群的个性化需求；③流通覆盖策略，即企业对流通各环节分别采用不同的营销策略，以适应各流通环节顾客需求。

差异性市场策略的优点是：①以针对性的产品和市场营销组合满足各顾客群的需求，利于企业抓住市场机会，扩大销售，提高市场占有率；②可以降低企业的经营风险，由于细分市场之间的关联性不大，一个产品市场的失败不会威胁到整个企业的利益；③有特色的产品及其营销策略可以提高企业的竞争力，降低企业市场风险；④提升公司的知名度，利于企业对新产品的推广和争取长期稳定顾客群。

差异性市场策略的缺点是：①成本较高，由于生产的品种多，批量小，单位产品的生产成本提高；市场调研及新产品开发成本、存货成本也会相应提高；多样化的营销策略使渠道、广告成本都会增加。②生产经营多样化，增加企业管理控制难度；③强调品种特色，销售对广告的依赖性大。

差异性市场策略通常适用于有较雄厚的人力、物力、财力资源，有较高的技术水平、设计能力及拥有高水平经营管理队伍的企业。

随着生产力水平的发展，生产规模的扩大，企业之间的竞争日益激烈，同时人们收入水平不断提高，消费者的需求日益多样化，差异性策略被越来越多的企业所接受和采用。

（三）集中性市场策略

集中性市场策略是指企业选择一个或少数几个细分市场作为目标市场，采用一种营销组合，实行专业化生产和经营的策略（图4-3）。

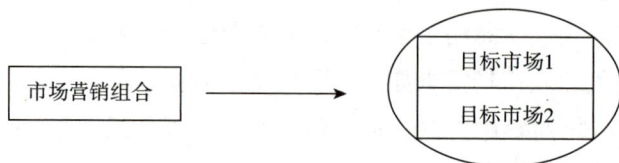

图4-3 集中性市场策略

集中性市场策略的优点是：①企业可以集中优势，充分利用有限的资源，占领那些被其他企业所忽略的市场，以避开激烈的市场竞争；②专业化的生产和销售可以使这一特定市场的需求得到最大限度的满足，并在特定的领域建立企业和产品的高知名度；③高度专业化，可满足消费者的特定需求，形成依赖，提高企业的投资收益率。

集中性市场策略的缺点是风险较大。企业将其所有的精力集中于一个市场或几个细分市场，一旦市场情况突变，或有强大的竞争者进入，或企业的预测及营销策略制订有缺陷等，都有可能使企业陷入困境。因此，采用这种策略的企业应密切关注目标市场的变化，以提高企业市场应变能力。

大小医药企业都可以采用集中性市场策略，尤其适用于资源有限的中小企业。采用该策略，小企业可以避开与大企业的正面竞争，选择那些大企业未注意或不愿进入的市场，往往更易获得成功。但应注意，进入市场前需进行充分的市场调查，以保证企业经营方向的正确性；同时，所进入的市场应有足够的规模利润和增长潜力，能最大限度地降低经营风险。

📖 拓展阅读

集中性市场策略与无差异性市场策略的区别

无差异性市场策略是以整体市场共性需求为目标市场，实行规模化经营策略，追求在大市场上的市场占有率；而集中性市场策略是以一个或少数几个细分市场为目标市场，集中企业有限的资源，实行专业化的生产和销售策略，以充分满足这些细分市场的需求，追求在一个小市场上取得较高的，甚至是支配地位的市场占有率。

四、影响药品流通目标市场策略选择的因素

三种目标市场策略的特点各有不同，企业在选择时应综合考虑各方面的因素。

（一）企业实力

企业实力是指企业的设备、技术、资金管理和营销能力的综合反映。一般来说，实力雄厚、生产能力和技术能力较强、资源丰富的企业可以根据自身的情况和经营目标，选择无差异性市场策略或集中性市场策略。反之实力弱小企业，无力兼顾更多的市场，则应选择集中性市场策略。

（二）产品特点

依据不同产品的特点，选择适用的营销策略。同质化较大的产品，如原料药和中药材，它们的竞争主要集中在价格和服务上，通常宜选择无差异性市场策略。对于大部分在性能和品质等方面差异较大的产品，如不同剂型的产品等，为了应对竞争和满足需求，企业宜采用差异性市场策略或集中性市场策略。

（三）市场特点

市场特点是指不同细分市场中客户的需求及对企业的营销刺激的反应是否存在明显的差异。如市场的差异性较大，企业宜选择差异性市场策略或集中性市场策略。反之，市场的差异性较小，宜选择无差异性市场策略。

（四）产品生命周期

产品处在不同的生命周期阶段，宜采用不同的市场营销策略。在导入期及成长期前期，同类产品的竞争者较少，企业亦缺乏进行多品种开发和生产的能力，宜选择无差异性市场策略。一旦进入成长期后期和成熟期，竞争日益激烈，为使本企业的产品区别于竞争者，确立自己的竞争优势，应采用差异性市场策略或集中性市场策略。当产品步入衰退期时，市场需求量逐渐减少，企业不宜再进行大规模生产，更不能继续将资源分散于多个市场份额小的细分市场，宜采用集中性市场策略。

（五）市场供求趋势

当产品供不应求时，消费者没有选择的余地，需求即使有差别也可以忽略不计，宜采用无差异性市场策略，以降低成本。当产品供过于求时，企业宜采用差异性市场策略或集中性市场策略。但任何产品供不应求的卖方市场状态通常都是暂时的和相对的，最终都会向买方市场转化。

（六）竞争对手的策略

企业在市场中都要面对竞争者，采用哪种策略往往要视竞争对手的策略而定。一般而言，当竞争对手采用无差异性市场策略时，企业宜选择差异性市场策略或集中性市场策略，以区别于竞争对手，提高竞争力。如竞争对手采用差异性市场策略，企业应进一步细分市场，实行差异性市场策略或集中性市场策略。

任务三 药品流通市场定位

PPT

企业一旦选定了自己的目标市场，并确定了目标市场策略，也就明确了自己所服务的对象及所要面对的竞争对手。如何在众多的竞争对手中突出自己产品的个性和特色来吸引顾客，使自己在竞争中处于有利的位置，这就需要市场定位。

一、药品流通市场定位概述

（一）药品市场定位的概念

药品市场定位是指根据竞争者现有的药品在市场上所处的位置，以及患者与医生对药品特征属性的重视程度，塑造本企业药品与众不同的个性，并把这种个性传递给患者和医生，以确定本企业药品在市场上位置的过程。

当顾客评价一个企业时，通常会以同一市场内同类产品做比较，通过比较同类产品的特性和效用，顾客会对该企业或产品形成一定印象，则为定位。因此，医药企业在对产品进行定位的同时，还必须将所塑造出来的产品差异性准确地传达给客户，并被其目标客户所认同，否则就失去了定位的意义。

拓展阅读

市场定位

市场定位由美国学者赖斯和屈劳特于1972年在《广告时代》发表的一系列名为"定位时代"的文章中提出。他们认为："定位始于一件产品，一次服务，一家公司，一个机构，或者甚至一个人……然而，定位并不是你对一件产品本身做些什么，而是你在有可能成为顾客的人的心目中做些什么。也就是说，你得给产品在有可能成为顾客的人的心目中确定一个适当的位置。"

科特勒给了定位更简单的定义，"定位是为了适应消费者心目中的某一特定地位而设计公司产品和营销组合的行为"。

（二）药品市场定位的作用

1. 有利于形成医药企业及其产品的市场特色　药品市场定位的核心就是要塑造本企业产品与竞争者相区别的个性或形象，促使本企业产品的"差别化"，以求在目标顾客群中形成一种特殊的偏爱。这种"差别化"往往是多方面的，可以是实体的差异化，如药品的成分、剂型、疗效、剂量等方面；也可以是服务、价格、渠道、形象上的差异化，如提供免费煎药、咨询等专业服务或由处方药转为非处方药（OTC）的渠道差异化；也可以是多方面共同作用表现出来的差异化，如优质、价廉、服务周到、技术先进等。

2. 有利于医药企业制订市场营销组合策略　市场定位为市场营销组合提供了基础和方向，企业需根据市场定位来制定具体的市场营销策略和行动计划，更要密切关注市场需求和竞争环境的变化，及时调整市场定位，从而改进市场营销组合策略。

二、药品流通市场定位策略

定位是要确定自己在市场竞争中的地位，需要考虑竞争对手、顾客需求、产品属性等多方面因素，常见的药品流通市场定位策略主要有以下几种。

1. 避强定位　避开强有力的竞争对手，将自己的产品定位于另一个市场的空白点。当企业意识到自己无法与强大的竞争者抗衡时，可以选择远离竞争者，依据自身的条件与相对优势，突出宣传自己与众不同的特色，开发市场上被竞争者忽略的潜在需求。例如，×喜汽水面对×口可乐和×事可乐避开"可乐"这一概念，将自己定位于非可乐，宣传为"我不是可乐，我可能比可乐更好"，突出自己不含咖啡因的特点，在非可乐领域开辟了巨大市场。这种策略避开了强大的竞争对手，风险较小，成功率高，即使实力较弱的小企业，如能准确定位，也能取得成功。

2. 迎头定位　与市场上最强的竞争对手正面竞争，进入与其相同的市场，争夺同样的顾客，彼此在产品价格、分销渠道及促销策略等方面差别不大。选择这一定位策略，一是与企业条件相符合的市场已被竞争者占领；二是企业实力雄厚，有赢得竞争的把握。该定位策略的风险较大，企业选择前应做好充分的准备。

3. 重新定位 企业调整原有的市场定位，变动产品特色，促使目标顾客群对其产品形象进行重新认识的定位过程。一般出现下列情况，企业有必要考虑重新定位：①企业的经营战略和营销目标发生了变化；②企业面临激烈的市场竞争；③企业必须适应目标顾客的新需求。

医药企业在市场重新定位时，尚需考虑两个主要因素：一是企业品牌重新定位的费用；二是重新定位获取的市场效益。例如，太太口服液，刚入市场时定位于治疗黄褐斑；随着时代发展，重新定位于"祛斑、养颜、活血、滋阴"；后期又将产品定位于能够调理内分泌，令肌肤重现真正天然美的纯中药制品。

4. 共享定位 也称"高级俱乐部"战略，将自己定位在某类竞争者的同一位置上，与现有竞争者和平相处。很多实力不够的企业通常采用这种定位策略。"高级俱乐部"的含义是：俱乐部的成员都是最佳的，我也是最佳的，如宣称自己是三大公司之一。需要注意的是，实行共享定位策略并不是试图压垮对方，而是市场追随，能够分得部分市场而已。

5. 比附定位 比附定位即通过与竞争品牌的比较来确定自身市场地位的一种定位策略。其实质是一种借势定位或反应式定位，借竞争者之势，衬托自身的品牌形象。在比附定位中，参照对象的选择是一个重要问题。一般来说，只有与知名度、美誉度高的品牌作比较，才能借势抬高自己的身价。比附定位的特点：①有利于品牌的迅速成长，更适应于品牌成长初期；②有利于避免受到攻击，防止失败；③并非真正的谦虚。如甲壳虫汽车的市场比附定位策略，当几乎所有的汽车厂商都在追求把小汽车设计得更长、更低、更美观的时候，甲壳虫显得既小又难看。若用传统方法推销，势必要想方设法掩饰缺点、夸大优点，但金龟车却将品牌定位在"小"上，并制作了一则广告："想想还是小的好"，其定位获得极大成功。

三、药品流通市场定位的步骤

医药企业在对产品进行定位时，必须按一定的步骤进行，比较完整的药品市场定位，通常包括四个步骤。

1. 调查研究消费者的评价标准 了解医生和患者对此类产品的属性和特征的关注程度及评价标准，例如，医生和患者都关注药品的疗效，但患者通常会从症状的缓解程度来判断疗效，医生则更关注其药理作用。

2. 调查研究竞争者的情况 了解竞争者现有的产品在市场中的位置，在消费者和用户心目中的地位、形象和特征。

3. 确定本企业产品的特色 通过分析、比较企业与竞争者在经营管理、技术开发、采购、生产、市场营销、财务、产品等方面的优劣势，确定本企业相对竞争优势，从而确定本企业产品特色。

4. 突出独特的竞争优势 通过制订和实施一系列的市场营销组合，为产品设计独特形象，并将这种特色传递给患者和医生，再选择有效促销方式促进产品销售，如处方药的学术推广、OTC 大众传播等。

四、药品流通市场定位的方法

药品市场定位的宗旨是要寻求使患者和医生认同的特色，主要的定位方法有以下几种。

1. 药品的属性、功效定位 即根据药品的适应证和功效来突出自身的特色。例如，可定位宣传为缓解流泪、流鼻涕、打喷嚏等三大感冒症状，也可定位诉求为"中西药结合，疗效好"。

2. 顾客利益定位 即依据顾客购买药品能带来的利益定位。购买药品所追求的核心利益是健康，但同时也有附加利益，如服用方便等。

3. 药品质量和价格定位 质量和价格一般是消费者最关注的两个因素，因此宣传高质低价是很多企业采用的方式。

4. 药品使用者定位 通过使用者定位，把某些药品推荐给适当的使用者或某个细分市场，以便让客户群体有这样的印象：这种产品是专门为他们定制的，因而最能满足他们的需求，如成长快乐，主要使用者为儿童。

5. 竞争定位 将产品定位于与竞争者直接相关的属性或利益，暗示自己产品与竞争者的不同。患者和医生所关注的属性往往不是单一的，可将多种因素结合起来，针对竞争者的不足，突出本企业产品的某个特性和功能，如某感冒药的定位诉求为"治感冒，快"，突出与其他感冒药的差异。

五、药品流通市场定位的有效性原则和定位误区

（一）定位的有效性原则

为了保证药品市场定位的有效性，企业在进行定位时应遵循以下原则。

1. 重要性 即企业所突出的特色应是客户所关注的。

2. 独特性 这种定位应是区别于竞争对手的，与众不同的。

3. 难以替代性 这种定位应是竞争对手难以模仿的。

4. 可传达性 这种定位应易于传递给客户并被客户正确理解。

5. 可接近性 客户有购买这种产品的能力。

6. 可盈利性 企业通过这种定位能获取预期的利润。

（二）四种常见的定位误区

1. 定位模糊 定位不够明确，顾客难以对企业或产品产生一个清晰的认知，没有真正感受到产品的特别之处。

2. 定位偏窄 企业定位时过分强调某一方面或某一领域，限制了顾客对该企业其他领域或产品其他方面的使用认知。

3. 定位混乱 企业对产品的定位形象模糊，概念不清晰，主题过多，变换频繁。

4. 定位不可信 企业对产品定位和宣传过火，令顾客难以置信。

技能训练 药品市场细分和市场定位

【实训目的】

1. 能应用药品市场细分的标准和方法合理进行药品市场细分。

2. 培养学生应用所学知识解决实际问题的能力。

【实训内容】

假设你作为某抗肿瘤药生产企业的营销经理，对目前的销售情况不满意，想要提升业绩，通过市场调研，发现药品目标市场不清晰，市场定位模糊。为了解决这一问题，就需运用所学知识对抗肿瘤药市场开展市场细分，并进行市场定位。

【训练步骤】

1. 确定市场细分的标准。
2. 明确市场定位的方法。
3. 选择目标市场。

目标检测

答案解析

一、单选题

1. 药品市场细分应遵循的原则是（　　）
   A. 可衡量性　　　　　B. 可盈利性　　　　　C. 可开发性　　　　　D. 以上都是

2. 按心理因素细分的是（　　）
   A. 地理区位　　　　　B. 性格　　　　　　　C. 性别　　　　　　　D. 环境

3. 企业只选择一个细分市场，用单一的产品满足单一目标顾客群的需求，进行集中营销，属于（　　）模式
   A. 市场专业化　　　　B. 产品专业化　　　　C. 市场集中化　　　　D. 选择专门化

4. 具有多品种、小批量、多规格、多渠道、多种价格和多种广告营销组合等特点的企业一般采用（　　）
   A. 无差异性市场策略　　　　　　　　　　B. 产品专业化策略
   C. 差异性市场策略　　　　　　　　　　　D. 集中性市场策略

5. 按年龄、性别、家庭规模、家庭生命周期、收入、职业等为基础细分市场属于（　　）
   A. 地理细分　　　　　B. 心理细分　　　　　C. 人口统计细分　　　D. 行为细分

二、多选题

1. 药品市场细分的方法有（　　）
   A. 单一变量细分法　　　　　　　　　　　B. 系列变量细分法
   C. 心理因素细分法　　　　　　　　　　　D. 综合变量细分法

2. 药品市场定位的方法有（　　）
   A. 使用者定位　　　　　　　　　　　　　B. 利益定位
   C. 质量和价格定位　　　　　　　　　　　D. 竞争定位

3. 药品目标市场策略有（　　）
   A. 无差异性市场策略　　　　　　　　　　B. 产品专业化策略
   C. 差异性市场策略　　　　　　　　　　　D. 集中性市场策略

4. 影响目标市场策略选择的因素包括（　　）
   A. 企业实力　　　　　　　　　　　　　　B. 产品特点
   C. 市场差异性　　　　　　　　　　　　　D. 产品生命周期

5. 药品市场细分的标准有（　　）

    A. 地理细分标准   B. 心理细分标准

    C. 人口细分标准   D. 行为细分标准

三、简答题

1. 什么是药品市场细分？药品市场细分的依据和步骤是什么？

2. 药品流通目标市场选择策略包括哪些？各自的优缺点及适用条件是什么？

书网融合……

知识回顾   习题

（张锦林）

学习目标

知识目标

1. 掌握药品整体概念；药品生命周期不同阶段的特点与策略；药品定价方法与定价策略。

2. 熟悉药品产品组合策略；药品品牌策略；药品价格的构成及定价的主要影响因素。

3. 了解药品生命周期的概念；药品包装策略；药品定价程序。

能力目标

1. 能熟练运用药品生命周期的原理分析各阶段的特点，并针对各个阶段的不同特点采取相应的营销策略。

2. 能熟练运用品牌传播的技能；能进行简单的品牌设计与策划。

3. 能根据医药企业营销实际选择适当的价格策略。

素质目标

1. 养成博学笃志、切问近思、求真务实、认真严谨的学习态度。

2. 树立敬佑生命、诚实守信、甘于奉献、守法敬业的职业精神。

任务一　药品流通市场产品策略

PPT

案例导入

案例：20 世纪 60—70 年代，由于卫生条件所限，很多儿童深陷蛔虫病困扰。好在，科学家成功研制出驱虫神药"宝塔糖"，由于形似宝塔，口味甜美，功效神奇，深受老百姓喜欢，一度掀起了"吃宝塔糖"的热潮。宝塔糖的通用名磷酸哌嗪宝塔糖，主要原料是蛔蒿，具有麻痹蛔虫的作用，使其不能附着在宿主肠壁，随肠蠕动而排出。随着时代的发展，科技的进步，科学家们又研发出新一代驱虫药物，"宝塔糖"逐渐退出了历史的舞台。

讨论：请利用药品生命周期原理，解释宝塔糖为何会销声匿迹？

一、药品产品组合策略

当今科学信息技术飞速发展，现代医药企业为了扩大销售，增加利润，往往生产和经营多种产品，但是企业所生产和经营的产品并不完全是越多越好，必须根据市场需求和自身能力状况，来确定生产和经营哪些产品，明确产品之间的组合关系，这就涉及到产品组合的问题。

（一）药品产品组合相关概念

1. 药品产品项目　是指医药企业生产的特定商标、种类和型号的药品。通俗地讲，就是指产品线中不同型号、档次、规格、大小、价格、外观等的药品，即医药企业产品目录表上列出的每一个产品都是一个产品项目。例如，6 粒/板与 1 粒/板装的头孢氨苄胶囊；某药业生产的板蓝根冲剂、口含片与分散片等都属于不同的产品项目。

2. 药品产品线　产品线也称为产品大类、产品系列，是指一组密切相关的产品项目。通俗地讲，就是产品能满足消费者同种需求，或者是卖给同类顾客，或者有类似的功能。例如，某药厂生产的盖中盖片、乳酸钙片。

3. 药品产品组合　是指一个医药企业所生产或经营的全部产品项目和产品线的组合方式。医药企业的产品线和产品项目如何组合，要适应消费者的需求，与医药企业的目标市场和市场营销策略有着密切的关系。

（二）药品产品组合策略

医药企业根据市场情况，考虑企业经营目标和企业实力，对产品组合的宽度、深度和关联度实行不同的组合，做出最佳决策，称为产品组合策略。

由于药品产品组合状况直接关系到企业销售额和利润额，医药企业必须经常就现行产品组合对未来销售额、利润额的发展和影响做出系统、科学的分析和评价，并决定是否增加或去除某些产品线或产品项目。实现药品产品组合最优化，包括两个重要方面：一方面是分析、评价现行产品线上不同产品项目所提供的销售额和利润水平；另一方面是分析各产品线的产品项目与竞争者同类产品的对比状况，全面衡量各产品项目与竞争者同类产品的市场地位。药品产品组合策略是药品流通市场营销策略的重要组成部分，常用的产品组合策略有以下几种。

1. 扩大产品组合策略　包括开拓产品组合的宽度和加强产品组合的深度，前者指在原产品组合中增加产品线，扩大经营范围；后者指在原有产品线内增加新的产品项目。

2. 缩减产品组合策略　市场繁荣时期，较宽较深的产品组合会为企业带来更多的盈利机会。但是在市场不景气或原料、能源供应紧张时期，缩减产品线反而能使总利润上升，因为去除那些获利小甚至亏损的产品线或产品项目，企业可集中力量发展获利多的产品线和产品项目。

3. 产品线延伸策略

（1）向下延伸　是把企业原来定位于高端市场的产品线向下延伸，即在高端产品线中增加低端产品项目。企业采取这一策略的主要原因如下。①利用高端名牌产品的声誉，吸引购买力水平较低的顾客慕名购买此产品线中的低端产品，以扩大市场占有率和销售增长率。②企业在高端产品市场受到激烈竞争，决定以拓展低端产品市场的方式作为反击。③高端产品销售增长缓慢，且企业的市场范围有限，资源设备未得到充分利用，不能为企业带来满意的利润，为赢得更多的顾客，企业不得不将产品线向下延伸。④企业最初步入高端市场，是为了树立其质量形象，然后再向下延伸。⑤企业增加低端产品，是为了补充产品线空白，不给竞争者可乘之机。

（2）向上延伸　是指企业原来定位于低端产品，后来决定在原有产品线内增加高端产品项目，使企业进入高端产品市场。实行这一策略的主要原因有：①高端产品市场具有较高的潜在增长率和利润率的吸引。②社会对高端产品的需求加大。随着市场经济的发展，人们的收入水平越来越高，越来越多的消费者在购买药品时追求更高质量档次的产品。③企业的技术设备和营销能力已具备加入高端产品市场的条件。④企业准备重新进行产品线定位，使其成为产品种类更全面的企业。采用向上延伸策略也要承担一定的风险，因为改变原有产品在消费者心中的地位和印象是相当困难的，处理不当，不仅难以收回开发高端新产品的成本，还会影响老产品的市场声誉。

（3）双向延伸　是指原来定位于中档产品市场的企业，掌握了市场的优势以后，决定向产品线的上下两个方向延伸，一方面增加高端产品的生产和销售，另一方面增加低端产品的生产和销售，以扩大市场占有率。但双向延伸也可能导致战线过长，如果资源有限，企业的损失将会非常惨重。

（4）产品线现代化　在某些情况下，产品大类的长度虽然是适当的，但产品还停留在以往的水平，这就必须对产品线实行现代化改造，把现代化科学技术应用到生产过程中去。产品大类现代化可以采取两种方式：渐进式和激进式，即是逐步实现技术改造，还是以最快的速度用全新设备更换原有产品线。逐渐实现现代化可以节省资金耗费，但缺点是竞争者很快就会觉察，并有充足的时间采取措施与之抗衡；快速现代化策略虽然在短时间内耗费资金较多，却可以减少竞争者。

二、药品品牌策略

品牌是企业重要的无形资产，是产品整体概念的重要组成部分。医药企业应努力争创品牌产品，保护品牌产品，这是医药企业市场营销策略的一项重要内容。

（一）认识品牌

品牌的英文是 brand，源于古挪威文 Brandr，译为"烧灼"。百姓用这种方式来标记自家家畜等需要与他人相区别的私有财产。中世纪欧洲，手工艺匠人用打烙印的方法在自己的手工艺品上烙下有特点的标记，以便顾客能够识别产品的生产者。后来，部分比较有名的生产者将烙印标记放在自己的产品上，或者在产品包装上采用特殊的标记来标明其生产者，这就是产品品牌的雏形和来源。

美国市场营销协会（AMA）给品牌的定义为："品牌是一种名称、术语、符号、标记、设计和组合，用以识别一个或一群出售者的产品或劳务，使之与其他竞争者相区别"。营销学者菲利普·科特勒将品牌定义为："品牌就是一个名字、称谓、符号或设计，或是上述的组合应用，其目的是使自己的产品或服务有别于竞争者，是销售者向购买者长期提供的一组特定的特点、利益和服务"。

品牌一般是由品牌名称、品牌标志、商标等组成。品牌应该是目标消费者及公众对于某一特定事物的心理的、生理的、综合性的肯定性感受和评价的综合体。

1. 品牌名称　是指品牌中可以用语言称呼的部分，即品牌中的可读部分，是词语、字母、数字或词组的组合。药品的品牌名称通常由药品的商品名构成。

拓展阅读

药品的通用名和商品名

药品的通用名即中国药品通用名称，是由国家药典委员会按照《药品通用名称命名原则》组织制定，并报国家卫健委备案的药品法定名称，是同一种成分或相同配方组成的药品在中国境内的通用名称，具有强制性和约束性。因此，凡上市流通的药品的标签、说明书或包装上必须要用通用名称，且不可用作商标注册。商品名是药品生产企业自己确定，经药品监督管理部门核准的产品名称，具有专有性质，不得仿用。在一个通用名下，由于生产企业的不同，可有多个商品名称。

《药品说明书和标签管理规定》中规定，药品通用名称应当显著、突出，药品商品名的字体和颜色不得比通用名称更突出和显著，其字体以单字面积计不得大于通用名称所用字体的1/2。

2. 品牌标志　品牌标志是指品牌中可以被识别，但不能用语言称呼的部分。品牌标志常为某种符号、图案或其他特殊的设计。品牌标志是一种视觉语言。

3. 商标　商标是法律概念，是已获得专属权并受法律保护的品牌或品牌中的一部分。企业在政府相关主管部门注册登记以后，即享有使用某个品牌名称和品牌标志的专属权。这个品牌名称和品牌标志受到法律保护，其他任何企业都不得效仿使用。我国习惯上对一切品牌，不论其注册与否，统称商标，而另有"注册商标"与"非注册商标"之分。用"R"或"注"明示则为注册商标，受到法律保护，非注册商标则不受法律保护。

（二）药品品牌的设计

品牌的设计可以从名称、标志、标语口号、象征口号、主题背景音乐、卡通形象和包装七大识别要素着手，每一个要素都各具特征和功能。把品牌的各要素加以整合、规划、综合设计，才有可能产生更好的效果，促进品牌的传播和打造。药品品牌设计应重点从品牌名称及品牌标志两个方面进行。

1. 药品品牌名称的设计　药品品牌名称是药品品牌构成中可以用文字表达并能用语言进行传播交流的部分，是品牌传播中最重要的元素之一。设计出较好的品牌名称可以快速、准确地表达出药品品牌的中心内涵和关键联想，让消费者对品牌产生深刻的印象，从而使企业产品家喻户晓。药品品牌名称的设计方法主要有以下几种。

（1）地域法　将医药企业产品品牌与地域名联系起来，有助于借助地域文化积淀，使消费者从对地域的信任与认同，进而产生对产品的信任与认同。如沈阳红药，就是利用沈阳这一地名作为企业品牌，将具有特色的地域名称与企业产品联系起来。

（2）人名法　将名人、明星或产品创始人的名字作为产品品牌，充分利用人名含有的价值，促进消费者认同产品。

（3）企业名称法　将企业名称作为产品名称来命名，如吉林敖东药业、修正药业等。运用企业名称法来进行产品品牌命名，有利于形成产品品牌，和企业品牌相互促进，达到有效提升企业形象的目的。

（4）数字法　用数字为企业命名，借用消费者对数字的联想效应，促进药品品牌的特色，使消费者对品牌增强差异化识别效果。

（5）目标客户法　将品牌与目标客户联系起来，进而使目标客户产生认同感。如"小儿氨酚黄那敏颗粒"是某药厂针对于儿童研发的感冒药，消费者一看到该品牌，就知道是专为儿童设计的产品。

（6）功效法　用产品功效为品牌命名，使消费者能够通过品牌对产品功效产生认同。

（7）形象法　运用动物、植物和自然景观来为品牌命名。借助动、植物的形象，可以使人产生联想与亲切的感受，提升认知速度。

（8）中外法　运用中文、字母或两者结合来为产品命名，使消费者对产品增加"洋气"的感受，进而促进产品销售。

2. 药品品牌标志的设计　药品品牌标志的设计主要有文字型、图案型以及图文结合型三种方法。

（1）文字型标志设计　文字型标志是以文字表现的标志，包括中文文字商标和外文文字商标。文字型标志有视觉效果，一般都可以用声音表达出来。随着经济全球化和企业经营的国际化，众多文字型标志在国际市场上同时使用两种或两种以上的文字，以适应市场需要。

（2）图案型标志设计　图案型标志是以图形表现的标志，不能用声音表达，只能凭视觉来辨认，但图形标志具有更强的冲击力。图案型标志可以采用天文、地理、人物、动物、植物、抽象图案等形式来显示。

（3）图文结合型标志设计　图文结合型标志是把文字与图形结合在一起来表现的标志设计，两者互为补充。此种设计在现代品牌标志中有较好的表现力与识别力，也是最常见、最常用的设计。

（三）药品品牌策略

药品品牌策略是指医药企业如何合理地使用品牌，以促进产品销售，主要包括品牌化策略、品牌名称策略、品牌归属策略、品牌战略策略和品牌重新定位策略。

1. 品牌化策略　即决定某一产品是否使用品牌进行营销。在当今激烈的市场竞争中，品牌对于消费者、医药企业以及整个社会均有重要的作用。一般不使用品牌的产品可分为以下四类：①不会因企业不同而形成质量特点的产品，如钢材、水泥；②通常不必认定品牌购买的产品；③生产工艺简单，没有特定技术标准，选择性不大的产品，如小商品等；④临时性或一次性生产的商品。不使用品牌策略的企业主要目的是为了节约广告和包装成本，增加市场竞争力，吸引低收入的消费者。

对于药品来说，企业一般会使用品牌。一方面，品牌化有助于企业细分市场，有助于企业树立良好的形象，并可吸引更多的品牌追随者；另一方面，品牌化也是消费者获得产品信息的重要来源，有助于提高消费者的购买效率。

2. 品牌名称策略

（1）统一品牌策略　即企业所有的产品（包括不同种类的产品）都统一使用一个品牌。采用统一品牌策略的好处是，当企业推出新产品时，可以节省品牌的设计费、广告费；当已有品牌在市场上有良好的形象和口碑时，有利于新产品迅速进入。在统一品牌下，各种产品能相互影响，扩大销售。

（2）个别品牌策略　是指企业对各种不同的产品分别使用不同的品牌。主要有两种形式：一是各种产品分别命名，二是各类产品分别命名。这种策略的好处是不会因为个别产品的失败或信誉下降，而影响企业的声誉，也不会影响其他产品的推广与销售，提高了企业抗风险的能力；其缺点是加大了产品的促销费用，营销成本增加。个别品牌策略适用于那些经营产品线较多而关联度较小，生产技术条件及产品档次差异较大的企业。

（3）企业名称与个别品牌并用的策略　医药企业根据每种产品的不同特性采用不同的名称，并在不同产品名称前统一加上企业名称。企业多把此种策略用于新产品的开发，在新产品的品牌名称上加上企业名称，既可以使新产品享受企业的声誉，又可使各种新产品显示出不同的特色，保持相对的独立性。

3. 品牌归属策略　对医药企业来说，一旦决定对产品使用品牌，就要决定产品选择谁的品牌来使用。一般来说有以下三种选择。

（1）制造商品牌　也称生产者品牌，是医药生产企业使用自己企业的品牌。绝大多数制药企业使用制造商品牌，自己的产品使用自己企业的品牌，更有利于品牌形象的打造，体现企业的经营特色与经营优势。

（2）经销商品牌　又称中间商品牌，即中间商向药品生产企业大量购进产品或加工订货，再用中间商的品牌把产品销售到市场上。这样的运作，过去在医药行业中使用得较少，主要集中在百货公司、超市等零售行业中。但是，随着医药商业的不断发展，实力增强，这种经销商品牌也逐渐开始使用。

（3）制造商和经销商共存品牌 即药品生产企业将自己的产品一部分使用自己赋予的品牌，另一部分则使用产品销往的中间商所属的品牌。这种产品品牌的使用方法多见于一些中小型药品生产企业。

4. 品牌战略策略 企业在使用品牌进行营销时需要研究一些品牌战略决策，以便更科学、更有效地运营品牌，主要包括：品牌扩展策略、品牌延伸策略、多品牌策略、新品牌策略和合作品牌策略。

（1）品牌扩展策略 是指企业利用其成功品牌的声誉来推出改良产品或新产品，新产品借助成功品牌的市场信誉，在节省促销费用的情况下顺利地抢占市场。值得注意的是，品牌扩展策略是一把双刃剑，若投入市场的新产品不尽如人意，消费者不认可，也会影响原有品牌的市场信誉。

（2）品牌延伸策略 企业将某一知名品牌或某一具有市场影响力的成功品牌扩展到与成名产品或原产品不尽相同的新产品上，以凭借现有成功品牌推出新产品的过程。

（3）多品牌策略 即企业同时为一种产品设计两种或两种以上相互竞争的品牌的做法。运用多品牌策略可以在产品销售过程中占有更大的货架空间，进而压缩或挤占竞争者产品的货架面积，为获得较高的市场占有率奠定了基础。此外，多种不同的品牌代表了不同的产品特色，多品牌可吸引多种不同需求的顾客，提高市场占有率。但此品牌策略因促销费用较高，采用时应慎重。

📱 **拓展阅读** ────────────────────────────

多品牌策略

×华的营销业务遍及全球150多个国家和地区，拥有十几万名员工，全球超过12亿患者受益于该集团的产品。其生产的降压药品采用的就是多品牌策略，通过不同的品牌名称用以区分针对不同诱因引起的高血压。

多品牌策略既可使医药企业的药品在市场中占有较大的空间，形成强有力的竞争态势，也可以满足消费者不同需求，扩大企业销售，还有利于企业内部品牌之间的竞争，提高经营效率。值得注意的是，多品牌策略对于企业实力、管理能力要求较高，对市场规模的要求较大。

（4）新品牌策略 为新产品设计新品牌的策略称为新品牌策略。企业在新产品类别中推出一个产品时，可能发现原有的品牌名称并不适合于这个新产品，或是对新产品来说需要更好、更合适的品牌名称，企业就需要设计新的品牌名称。

（5）合作品牌策略 两个或者两个以上的品牌在一个产品上联合起来使用。每个品牌都期望另一个品牌能强化整体的形象或购买意愿，从而对品牌的影响力产生积极的促进作用。

5. 品牌重新定位策略 亦称作再定位策略，是指全部或部分调整品牌原有市场定位的做法。药品品牌名称常常预示产品的定位，如"小儿氨酚黄那敏颗粒"即表明了其消费者定位是儿童。品牌名称本身就具有明确而有力的定位营销力量，但有时医药企业迫于一些情况，不得不对产品进行重新定位。比如与竞争者产品相似，竞争者品牌定位接近本企业的品牌并已夺去部分市场，使本企业的市场份额减少；再如，消费者偏好变化，形成某种新偏好的消费群，而本企业的品牌不能满足顾客的偏好；还有是当初企业推出产品时对品牌定位不准或营销环境发生了变化等情况。

企业在进行重新定位时，一定要慎重决策。要综合考虑两方面的因素：一是品牌重新定位的成本，二是品牌重新定位后的收益。企业营销管理者应对各种品牌重新定位方案可能的成本与收益进行综合分析，从而选择最佳方案。

三、药品产品生命周期策略 📱微课

产品是市场营销组合策略中的第一要素，是其他要素的载体与作用对象，没有一个适销对路的产品，企业的所有营销工作都无从谈起。药品作为特殊的产品也不例外。医药企业的市场营销活动是从产品研发、生产开始的，营销学界称之为"产品策略"。

（一）药品整体概念

现代市场营销学将产品分为狭义的产品和广义的产品。狭义的产品是指具有某种物质形态和用途的劳动生产物，例如，手机、中性笔、抗高血压药等。这种对产品概念的理解是狭义的、不全面的，它把销售服务、产品形象等非物质形态的产物排除在外。广义的产品是指凡用于满足消费者某种需求和欲望的任何物品或服务的总和，既包括具有某种物质形态的有形产品，也包括非物质形态的无形产品。简言之，产品＝有形产品＋无形产品。

可见，产品是指企业能提供给市场，用于满足人们某种欲望和需要的任何事物。有形产品包括产品的实体及其品质、特色（如色泽、气味等）、规格、款式、品牌和包装等。无形产品包括质量、服务、场所、承诺、产品形象、市场声誉、咨询等。这一概念就是现代市场营销学的"产品整体概念"，医药营销者向市场提供的应是整体产品。

从市场营销观念来看，药品应为满足消费者防病、治病、保健等方面需要和欲望的任何东西。不仅包括有形产品，还包括无形产品，如药品实体、用药咨询、用药指导以及医药企业的经营思想、理念，都是医药产品的范畴，这就是药品的整体概念，具体来讲，可划分为三个层次：核心药品、形式药品和附加药品，如图 5 - 1 所示。

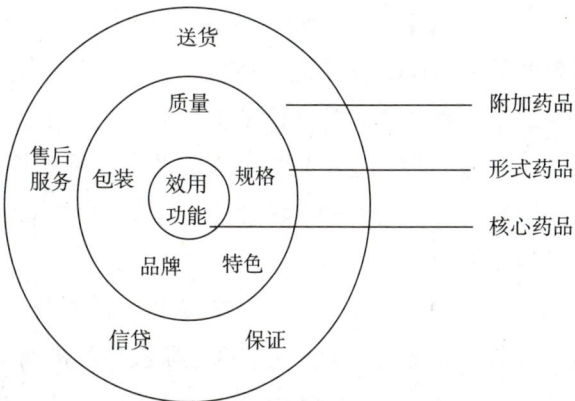

图 5 - 1　药品整体概念的三个层次

1. 核心药品（药品的实质层）　这是药品整体概念中最基本、最主要的层次，亦即消费者购买药品时真正所要追求的基本利益，是消费者需要的最本质的东西。消费者之所以愿意支付一定的货币来购买药品，就在于药品的基本效用，拥有它即能够从中获得某种需求的满足。所以，市场营销人员在推销产品时，应善于发现顾客购买产品时所追求的核心利益，把安全有效、疗效可靠的药品推荐给消费者，以保证消费者的核心利益得到满足。

2. 形式药品（药品的实体层）　是指核心产品所展示的全部外部特征，即呈现在市场上的药品的具体形态或外在表现形式，主要包括药品实体及其规格、质量、特色、品牌及包装等。形式药品向人们展示的是药品的外部特征，它能满足同类消费者的不同需求，也能满足不同消费者的同一需求。因此，医药企业进行药品设计时，除了要重视消费者所追求的核心利益外，也要重视如何以独特形式将这种利益呈现给目标顾客。

3. 附加药品（药品的延伸层）　是指顾客购买药品时，附带获得的各种利益的总和，包括咨询、提供信贷、免费送货、维修、培训、售前服务、售中服务、售后服务、医药企业和药品形象价值、药品说明书、质量保证或承诺等，这是产品的延伸或附加，它能够给顾客带来更多的利益和更大的满足。

（二）药品生命周期策略

药品生命周期是一个非常重要的概念，它和医药企业制定其他营销策略有着直接的联系。医药企业管理者为了使药品有一个比较长的销售周期，以便赚取丰厚的利润，就必须认真研究和运用药品生命周期的理论。此外，药品生命周期也是营销人员用来描述药品和市场运作方法的有力工具。

1. 药品生命周期的概念　药品生命周期是指药品从研制成功进入市场开始，直到最后被市场淘汰为止的全部过程所经历的时间。药品生命周期是把一个药品的销售历程比作人的生命周期，要经历出生、成长、成熟、老化、死亡等阶段。那么就药品而言，也要经历一个导入、成长、成熟、衰退的阶段。所以药品的生命周期可以分为导入期、成长期、成熟期和衰退期四个阶段，如图 5-2 所示。

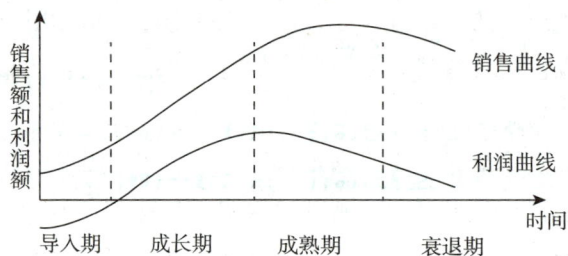

图 5-2　典型的药品生命周期曲线图

（1）导入期　又称介绍期或引入期，是指新药首次正式上市后的最初销售时期。新药品刚上市，知名度低，销售增长缓慢，同时由于引进药品费用高，几乎没有收益，甚至亏损，没有竞争者或者只有极少的竞争者。独家保护品牌基本没有竞争对手。

（2）成长期　是指药品已被消费者接受，企业批量生产，销售迅速扩大的时期。药品经过一段时间试销成功后，逐渐被市场接受，销售快速增长，利润显著增加。但由于市场及利润增长较快，后期竞争者陆续增加。

（3）成熟期　是指药品在市场上已经普及，市场容量基本达到饱和，销售量变动较少，竞争最激烈的时期。通常这一阶段比前两个阶段持续的时间更长，市场上的大部分药品均处在该时期，所以企业管理者也大多数是在处理成熟药品的问题。此时市场销售和利润的增长达到顶峰后速度减缓，并开始有下降的趋势。由于市场竞争激烈，医药企业为保护药品地位需要投入大量的营销费用。

（4）衰退期　是药品已经老化，进入到逐渐被市场淘汰的时期。这一时期药品销售量急剧下降，利润也大幅滑落。优胜劣汰，市场竞争者也越来越少，药品逐渐老化，转入药品更新换代的时期。

2. 药品生命周期概念的理解　任何一种药品在市场上都不可能永久不衰，都会对应一个或长或短的生命周期。药品生命周期是一个假设概念和一条理论曲线，对药品生命周期含义的理解应注意以下几点。

（1）药品的生命周期是指药品的市场经济生命，是指药品在市场上的变化过程，是针对药品的社会形象和销售状况而言的，决定药品生命周期长短的是市场因素，与科技发展、社会需要、市场竞争、消费者爱好等社会因素有关，它是抽象的、无形的演变，是药品的"市场寿命"。而药品使用寿命是指药品的具体物质形态变化，是针对药品实体的消耗磨损和耐用程度而言，药品使用寿命长短主要与药品本身的性质、性能、使用条件、使用频率、使用时间等因素有关，这是具体的、有形的变化，是一种"自然寿命"。因此，药品的生命周期与药品使用寿命并无必然的联系。

（2）药品种类、药品形式、药品品牌的生命周期是各不相同的。药品种类的生命周期最长，有些药品种类受人口、经济等因素的影响，其周期的变化无法预测，几乎可以无限期地延续下去，如抗生素类药品、心血管类药品、解热镇痛类药品等；药品品牌的生命周期变化很不规律，企业可以长期使用下去，但也可以经常变化；药品形式的生命周期是最典型的，它比药品种类能够更准确地体现标准的药品生命周期的历程，它的发展变化过程有一定的规律可循。

（3）药品的市场生命周期是就整个医药行业或整个市场而言。各种不同药品、同一药品的不同阶段在市场上所经历的时间长短是不同的。而且还有许多药品没有按药品生命周期的正常规律发展。医药行业在不同的国家，其药品的生命周期长短也是不一致的。有的药品在发达国家已经进入成熟期或衰退期，而在发展中国家则可能刚进入导入期。

总之，药品生命周期由于受到各种因素的影响产生各种变化，但总的形态基本上还是呈正态分布的，并且随着市场的竞争和科学技术的发展，多数药品的生命周期都在不断地缩短。

3. 药品生命周期各阶段的特点

（1）导入期的特点　①销售量低，生产量小。由于药品刚刚问世，知名度低，除少数追求新奇的顾客外，几乎无人实际购买该药品，市场尚未接受该药品，医生和患者不了解，大多数顾客不愿放弃或改变自己以往的消费行为，有处方权的大部分医生也不愿意轻易改变自己的处方习惯，导致销售量低，生产量小。②成本高。由于生产批量小，设备利用率较低，购买原材料的数量少、价格高，试制费用、开辟营销渠道的费用、宣传费用高，所以导致成本高。③利润低。由于销售量小、生产成本高，所以利润较低，甚至亏损。许多新产品在这个阶段夭折，风险较大。④市场竞争尚未形成。产品前途莫测，竞争者处于观望状态，尚未加入。

（2）成长期的特点　①销售量迅速上升。消费者对新药品已经熟悉，开始接受并使用，药品需求量迅速增长，企业的销售量迅速增加。②成本下降。药品已定型，技术工艺比较成熟，大批生产能力形成，产量扩大，分摊到单位药品上的制造成本和销售费用降低，成本下降。③利润迅速上升。生产成本下降，促销费用减少，销售量上升，企业利润上升很快。④竞争者加入，市场竞争激烈。竞争者看到新药品试销成功，有利可图，大批竞争者相继加入，仿制品出现，市场竞争加剧。⑤建立了比较理想的营销渠道。

（3）成熟期的特点　①销售量最大。此时，药品开始大批量生产并稳定地进入市场销售阶段，随着购买药品的人数增多，销售量达到顶峰，但市场也达到饱和，销售量呈相对稳定状态，增长速度变缓，并逐渐出现缓慢下降趋势，少数用户的兴趣开始转向其他药品和替代品。②生产量达到最高点，设备利用率高。③成本最低。因大批量生产、大批量销售、渠道畅通，营销费用相对下降，成本降至最低点。④利润最高。利润在成熟期升至最高点，但为了应对竞争，有时会降价，利润也有可能开始下降。⑤竞争最激烈。成熟期竞争最激烈，但到后期，有些能力不足的竞争者因无力与强大竞争者抗衡开始退出。

（4）衰退期的特点　①销售量迅速下降。顾客的兴趣已经转移，销售量迅速下降。②生产量减少。由于销售量下降，企业原有的生产能力不能充分发挥作用，必须压缩生产规模。③成本上升。由于销售量下降，固定成本不变，原材料购买量减少、价格高，因而成本上升。④利润迅速下降。由于销售量下降，而成本上升，导致利润下降。⑤竞争淡化。竞争成败已成定局，而成本上升，利润下降，不少医药企业出现无利经营甚至亏损经营，竞争者纷纷退出市场，该类药品的生命周期也就陆续结束，转入研制开发新药，竞争者数量大大减少。

4. 药品生命周期各阶段营销策略

（1）导入期的营销策略　在导入期，由于新药品刚刚进入市场，消费者对药品还十分陌生，医药企业必须通过各种促销手段把药品引入市场，来提高药品的市场知名度。营销者通常采用先推出一个概念，然后利用专家的影响、学术的支持、媒体的广告、业务代表的推广，让消费者逐渐接受这一概念，从而接受与其相配套的药品。导入期营销策略的重点主要应集中在价格高低和促销费用方面，可供选择的策略如图5-3所示。

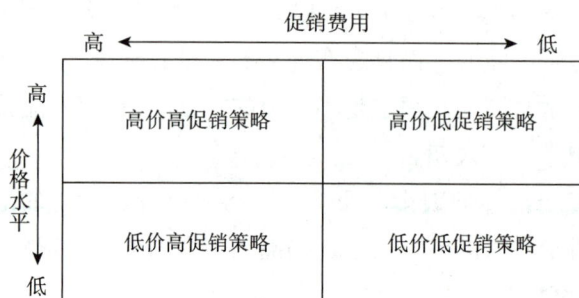

图5-3 导入期的营销策略

1）快速掠取策略（高价高促销策略）　也称双高策略，是指企业以高价格和高促销费用推出新产品，把产品价位定得较高，可获取较高的利润，便于尽快收回开发时的投资。高促销活动是为了引起目标市场消费者的注意，加快市场渗透过程，尽快占领市场。实施这一策略一般须具备以下条件：市场上有较大的需求潜力；产品需求弹性小，消费者求购心切；产品有特色，技术含量高，不易仿制，如专利药品。

2）缓慢掠取策略（高价低促销策略）　也称高低策略，是指企业以高价格低促销费用推出某种新产品，这种策略可以获得较高的单位产品利润，并能及时收回投资成本，对于医药企业而言这是最理想的销售模式。该策略的特点是：在采用高价格的同时，减少销售成本，从而获取尽可能多的盈利。

3）快速渗透策略（低价高促销策略）　也称低高策略，是指用较低的价格和较高的促销费用推出新产品，以求尽快打入市场，在短时间内占有较高的市场份额。高促销是为了集中力量以最快的速度将产品打入市场，而低价格本身就是一种促销手段。本策略的特点是：可以使药品迅速进入市场，有效地限制竞争对手的出现，为医药企业带来巨大的市场占有率。该策略的适用性很广泛。

4）缓慢渗透策略（低价低促销策略）　也称双低策略，是指企业用低价格低促销费用推出某种新产品。低促销费用可降低产品成本，获得更多的利润。低价格促使消费者容易接受产品，有利于扩大销售量，提高市场占有率。这种策略适用于消费者对价格比较敏感，市场容量大、知名度高的产品。

导入期市场营销策略的重点是要突出"快"和"准"。"快"即尽量缩短导入期的时间，以最快的速度使药品进入成长期；"准"就是看准市场机会，正确选择新药投入市场的时机，确定适宜的药品价格。

（2）成长期的营销策略　成长期是药品生命周期中的关键时期，医生和患者都已接受医药企业推出的产品。这一时期医药企业的任务是使药品迅速得到普及，扩大市场占有率，尽可能地延长产品的成长阶段，并保持销售增长的好势头。这一阶段可以适用的具体策略有以下几种。

1）产品策略　根据消费者需求和其它市场信息，一方面要提高产品质量，完善产品性能，提高产品自身的竞争实力；另一方面改进产品式样及包装等，如努力研发药品新剂型、增加新用途等，从而增强产品的竞争力和适应性。

2）价格策略　企业应根据生产成本和市场价格的变动趋势，在分析竞争者价格策略的基础上，采取保持原价或适当调整价格的策略，以维持产品的声誉并吸引更多的消费者。对于高价药品，可适当降低价格，以增强竞争力。当然，降价可能会带来暂时的利润减少，但是随着市场份额的扩大，长期利润有望增加。此阶段不可轻易提高价格，否则容易引起市场波动。

3）渠道策略 企业应在巩固原有营销渠道的基础上，积极开辟新的销售渠道，开拓新的市场领域，扩大市场份额。亦可进一步开展市场细分，创造新的用户，如"尼莫地平注射液"由原来的原发性蛛网膜下腔出血这一细分市场，进一步开拓出外伤性蛛网膜下腔出血细分市场。

4）促销策略 可通过调整促销重点，争取更多的客户群。如从建立产品知名度转移到树立产品形象上，从而建立顾客的品牌偏好，争取新的顾客。如公司的广告目标可从产品的知名度、概念的推广建立，转移到说服医生开处方及患者主动购买药品上来。

成长期是产品销售的黄金时期，营销策略的重点应突出一个"好"字，即保持良好的产品质量和服务质量，设法使产品的销售额和利润额进一步增长，扩大市场占有率，掌握市场竞争的主动权，获取最大的经济效益。切勿因产品畅销而急功近利，片面追求产量和利润。同时要加强品牌宣传，树立良好的产品声誉和企业信誉。

（3）成熟期的营销策略 产品的销售增长率达到某一点后将放慢步伐，进入相对的成熟阶段。它分为成长中的成熟、稳定中的成熟、衰退中的成熟三个阶段。由于销售增长的减缓，使整个行业中的生产能力过剩，从而使竞争加剧。这一时期，医药企业一方面要努力延长成熟期，另一方面要采取措施，确保市场占有率，一般采取的营销策略有以下几种。

1）市场调整策略（市场多元化策略） 开辟新的细分市场，寻找新的顾客，重新为药品定位；创造和挖掘新的消费方式，从广度和深度上开拓新市场。

2）药品调整策略（药品再推出策略） 提高产品质量、改变产品剂型、改变产品性能、开辟产品新用途，从而达到稳定老顾客，吸引新顾客，开拓新市场的目的。如20世纪70年代初，美国某制药企业所生产的"珀克"溴盐不再是治疗晕厥的主打产品，就在逐渐走向衰退之时，公司并没有轻易地淘汰掉该药品，而是采用了新配方，同时配合一种时髦而又迷人的包装，为"珀克"溴盐开辟了一片新的广阔市场。

3）营销组合调整策略 通过调整价格、销售渠道及促销方式来延长药品的成熟期。一般是通过改变一个或几个因素的配套关系来扩大销售量。主要有：通过降低售价来加强竞争力；改变促销方式以引起消费者的兴趣；扩展销售渠道；改进服务方式或者贷款结算方式等。

由于成熟期竞争最为激烈，企业应根据竞争能力的强弱，采取进攻与防御并用的策略，营销策略的重点要突出"争"的意识。这一阶段的主要任务是集中一切力量，尽可能延长产品的成熟期，为企业带来更多的利益，提高竞争能力，最终达到延长产品生命周期的目的。

（4）衰退期的营销策略 当产品进入衰退期时，市场份额、销售额、利润率均降低，大多数产品最终会衰退，如四环素、土霉素、链霉素等。但同时也要注意到，原来的药品可能还有其发展潜力，医药企业不能简单地加以放弃，而要认真研究药品在生产中的真实地位，然后再决定是继续经营下去还是放弃经营。通常有以下几种策略。

1）维持策略 即医药企业保持药品传统特点，在目标市场、价格、销售渠道、促销等方面维持现状，以适应新老产品的交替，为新产品的上市创造有利的条件。待到时机成熟，便停止经营，退出市场。

2）缩减策略 即在保证获得边际利润的条件下，有限地生产一定数量的药品，来满足部分老客户的需求，医药企业仍然留在原来的目标市场上继续经营，只是根据市场变动的情况和行业退出障碍水平在规模上做出适当的收缩。

3）撤退策略　即医药企业决定停止经营某种药品，撤出目标市场。

产品进入衰退期的原因很多，包括技术的进步、新产品的替代、消费者用药习惯的改变、竞争的加剧、疗效不佳、产品的副作用被认知或重视等。在这一时期，营销策略的重点应抓好一个"转"字。此外，如产品在市场上尚有一定的需求，企业在维持或减少生产经营的同时，须尽可能采取办法，延长其生命周期。

综上所述，任何一种产品都有其生命周期，分析产品生命周期是为了更好地判断产品发展趋势，并根据产品生命周期各阶段的特点，采取适当的市场营销策略。从产品生命周期各阶段的特点可以看出，成长期和成熟期是企业利润较高的时期，而导入期和衰退期会对企业发展带来威胁。因此，企业制定策略的整体要求为：缩短导入期，使产品尽快让消费者接受；延长成长期，使产品销售尽可能保持增长势头；维持成熟期，保持产品高销售利润；推迟衰退期，使产品尽量延缓被其他产品所取代。

四、药品包装策略

（一）药品包装概述

1. 包装的定义　包装是指为在流通过程中保护产品、方便贮运、促进销售，按一定技术方法而采用的容器、材料及辅助物等的总称。

2. 包装的基本要素　产品包装的基本要素包括商标或品牌、形状、颜色、图案和材料等。

（1）商标或品牌　是包装中最主要的构成要素，应在包装整体上占据突出的位置。

（2）包装形状　是产品不可或缺的要素，有利于储藏、运输、陈列及销售。

（3）包装颜色　是包装中最具销售激励作用的构成要素，突出产品特性的色调组合不但能加强品牌特征，而且对消费者具有强烈的吸引力。

（4）包装图案　包装上的图案如同广告中的画面，其重要性不言而喻。

（5）包装材料　包装材料的选择既影响包装成本，也影响产品的市场竞争力。

（6）产品标签　包含了该产品的所有基础信息，如主要成分、品牌标志、生产厂家、生产日期、有效期和使用方法等，药品标签首先要符合相关法律规定。

3. 药品包装的定义　药品包装是指采用适当的材料或容器，利用包装技术对药物制剂的半成品或成品进行分（灌）、封、装、贴签等操作，为药品提供品质保证、鉴定商标与说明的一种加工过程的总称。对药品包装可以从两个方面去理解：从静态角度看，包装是用有关材料、容器和辅助物等将药品包装起来，起到应有的功能；从动态角度看，包装是采用材料、容器和辅助物的技术方法，是工艺及操作。

《中华人民共和国药品管理法》规定：药品包装应当适合药品质量的要求，方便储存、运输和医疗使用。发运中药材应当有包装，在每件包装上，应当注明品名、产地、日期、供货单位，并附有质量合格的标志。药品标签或者说明书应当注明药品的通用名称、成分、规格、上市许可持有人及其地址、生产企业及其地址、批准文号、产品批号、生产日期、有效期、适应证或者功能主治、用法、用量、禁忌、不良反应和注意事项。除此之外，还必须印有规定的标志，如处方药和非处方药的标志、麻醉药品须印有麻醉药品的标志等。

4. 药品包装的分类　按照包装的形式分为内包装、中包装和外包装。

（1）内包装　是指直接与药品接触的包装材料和容器（如安瓿、注射剂瓶、铝箔等），应当符合药用要求，符合保障人体健康、安全的标准。内包装应能保证药品在生产、运输、贮藏及使用过程中的质量，并便于医疗使用。

（2）中包装　亦称销售包装，在市场流通过程中起到保护产品、方便陈列、促进销售的作用。特点是在终端销售市场直接陈列展销，不再重新包装、分配和度量。中包装除具包裹盛装产品作用外，还赋予了产品与消费者之间联络、沟通及交流思想感情的功能，应注意中包装设计的艺术性。

（3）外包装　亦称运输包装，是企业为了便于计数、堆放、仓储、装卸和运输等，把相同体积的产品集中起来装成大包装，即为外包装。由于其不直接和消费者见面，所以不必过多地考虑外观设计，可以在外包装上标明药品名称、数量、规格、生产企业，以及运输注意事项图形标记、特殊管理药品标志等信息。

5. 药品包装的作用　药品包装是药品生产的继续，药品只有经过包装才能进入流通领域，实现它的价值和使用价值。

（1）保护药品和环境　是包装最基本、最重要的作用，使药品在存储、运输、销售等流通过程中免受温度、湿度、光线等外界环境的影响，并提供有效的密封和防伪措施，确保药品的原始性和完整性。

（2）方便药品流通和消费　适当的包装既可以重新组合又方便分装，以适用于多种装运条件的需要。药品包装可科学地反映药品的基本内容和商品特性，选用合适的剂量包装，可方便患者使用。

（3）美化商品，促进销售　精美的包装可提升产品形象，使之更具吸引力，能增强消费者对产品的信任感，激发消费者购买的欲望。好的包装也是一种广告宣传，能够较好地传递药品信息，向消费者介绍药品的性能、使用方法和注意事项，引导消费者购买药品，促进销售。

（4）增加药品的附加值　尽管药品的内在质量是增强市场竞争力的基础，但精美的包装可以使其与高质量的产品相得益彰，使产品增值。当今社会，随着人们生活水平的提高，消费理念有所转变，消费者愿意多花一部分钱去购买包装精美的商品。特别是一些名贵的中药或高档保健品、节日送礼佳品等，更需要通过精美的包装来提高产品的档次，满足交往礼仪的需要。

（二）药品包装的设计

1. 药品包装设计原则　药品包装设计主要从商标、图案、造型、色彩、材料等要素出发，在考虑商品特性的基础上，应遵循以下原则。

（1）安全性　安全是药品包装设计中最基本的原则。包装材料要适合医药产品的物理、化学、生物特性，确保产品不与包装材料发生化学反应，不被损伤、不变质、不变形、不渗漏等。

（2）方便性　包装应尽可能缩小产品总体积，便于节省包装材料、运输、储存费用。如静脉注射剂产品用塑料瓶替代玻璃瓶，既方便运输、减少破损，又避免玻璃杂质混入药液。

（3）价值匹配性　包装档次要与药品本身价值及质量相匹配。既不能太贵，耗费过多的成本，又不能太节省，使档次较高的药品因为包装简陋而大打折扣，要做到使消费者感觉名副其实，价格合理。

（4）美观性　好的包装能起到促进销售的作用。具有美感的包装能给人以美的感受，富有艺术感染力，成为激发顾客购买欲望的主要原因。

（5）合法性、合理性　药品包装的设计必须遵循《中华人民共和国药品管理法》《医疗器械说明书、标签和包装标识管理规定》和《药品包装管理办法》等相关法律法规，同时也要遵守社会风俗、民俗的规定，具有合理性。对于出口的产品，更要尊重他国的宗教信仰和风俗习惯，切忌出现有损消费者宗教情感的产品包装。

2. 药品包装图案的设计 从药品流通市场营销学的角度讲，中包装具有陈列促销的重要作用，被称为"无声的推销员"，医药企业应重点研究设计产品的中包装。在进行包装图案设计时，首先形式与内容要统一、具体鲜明，使消费者一看到产品包装便可知晓该产品。其次包装图案要充分展示产品，要有具体详细的文字表述，如药品的成分、规格、功效、使用方法等。最后包装图案要强调产品的形象色，药品包装大多以白色、绿色、蓝色、红色或者粉色等为主色彩。

（三）药品包装的使用策略

医药企业除了需要在医药产品的包装设计上下功夫之外，还需要使用一定的包装策略，以使包装能够促进产品销售、促进品牌传播。

1. 配套包装策略 是指按消费者的消费习惯，将数种有关联的产品配套包装在一起，成套销售，便于消费者购买、使用和携带。该策略有利于企业以新产品带动老产品，使消费者不知不觉地习惯使用新产品。同时，也符合消费者的购物心理特点，能激发消费者的购买欲望，从而扩大商品销售。

2. 类似包装策略 是指一个企业生产的各种产品，在包装上采用类似的图案、色彩或其他共同特征的一种策略。采用这种策略有助于增进消费者对新产品的信任感，使上市的新产品不需广告宣传就能打开销路。对于忠实于本企业的顾客，类似包装无疑具有促销作用，企业还可因此而节省包装的设计、制作费用。但类似包装策略只能适宜于质量相当的产品，对于品种差异大，质量水平悬殊的产品则不宜采用，否则会影响名优产品的信誉。

3. 再使用包装策略 指原包装的产品用完后，包装容器可转作他用的策略，又称"双重用途包装策略"。该策略可提高包装的利用率，节约材料、降低成本，有利于环保，使消费者和社会均受益。另外，还可以激发消费者的购买欲望，促进产品销售。但使用此策略时要注意包装物与产品的价值比，避免因成本增加导致价格提高而影响产品的销售。

4. 改变包装策略 科学技术日益发展，人们生活水平不断提高，消费需求不断更新，为使产品保持畅销，除了提高产品质量和营销策略外，与时俱进地改变包装，亦是一种很好的策略。改变包装策略的实施使产品形象焕然一新，有利于激发消费者的购买兴趣，促进产品销售。同时，医药企业必须配合做好广告宣传工作，消除消费者以为产品质量下降或者其他的误解。另外，改变包装策略有利于防伪，打击假冒伪劣产品。

5. 习惯使用量包装策略 是医药企业根据消费者的使用习惯设计不同分量的包装。如某复合维生素片，分别有 10 粒小瓶旅行装、30 粒中瓶月份装和 100 粒大瓶家庭装。此策略既能给消费者带来便利，又能起到促销作用。

6. 附赠品包装策略 是指在包装中附赠某些小商品，以吸引消费者购买的一种策略。附赠品可以是学习用品、生活用品、奖券等，可吸引消费者多次重复购买。如在儿童药品的包装中赠送玩具、卡通拼图等。

7. 绿色包装策略 也称生态包装，是指包装材料可重复使用或可再生、再循环，不会对人体和生态环境造成污染和危害的包装。此策略对于为人类提供医疗保健的医药产业来说尤为重要。

8. 性别包装策略 是根据消费者性别不同而设计不同的包装，目的在于满足不同性别消费者的需求。针对女性产品的包装体现温馨、典雅、新颖等风格，针对男性产品的包装追求刚正、质朴、潇洒等风格。常在具有性别针对性的药品包装上采用该包装策略。

9. 透明包装策略　是采用透明材料包装产品，使消费者能够看见内装商品，在购买时心里觉得踏实，并且可提高产品外包装的美观度。透明包装策略涉及的包装除了全透明外，还可采用半透明包装，即纸盒开窗包装，目前半透明包装应用很广，既能看得见，又比全透明包装成本低廉，经济实惠。这种包装策略特别适用于名贵中药材、保健品等。

药品包装并不仅仅是为了保护药品安全，其在市场营销中的作用已越来越得到业界的认同和重视。充分运用心理学、美学等原理，把药品包装提升到产品品牌形象建设的高度，巧妙发挥药品包装带来的广告作用，传播产品品牌，已成为不少医药企业的市场策略之一。

任务二　药品流通市场定价策略

PPT

》案例导入

案例：某企业为了获得高额的市场回报，将一种名为复方氨酚烷胺片的感冒药零售价格定为9.80元，这在当时感冒药市场属于中等偏上水平，但由于生产企业是小企业，无品牌效应加持，所以产品上市两年来一直处在尴尬的地位。企业委托的策划机构在深入调研时发现，患者购买感冒药的平均支出为8元，所以他们定价9.80元高于患者的期望价值，价格成为阻碍产品销售的关键。但是由于缺乏品牌推动力，仅仅降价并不一定能够带来销售额的增加。策划机构在研究时又发现患者购买感冒药时，不只是单纯购买一种药物，82%的患者都会同时选择购买消炎药来消除感冒引发的咽喉发炎、咳嗽等症状。因此，患者在治疗感冒方面的总支出在18元左右。所以，策划机构建议企业采取捆绑销售，即购买复方氨酚烷胺片，只需再加1元就可获得价值5元的消炎药，这样不仅提高了组合产品的性价比，而且将企业的感冒药和消炎药顺利推销给消费者，从而提升了销量。

讨论：1. 企业是根据什么原则来确定药品价格的？

2. 如果你是这家企业的负责人，针对企业推出的产品会采取何价格策略？

一、药品定价的影响因素

药品价格的制定，要从实现企业战略目标出发，在运用科学方法的同时，综合分析药品成本、市场需求、竞争状况、政策法规、消费者心理、产品生命周期和企业状况等影响因素。

（一）定价目标

定价目标是医药企业在对其生产或经营的产品制定价格时，有意识地要求达到的目的和标准，是指导医药企业进行价格决策的主要因素。一般有以下几个定价目标供医药企业选择：一是以获取最高利润为定价目标；二是以获得合理利润为定价目标；三是以获得预期收益为定价目标；四是以提高市场占有率为定价目标；五是以对抗或防止竞争为定价目标；六是以稳定价格为定价目标。

（二）药品成本

医药企业在制定药品价格时首先要考虑成本因素，不能随心所欲地制定价格。成本是企业定价的最低界限，医药企业制定的产品价格不能低于平均成本。如果药品价格大于成本，医药企业就能盈利；反之，则会亏损。

（三）市场需求

1. 市场供求状况 供求规律是市场经济的基本规律，医药产品的价格与市场供求间有着密切的联系。供求决定价格，价格影响供求，两者之间有着必然的联系。一般来说，当产品价格下降时，产品需求增加；产品价格上涨时，产品需求下降。当市场上产品供给充足时，价格下降；产品供给严重缺乏时，价格上涨。

2. 产品需求弹性 又称为需求价格弹性，是指因为价格变动而引起的需求变动率，反映了市场需求对价格变动反应的灵敏程度。需求变动程度大于价格变动程度，该市场弹性充足；反之，需求变动程度小于价格变动程度，甚至没有变化，该市场弹性不足或无弹性。弹性充足的市场，消费者对价格极其敏感。这一类市场，不适合定高价，否则可能出现市场增长缓慢的情况；可适当采取降价促销的方式，带动销售规模的迅速扩大。弹性不足的市场，消费者对价格变动不敏感。这一类市场，可适当定高价，在短期内获得较高利润；不适合采取降价促销方式，因为降价也不能有效扩大销售规模，反而影响企业利润。

（四）竞争状况

企业在激烈的市场竞争中喜欢使用的法宝之一就是"价格战"。现实或潜在竞争对手的状况对医药产品的定价影响很大。在不同的竞争形态下，医药企业的定价策略是不同的。

1. 完全竞争 是指同种商品有很多的营销者，每一个营销者的商品供应链只占市场总量的极小份额，导致任何一个企业都不能完全控制该商品的市场价格。例如，感冒药的市场竞争就具有完全竞争的典型特征。

2. 完全垄断 是指一种商品完全由一家企业所控制的市场形态。企业在市场上没有竞争对手，可以独家控制产品价格。

3. 垄断竞争 是指同类型商品有很多营销者，但他们销售的产品是有差异化的，每个营销者都有较大的市场份额，都具有一定的竞争力。是一种既有垄断又有竞争的市场，生产者可以对价格有一定程度的控制。

4. 寡头垄断 是指少数几个企业控制一个行业供给的市场结构，这几个企业对产品价格有较大程度的控制权。

（五）政策法规

药品价格关系到国家、企业和个人三者之间的利益，与人民生活和国家安定息息相关。政府为了保证医药市场有序、健康、公平发展，出台了一系列法规、政策，对药品价格进行规范管理。例如，药品集中带量采购等政策的实施对药品市场价格的形成有重要的影响。

（六）消费者心理

消费者的价格心理直接影响到其购买行为和购买习惯，医药企业在制定产品价格时要充分考虑消费者的心理因素。

1. 预期心理 预期心理是消费者在未来一段时间内对商品供求及价格变化趋势的一种预测。消费者预测商品是涨价趋势时，会争先购买；反之就会持币待购。

2. 认知价值 是指消费者对商品价值的一种评估和认同，它是消费者根据自身对产品的印象、供应商的声誉、市场的认知、个人兴趣爱好等确定商品可被理解和接受的价格。消费者在购买商品时会把商品价格与内心形成的认知价值相比较，当确认价格合理，物有所值时才会购买。企业应该对消费者理解的相对价值做正确的价值估计和判断，才能制定出符合消费者需求的商品价格。

3. 其他消费心理　消费者还存在求新、求名、求异和求便的心理，这些心理也会影响认知价值。可见，医药企业要好好研究药品消费者的心理，把握消费者的认知价值，据此制定药品价格，促进销售。

（七）产品生命周期

产品处于生命周期的不同阶段，可采取不同的定价策略。产品处于导入期时，如在技术性能上有明显优势，且高品质不易被模仿，则可采用高价策略；如新产品的需求弹性很大，也可选择薄利多销的低价策略。处于成长期与成熟期时，产品价格将视市场情况与营销策略做适当调整。进入衰退期，产品面临被取代的风险，企业选择定价策略的指导思想是尽快销售，避免积压，可选择小幅逐渐降价，平稳过渡的价格策略；若产品更新换代速度快，也可选择一次性大幅降价策略，迅速退出市场。

（八）企业状况

企业状况是指企业的生产能力和管理水平对制定价格的影响。不同的药品生产企业由于规模和实力的不同，销售渠道和营销方式的不同，以及企业营销人员的素质和能力高低的不同，对价格的制定和调整应采取不同的政策。

二、药品定价程序

药品价格是药品营销组合策略中十分敏感而又复杂的因素，价格体系设计方案需要综合考虑产品成本、企业定价目标、市场需求、竞争状况及政策法规等多方面因素。生产企业的出厂价一般采取如下定价程序：核算药品成本、选择定价目标、确定药品市场需求、竞争分析、选择适当的定价策略和方法，确定最后定价。

（一）核算药品成本

1. 总成本　是指生产总成本，它可以分为固定成本和变动成本两部分。

2. 固定成本　是指在一定时期和一定业务量范围内，不受业务量增减变动影响，能保持不变的成本。如机器、设备、厂房的折旧、生产人员工资等。

3. 变动成本　是指那些成本的总发生额在相关范围内随着业务量的变动而呈线性变动的成本。如原辅材料、包装材料、燃料动力费用等，随产量的增减而增减。

4. 平均总成本　平均每单位产量所付出的成本，等于总成本除以产量，随产量的增加而降低。

5. 平均固定成本　平均每单位产量所付出的固定成本，等于总固定成本除以产量，随产量的增加而减少。

6. 平均变动成本　即平均每单位产量所付出的变动成本。

（二）选择定价目标

1. 以维持企业生存为定价目标　这种定价目标一般为短期目标，持续的时间不会很长。如果医药企业面临生产力过剩、市场竞争加剧、药品积压滞销等情况，为了确保销量和减少库存，企业一般会以维持生存为定价目标，从而为产品制定较低的价格。

2. 以获取利润为定价目标 获取利润是企业生产经营的主要目标，也是企业追求的主要定价目标，可分为两种情况。

（1）以获取高额利润为定价目标 企业为了保证尽可能多地获取利润，短期内可通过提高药品价格来实现，比如专利药品可采用高价来获得高额利润。但该方法持续的时间不宜太长，长期采用高价格、高利润的营销模式必然会吸引更多的竞争者加入，导致产品销量减少，影响企业利润。高价格为企业带来的短期利润是不稳定的，而通过打造产品品牌、树立企业良好形象、合理定价扩大销售规模，从而获得长期利润是较稳定的，是所有企业追求的目标。

（2）以获取预期利润为定价目标 药品在定价时，在总成本的基础上加上一定比例的预期利润。确定预期利润率应考虑药品临床疗效、药品质量、竞争状况、同期银行利率、药品购买决策者对价格的反应程度等诸方面因素。一般来说，预期利润率不能低于同期银行利率。

3. 以追求销售增长为定价目标 医药企业在制定药品价格时，以是否有利于促进销售增长，扩大市场占有率为定价目标。销售增长一方面意味着销量增加，利润增加，另一方面生产量加大，单位固定成本降低。市场占有率反映了医药企业的市场地位及在医药行业的话语权，同时也反映了企业的品牌形象。

4. 以适应竞争需要为定价目标 药品流通市场竞争激烈，药品价格是最重要、最敏感的竞争手段。大部分医药企业制定价格时，常以竞争对手产品的价格为参考，综合权衡企业自身实力，采取相应的竞争策略。如企业实力强，可采用高于竞争者的价格；企业实力相当，可采用与竞争者接近或相同的价格；企业实力弱，则可采用低于竞争者的价格。

（三）确定药品市场需求

医药企业在制定药品价格时，应在充分调研市场需求的基础上，认真分析消费者的购买力和购买欲望，确定不同药品的市场预期价格及不同价格水平下的市场需求量。一要考虑药品需求价格弹性对定价的影响，需求价格弹性较大的产品，企业可采用低价策略；需求价格弹性较小的产品，如处方药、新特药，企业可采用高价策略。二要考虑供求关系对定价的影响，供求关系是影响药品定价的关键因素，医药企业在制定药品价格时必须要进行市场供求调研，并根据市场供求关系评估市场需求量，以确定合理的药品价格。

（四）竞争分析

竞争是现代医药企业无法回避的市场现象，绝大部分医药企业都面临着或多或少的市场竞争，任何医药企业制定药品价格，都不能回避对竞争对手的分析。同时，药品定价合理与否也会反作用于市场，对药品流通市场的竞争产生影响。

现在医疗单位普遍实行集中招标采购，医药企业更要注意竞争者的价格动态，制定出有利于企业长期发展的产品价格。

拓展阅读

医药企业竞争情况

目前，国内药品生产企业超过 6000 家，以生产技术含量相对较低的仿制药物为主，创新药物较少，如阿莫西林全国有 880 个药品批文，环丙沙星有 256 个药品批文。药品市场已成为真正的买方市场，竞争异常激烈，而且药物同质化现象比较严重，几乎每种药品都或多或少有竞争品种。竞争越激烈，对药品价格的影响越大。所以，企业在制定药品价格时，需要进行市场调研，分析竞争环境，包括竞争对手数量、销售量、市场占有率、竞争产品定位、价格策略、产品渠道、销售政策、销售目标、目标市场、推广计划等，充分分析企业的竞争优势，才能知己知彼制定有效的价格策略。

（五）选择适当的定价策略和方法

医药企业根据产品的成本、定价目标，综合考虑药品需求、竞争状态以及销售渠道和促销等多方面因素，选择适当的定价策略和方法，制定产品最终的市场价格。

三、药品定价方法

定价方法的选择对药品价格的制定至关重要。医药企业只有选择恰当的定价方法才能使药品价格合理并有弹性。医药企业可以选用的定价方法很多，主要有以下几种。

（一）成本导向定价法

成本导向定价法是以企业产品成本作为基础的定价方法，优点是量入为出，计算简单。主要可以分为。

1. 成本加成定价法　是指在药品单位成本的基础上，加上一定的利润加成率来制定药品价格的方法。公式如下：

$$单位价格 = 单位产品成本 \times (1 + 加成率)$$

这种方法优点是简单方便，适用范围广泛，尤其是销售量与单位成本比较稳定时适宜采用该方法；缺点是没有考虑到不同价格需求量的变动情况，不能准确预测产品销售量，对市场竞争的适应能力较差，定价方法不够灵活。

2. 目标利润定价法　是指在产品总成本的基础上，加上一定的企业目标利润，再根据市场预测目标销售量计算出单位药品价格的定价方法。公式如下：

$$药品价格 = (总成本 + 目标利润) \div 销售量$$

这种方法的优点是有利于加强企业管理的计划性，可较快地实现投资回收计划；缺点是要求较高，企业要有较强的计划能力，需要预测好药品售价与期望销售量之间的关系，尽量避免价格已定但是无法完成销售量目标的被动情况。

3. 盈亏平衡定价法　也称保本定价法，是在预测市场销售量的基础上，保证企业既不盈利也不亏损的定价方法。公式如下：

$$药品价格 = (单位变动成本 + 固定成本) \div 销售量$$

这种方法较多地适用于工业企业定价，商贸企业一般很少采用该方法。

4. 变动成本定价法　又称为边际贡献定价法。定价是以单位变动成本为底线，根据市场竞争情况，只要售价高于变动成本，其价格就能弥补部分固定成本，尽可能减少亏损。公式如下：

$$边际贡献 = 产品价格 - 变动成本$$

当边际贡献 > 固定成本时，即有盈利；当边际贡献 = 固定成本时，即可实现保本；当 0 < 边际贡献 < 固定成本，即亏本；当边际贡献 = 0 时，停止营业。

（二）竞争导向定价法

1. 随行就市定价法　是指与本行业同类产品价格水平保持一致的定价方法。这种定价方法主要适用于需求弹性较小或供求基本平衡的产品。在这种情况下，单个企业提高价格就会失去顾客；而降低价格，需求和利润也不会增加。随行就市成为一种较稳妥的定价方法，尤其为中小企业所普遍采用。它既可避免挑起价格竞争，与同行和平共处，减少市场风险，又可补偿平均成本，从而获得适度利润，而且易为消费者接受。

2. 竞争定价法　根据本企业产品的实际情况及与竞争对手产品的差异状况来确定价格。这是一种主动竞争的定价方法，一般为实力雄厚或产品独具特色的企业所采用。定价步骤如下。

（1）将市场上竞争产品价格与企业估算价格进行比较，分高于、等于、低于三种价格层次。

（2）将本企业产品的性能、质量、成本、产量等与竞争企业进行比较，分析造成价格差异的原因。

（3）根据以上综合指标确定本企业产品的特色、优势及市场地位，在此基础上，按定价所要达到的目标，确定产品价格。

（4）跟踪竞争产品的价格变化，及时分析原因，相应调整本企业的产品价格。

3. 投标定价法　即在投标交易中，投标方根据招标方的规定和要求进行报价的方法。一般有密封投标和公开投标这两种形式。该方法是近年来药品生产经营企业对参加集中招标采购的药品采用的定价方法。企业根据采购中心公开发布的招标方案，对同层次竞争者的可能报价进行预测，并在规定时间内密封企业产品价格提交给招标部门，然后招标部门进行集中统一开标，主要以价格优势确定中标者并签订销售合同。因此，中标品种的报价一般低于竞争者，但应高于生产成本。

（三）需求导向定价法

需求导向定价法，是以消费者对产品价格的接受能力和需求程度为依据制定价格的方法。它不以企业的生产成本为定价依据，而是在预计市场能够容纳目标产销量的需求价格限度内，确定消费者价格、经营者价格和生产价格。具体可分为以下几种方法。

1. 理解价值定价法　是指企业以消费者对产品价值的理解为定价依据，运用各种营销策略和手段，影响消费者对产品价值的认知，形成对企业有利的价值观念，然后根据产品在消费者心目中的价值地位进行定价的一种方法。医药企业定价时应对产品进行市场定位，研究该产品在不同消费者心目中的价格标准，以及在不同价格水平上的销售量，并作出恰当的判断，进而有针对性地运用市场营销组合中的非价格因素影响消费者，使之形成一定的价值观念，提高他们接受价格的限度。然后，医药企业制定一个可销价格，并估算在此价格水平下药品的销量、成本和盈利状况，从而确定实际可行的药品价格。

2. 区分需求定价法　是指根据销售对象、销售地点和销售时间等条件的变化所产生的需求差异作为定价的基本依据，针对每种差异来决定在基础价格上进行加价或者减价的一种方法。

（1）地点差异　如对饮料的需求，在KTV要明显高于大型超市，即使是同一款饮料，前者价格一定会高于后者。

（2）时间差异　如对方便食品的需求在节假日时明显低于工作日时，即使是同样的方便食品，价格也会呈现差别。

（3）产品差异　标有某种纪念符号的产品，往往会比其他具有同样使用价值的产品拥有更强烈的需求，价格也会比较高。如在世界博览会期间，标有会徽或吉祥物的产品的价格，比其他未做标记的同类产品价格要高许多。

（4）消费者差异　消费者因年龄、受教育程度、家庭背景、职业等差异，会有不同的需求。企业在定价时应给予相应的价格差别，可获得良好的促销效果。在医药产品消费中，胶囊剂的价格普遍高于片剂，经济状况较好的消费者倾向于选择价格较高的胶囊剂。

3. 可销价格倒推法 又称反向定价法，是指企业依据产品的市场需求状况，进行价格预测和产品试销、市场评估，事先确定消费者能够接受和理解的零售价格，再倒推出批发价和出厂价。采用这种方法重点是要正确预测市场可销零售价格水平。这种方法具有促进技术进步，节约原料消耗，强化市场导向意识，提高竞争能力等优点。

$$出厂价 = 市场可销零售价 \div (1 + 批零差率) \div (1 + 进销差率)$$

或

$$出厂价 = 市场可销零售价 - 批零差价 - 进销差价$$

药品价格一般要处于产品成本和消费者认知价值之间，产品成本是市场定价的最低下限，如果价格低于成本则医药企业无利可图；消费者的认知价值即心理预期价格是药品定价的最高上限，如果实际价格高于消费者的心理预期价格，则消费者无法接受，产品就没有市场。所以，医药企业制定药品价格时要充分考虑这些情况。

四、药品定价策略

定价策略不仅是一门科学，也是一门营销艺术。所谓定价策略，是企业为了在目标市场上实现定价目标，给商品制定一个基本价格和上下浮动的幅度。药品定价策略主要有以下几种。

（一）新药定价策略

新药上市以后如何选择适合本企业的定价策略至关重要，关系到新产品能否顺利地进入市场，企业能否在市场中站稳脚跟，能否取得较好的经济效益。常见的新药定价策略主要有三种：撇脂定价策略、渗透定价策略和中间价格策略。

1. 撇脂定价策略 也称高价掠取策略，是指新产品上市初期，将其价格定得较高，以便在短期内获取丰厚利润，迅速收回投资，减少经营风险，等到竞争对手进入市场时，再按照正常价格水平来定价。一般而言，对于全新产品、受专利保护的产品、需求价格弹性小的产品、流行产品、未来市场形势难以预测的产品等，都可以采用撇脂定价策略，其优点如下。

（1）新产品刚上市，普通消费者对其尚无理性认识，此时的购买动机主要是求新求奇，消费者希望通过高价提高身份，该策略还可形成优质、品牌的印象，有助于企业开拓市场。

（2）企业的主动性较大。新产品先制定高价，成熟期后可逐步降价，既能保持企业的竞争力，同时还能吸引潜在需求者，甚至可以争取到低收入阶层和对价格比较敏感的顾客。

（3）在新产品开发之初，由于资金、技术、资源、人力等条件的限制，企业很难满足顾客的需求，采用高价可以限制需求的过快增长，缓解产品供不应求状况，同时高价带来的高额利润可继续进行投资，扩大生产规模，逐步适应需求状况。

（4）利用高价给企业带来丰厚的利润，在短期内可以回收大量资金，降低投资风险。

但是撇脂定价策略也有以下缺点：①高价产品的市场需求有限，过高的价格短期内不利于企业开拓市场、增加销量；②高价不利于迅速占领市场和稳定市场，容易导致新产品开发失败；③高价高利容易引来大量的竞争者，仿制品、替代品迅速出现，从而迫使价格急剧下降，如果不能与其它有效策略相配合，企业价高优质形象会受到损害，失去部分消费者；④如果价格远远高于价值，在某种程度上损害了消费者利益，容易受到公众的反对和消费者的抵制，诱发公共危机。

2. 渗透定价策略 又为薄利多销策略，是指企业在新产品上市之初，利用消费者求廉的消费心理，特意将产品价格定得较低，新产品以价廉物美的形象来吸引顾客消费，从而占领市场，以谋取远期的稳定利润。

一般而言，新产品的需求价格弹性较大或者在规模经济效益的情况下适宜采用该策略。渗透定价策略的优点有：低价有利于吸引顾客，增强产品的竞争能力，使竞争者不敢贸然进入；低价有利于打开产品销路，迅速开拓市场。缺点是：企业利润比较低，投资回收的时间较长，在产品生命周期和需求弹性预测不准的条件下，具有一定的风险性。

3. 中间价格策略　又称满意价格策略，是介于撇脂定价和低价渗透策略之间，在新产品进入市场的初级阶段时，使企业与消费者都满意的一种定价策略。这一策略的目的是在长期稳定的增长中获取平均利润。因此这一策略为广大企业所常用。

（二）心理定价策略

心理定价策略主要应用于药品零售环节，是针对消费者的不同消费心理，制定相应的产品价格，用来满足不同类型消费者需求的策略。

1. 尾数定价策略　又称零头定价策略，是指企业针对消费者的求廉心理，在产品定价时制定一个离整数有一定差额的价格。这是一种具有强烈刺激作用的心理定价策略，主要用于中低档商品。大多数消费者在购买产品时，尤其是购买一般的日用消费品时，愿意接受尾数价格，如 0.99 元、9.98 元等。尾数定价策略会给消费者一种经过精确计算的，最低价格的心理感觉；容易给消费者一种是产品降价打折的感觉；同时，消费者在等候找零期间，也可能会购买其他商品，刺激再次消费。

2. 声望定价策略　是为了满足消费者"便宜无好货""价高质必优"的心理，对在消费者心目中已形成一定品牌效应的药品制定较高价格的一种策略。这种定价法迎合了消费者按质论价和显示炫耀的心理，由于声望和信用高，消费者愿意支付较高的价格购买。一般适用于著名医药企业的名特优药品。

3. 习惯定价策略　某些产品消费者需要重复性地购买，这类产品的价格在消费者心目中已经定格，成为习惯性价格。企业对这类产品定价时，适合采用"习惯成自然"的定价策略。这类产品不能随意改变价格，如果随意降价会使消费者怀疑产品质量是否出现了问题，随意提价又会使消费者产生不满情绪，因此不再购买此商品。

4. 最小单位定价策略　同样的价格采用不同的标价单位，对消费者的心理会产生不同的影响，一般来说，用较小的单位标价，会给人以便宜的感觉。

（三）折扣、折让定价策略

药品的折扣和让价主要是针对药品批发企业和零售企业，是促进医药企业更多地销售本企业药品常采用的激励方法。

1. 数量折扣　数量折扣是根据代理商、中间商或顾客购买货物的数量多少，给予不同折扣的一种定价策略。一般来说，购买数量越大，价格折扣就越多。这种策略实际上是将销售费用节约额的一部分，以价格折扣方式分配给买方。目的是鼓励和吸引顾客长期大批量购买本企业生产的商品。数量折扣分为累计数量折扣和非累计数量折扣两种形式。

（1）累计数量折扣　是指代理商、中间商或顾客在一定的时间内购买总量累计达到折扣标准时，给予一定的折扣。企业运用累计数量折扣定价法时，要注意组织好货源，防止购买者为争取较高折扣率在短期内大批进货导致企业缺货现象。

（2）非累计数量折扣　是指购买者按照购买产品的数量获得购买折扣的定价方法。例如购买一盒药6元钱，购买两盒药10元钱，通过数量的增加降低产品的单价，适用于零散商业客户。

2. 现金折扣 又称为付款期限折扣，在信用购货的特定条件下发展起来的一种优惠策略，对按约定日期付款的顾客给予不同的折扣优待。这种折扣实际上是一种变相降价赊销，鼓励提早付款的办法。它一般体现在销售合同中，如一般药品的正常回款期限为三个月，现款可给予3%现金折扣；一个月回款给予2%现金折扣；两个月回款给予1%现金折扣等。

3. 交易折扣 是指企业根据各类中间商在市场营销活动中作用的大小而给予的不同折扣。一般来说，给批发商的功能折扣较多，给零售商的较少。

4. 推广折让 又称为推广津贴，是生产企业对中间商积极开展促销活动所给予的一种补助或降价优惠。例如企业常常借助中间商开展产品促销，如刊登地方性广告、布置专门橱窗等。对中间商的促销费用，生产企业一般以发放津贴或降价供货的方式作为补偿。

5. 运费让价 是生产企业为了扩大产品的销售范围，对市场比较远的顾客让价以弥补其部分或全部运费。企业对远方市场，一般都会采用运费让价策略。

（四）药品价格调整策略

1. 降价策略 医药企业降价的原因很多，有企业外部需求及竞争等因素的变化，也有企业内部的战略转变、成本变化等，还有国家政策、法律的制约和干预。

2. 提价策略 成功的提价能够给企业带来相当大的利润，但可能会引起竞争力下降、消费者不满、经销商抱怨，甚至还会受到政府的干预和同行的指责，从而对医药企业产生不利影响。提价的主要原因如下。

（1）成本增加 成本的增加挤压了利润空间，也导致了企业的提价。企业的提价幅度通常要比成本增加得多。

（2）供不应求 当市场供不应求时，企业可通过提价来调节市场供需。

（3）应对竞争者调价 在市场竞争中，医药企业应对竞争者的调价，必须全面了解竞争者价格调整的目的和可能持续的时间，并及时采取相应的措施。

技能训练 三精药业的产品组合策略

【实训目的】

通过实训，要求学生掌握为医药企业选择适合其长期发展的产品组合策略的技能。

【实训内容】

背景资料

某制药企业实施改制转为有限公司，从此开始了低成本扩张，陆续收购了一批制药企业，完成了生产布局的调整和建设。1年后开始组建医药商业公司，并先后在国内设立了十几个商业公司，形成了具有其特色的营销网络。3年后实现"借壳上市"，5年后完成了后续重组，正式更名为××制药股份有限公司。该公司主业清晰，资产质量优良，基本完成了普药生产基地、中药生产基地、保健品生产基地、儿童药品生产基地、原料药生产基地的产业布局，并将陆续结束投入期，进入成长期，成为公司未来发展的坚实基础和重要的经济增长点。该公司很快发展成拥有30个参股和控股子公司的大型集团式医药类上市公司，具备了利用资本市场功能整合其他药业资源的条件和基础，为进一步做大做强提供了新的保障。截至目前，企业已有口服液、小容量注射剂、冻干粉针剂、片剂、胶囊剂、颗粒剂、合剂、糖浆剂、洗剂、散剂等多个剂型生产线。

请根据上述内容，并自主收集相关信息，谈谈三精药业的产品组合策略情况。

【实训要求】

1. 了解产品组合策略分类。
2. 试为该公司制定更加科学的产品组合策略。
3. 撰写一份实训报告。

目标检测

答案解析

一、选择题

（一）单项选择题

1. 美国市场营销学家莱维特教授断言：未来竞争的关键，不在于工厂生产什么产品，而在于其产品所提供的（　　）

   A. 核心利益　　　　　B. 特色　　　　　C. 质量　　　　　D. 附加价值

2. 当药品处于（　　），市场竞争最为激烈

   A. 导入期　　　　　B. 成长期　　　　　C. 成熟期　　　　　D. 衰退期

3. 销量增长减慢，利润增长接近 0 时，说明产品已进入（　　）

   A. 衰退期　　　　　B. 导入期　　　　　C. 成长期　　　　　D. 成熟期

4. 在市场面积比较小、市场上大多数消费者已熟悉该新药、购买者愿意出高价、潜在竞争威胁不大的市场环境下宜使用（　　）

   A. 快速掠取策略　　　　　　　　　B. 缓慢掠取策略

   C. 快速渗透策略　　　　　　　　　D. 缓慢渗透策略

5. 品牌中可以用语言称呼的部分，可以是词语、字母、数字或词组等的组合，称为（　　）

   A. 品牌标志　　　B. 品牌名称　　　C. 品牌颜色　　　D. 商标

6. 品牌中可以被识别的但又不能用语言称呼的部分，称为（　　）

   A. 品牌标志　　　B. 品牌名称　　　C. 品牌颜色　　　D. 商标

7. 药品生产企业向药品批发或零售企业销售时的药品价格称为（　　）

   A. 出厂价　　　B. 批发价　　　C. 零售价　　　D. 中标价

8. 药品需求价格弹性较大的药品应采用的销售价格水平为（　　）

   A. 高价　　　B. 低价　　　C. 中间价格　　　D. 平均价格

9. 企业的产品供不应求，不能满足所有顾客的需要，在这种情况下，企业应该（　　）

   A. 降价　　　B. 提价　　　C. 维持价格不变　　　D. 渗透价

10. 为满足消费者便宜没好货的心理，企业宜采用（　　）

    A. 尾数定价策略　　　　　　　　　B. 习惯定价策略

    C. 声望定价策　　　　　　　　　　D. 中间价格策略

（二）多项选择题

1. 下列说法正确的有（　　）

A. 药品的生命周期又称为药品的市场寿命，也就是药品的使用寿命

B. 药品的生命周期又称为药品的市场寿命，与药品的使用寿命无关

C. 药品的整体概念说明药品价值的大小不是由生产者决定的，顾客才是最终的裁决者

D. 药品的整体概念说明药品价值的大小是由生产者决定的，顾客无权裁决

E. 典型的药品生命周期一般可以分成导入期、成长期、成熟期和衰退期四个阶段

2. 品牌标识的设计方法有（　　）

A. 文字型标识设计　　　　　B. 图案型标识设计　　　　　C. 图文结合型标识设计

D. 综合性标识设计　　　　　E. 花色品种型标识设计

3. 品牌对消费者的作用（　　）

A. 品牌有助于消费者识别产品的来源

B. 品牌有助于消费者形成品牌偏好

C. 品牌有助于消费者减少购买风险

D. 品牌有助于消费者形成品牌收藏

E. 品牌有助于消费者增加财富

4. 企业在产品导入期采取快速掠夺策略的条件是（　　）

A. 产品有特色、鲜为人知　　　　　　B. 市场规模和容量都较小

C. 消费者对产品有极大的兴趣　　　　D. 竞争者容易进入该市场

E. 企业欲树立产品优质高价的形象

5. 以下属于成本导向定价法的是（　　）

A. 反向定价法　　　　　　B. 成本加成定价法　　　　　C. 目标利润定价法

D. 盈亏平衡定价法　　　　E. 变动成本定价法

二、简答题

1. 简述药品额品牌策略有哪些？

2. 药品的整体概念中包括哪些层次？

3. 药品生命周期中的成熟期和衰退期各有什么特点？

4. 药品包装策略包括哪些？

5. 简述实行市场调节价的药品定价程序是什么？

6. 企业常用的药品定价方法有哪些？

书网融合……

知识回顾　　　　微课　　　　习题

（郝　强）

项目六　药品流通市场分销渠道策略与促销策略

知识目标

1. 掌握药品流通市场促销的方式及其应用。

2. 熟悉药品流通市场分销渠道策略与促销策略。

3. 了解药品流通市场分销渠道的影响因素、设计和管理。

能力目标

1. 学会药品流通市场分销渠道设计的基本技能。

2. 学会药品流通市场促销方式。

3. 熟练运用药品促销策略，并能对实际案例进行促销规划与方案设计。

素质目标

1. 养成良好的职业素养和文明的道德行为规范，增强职业认同感。

2. 具有爱岗敬业、勤于实践的工作态度，勇于创新的精神及团队合作意识。

案例导入

案例：某通医药集团是一家以药品、医疗器械、生物制品、保健品等产品批发、零售连锁、药品生产与研发及有关增值服务为核心的全链医药产业综合服务商。该医药集团搭建了行业稀缺的"千亿级"医药供应链服务平台，完成了全品类采购、全渠道覆盖和全场景服务的业务布局，持续推行"医药分销＋物流配送＋产品推广"的综合服务模式。目前全渠道客户规模约47.28万家，其中城市及县级公立医院客户1.33万家，连锁及单体药店客户20.28万家（合计覆盖零售药店数量约37万余家），基层及民营医疗机构客户23.48万家（其中民营医院客户1.33万余家），下游医药分销商1.2万余家，其他客户近1万家，能保证各类OTC品种、医院临床品种等顺利进入各渠道终端。

讨论：药品流通市场中有哪些分销渠道？怎样开展渠道建设来促进药品销售？

任务一　药品流通市场分销渠道策略 📱微课1

PPT

一、药品流通市场分销渠道概述

（一）药品流通市场分销渠道的概念

在药品流通市场中，绝大多数制药企业并不是将其产品直接销售给消费者，而是借助于药品流通市场中介机构。有的中介机构如药品批发商和零售商，通过合法购进产品，取得产品经营所有权，再通过合法程序把产品转移到目标消费者；有的中介机构如经纪人、销售代理商，则寻找顾客或代表生产企业与客户谈判，但不取得该产品经营所有权。制药企业在产品生产出来，价格确定以后，就应考虑产品分销渠道的问题。

菲利普·科特勒认为："所谓分销渠道，也称营销渠道或配销渠道，指某种货物或劳务从生产者向消费者移动时取得这种货物或劳务的所有权或帮助转移其所有权的所有企业和个人。"因此，药品流通市场分销渠道可以定义为药品及其服务的所有权由生产者向消费者转移或帮助其转移过程中所经过的企业和个人。起点是药品的生产者，终点是消费者或用户即目标消费者，处于生产者和消费者之间，参与销售和帮助销售的单位或个人称为中间商，如药品批发商、药品代理商和药品零售商等。

（二）药品流通市场分销渠道的作用

药品流通市场分销渠道的主要任务是把药品从生产企业转移到消费者手中，有人把它称之为"五流"，即商流（制药企业到中间商到消费者）、物流（药品通过商流的过程）、货币流（消费者把货币汇集到商流）、信息流（商流、物流、货币流的信息总和）、促销流（保证物流完成的各种手段）。渠道中各成员执行了以下一系列的功能。

1. 销售与促销　好的药品营销企业能建立合理的分销渠道，以促进产品的销售，并提高销售的技巧，使企业的产品能够快速到达目标消费者。销售有直接销售和间接销售，促销有关系促销、会员促销、现场促销等形式。

2. 仓储与养护　药品从生产企业进入营销企业或销售渠道其他环节进行仓储养护时，实际上这是作为生产企业仓储和货物配送功能的延伸，减少了生产企业直接销售药品时仓储与养护的成本。

3. 融资职能　从财务上来看，赊销对药品生产企业来说意味着投资，对药品营销企业来说就意味着融资。很多制药企业都在控制在外货款，有的则直接实行款到发货或先款后货，以避免投资风险，减少坏账的形成。

4. 风险承担　如果生产企业将药品销售给经销商，又及时收回货款，则可避免经销商拖欠货款的风险，也就是说经销商承担了生产企业的经营风险。当然，药品价格涨落时的滞后效应，也会产生风险承担问题，一般按双方协议规定或协商解决。

5. 信息传递　销售渠道形成后，搜集整理编辑信息及进行信息共享和传递的功能也就形成了。一般通过以下几方面实现。

（1）通过经销商，既可以传递药品生产企业产品信息和药学服务信息，同时还可以把医院等终端使用药品的相关信息反馈给生产企业。

（2）药品销售会议、全国医药产品交易会议是传递和收集药品和药学服务信息的最佳场所，一般定期定点举行。

（3）药品流通市场分销渠道是一个多功能系统，它要求通过在适当的地点、以适当的速度、以合格的质量、以准确的数量、以低廉的价格向目标消费者提供最好的服务，并不断刺激渠道成员采取多种形式的促销活动引导消费者需求，从而成为一个正常运作的网络系统。

（三）药品流通市场分销渠道的类型

生产者总是希望把自己的产品直接卖给消费者，消费者也同样希望能够从生产者那里直接买到自己需要的商品。但是，在现代商品经济社会中，绝大部分药品还是需要经过中间商转手，才能输送到市场，这是由市场环境、企业内部因素以及商品经济内在的规律所决定的。药品流通市场分销渠道可根据不同标准分为不同类型。

1. 根据分销渠道中是否有中间商可分为直接分销渠道和间接分销渠道

（1）直接分销渠道 是药品从生产者流向消费者或用户的过程中不经过任何中间商，这是最简单最短捷的分销渠道，即由生产者将其药品直接销售给消费者或用户。这种分销渠道适合于技术性强、资金密集的大型药品生产企业的医药产品，尤其是原料药的营销，可以减少仓储和中间运输成本，提高医药产品的使用效率。药品直接分销渠道的结构模式只有一种，即：药品生产企业→消费者。

（2）间接分销渠道 是药品从生产者流向消费者或用户过程中经过若干中间商转手的分销渠道。间接分销渠道是两个层次（环节）以上的分销渠道，同直接分销渠道相比，是较长的分销渠道，过程比较复杂。大多数医药产品从生产者流向最后消费者的过程中都要经过若干中间商转手，也就是说，间接分销渠道是医药产品分销途径的主要类型。药品间接分销渠道的结构模式通常有以下四种类型。

1）药品生产企业→药品零售商→消费者。

2）药品生产企业→药品批发商→药品零售商→消费者。

3）药品生产企业→药品代理商→药品零售商→消费者。

4）药品生产企业→药品代理商→药品批发商→药品零售商→消费者。

2. 根据分销渠道中每一环节使用同类中间商的多少可分为宽渠道和窄渠道

（1）宽渠道 是指药品生产企业在每一个流通环节上选用两个以上的同类中间商销售其产品。特点是可增加营销量，提高营销效率。其缺点是中间商的忠诚度难以保证，生产者对营销渠道的控制力较弱。适用于 OTC 药品和普通药品。

（2）窄渠道 是指药品生产企业在每一个流通环节上只选用一个中间商销售其产品。特点是生产企业与中间商的关系密切，对中间商的支持力度大，也利于对中间商的控制和管理。其缺点是对中间商的依赖性太强，风险较大。适用于单位价值高的处方药、进口药和新特药。

3. 根据分销渠道成员之间相互联系的紧密程度可分为传统分销渠道和现代分销渠道

（1）传统分销渠道 由独立的生产商、批发商和零售商所组成。为获得更多的利润彼此在市场上相互讨价还价，互不相让，无序竞争激烈。没有一个渠道成员能完全或基本控制其他成员，因而传统分销渠道内部矛盾较多，面临挑战严峻，容易破裂。

（2）现代分销渠道 渠道成员采取不同程度的联合经营或一体化经营，以提升渠道竞争力，获取更大规模经济效益。现代分销渠道的联合方式主要有以下三种。

1）垂直分销渠道系统 一个由生产者、批发商和零售商组成的专业化管理和集中计划的组织网。在此网络系统中，各个成员为了提高经济效益，都采取不同程度的一体化经营或联合经营。这种体系具有较强的交换能力和避免重复经营的特性，使其得以实现规模经营，并与传统分销渠道系统进行有效的竞争。

2）水平分销渠道系统 是指由两个以上渠道成员通过建立横向联合关系，以共同开拓新市场。这种联合可以克服单个企业在资金技术、生产力等方面的不足，同时也可以减轻单个企业在开发新的市场机遇方面所承担的风险，以取得更大的效益。水平分销渠道系统可以是签订暂时的或永久性的协议，也可以成立一个由多方参与的新机构。

3）多渠道分销系统 随着社会生产力的发展，医药企业的生产规模在不断扩大，所以对于一个企业所生产的全部药品，不可能只通过一种类型的分销渠道来销售，而必须通过各种不同的分销渠道来共同销售。这种使用多种分销渠道来把自己的产品销售给相同或不同消费者的分销渠道系统，就叫多渠道分销系统。多渠道分销系统一般有以下两种类型：①药品生产企业通过两种或两种以上分销渠道销售同一种药品，而这些分销渠道又是相互竞争的；②药品生产企业通过两种或两种以上的分销渠道销售不同品牌的药品，这样使用多渠道销售后，就可使药品生产企业扩大市场占有率，并满足不同顾客的需求。

二、药品流通市场分销渠道设计

药品流通市场分销渠道设计是指对关系医药企业生存与发展的基本分销模式、目标与管理原则的决策。其基本要求是：适应市场环境的变化，以最低总成本传递医药产品，以获得最大限度的顾客满意。

1. 确定渠道的基本模式　医药企业在设计分销渠道时必须首先明确药品销售终端是医院药房、社会零售药店还是第三终端；药品分销需不需要中间商的参与或者是自建营销网络和中间商共同存在。

2. 选择中间商

（1）选择中间商的标准　①分销网络覆盖面的大小，要选择能够使本药品在某地区覆盖足够大市场的分销商；②资信情况，包括给客户回款情况及经销盈利能力，良好的盈利能力能保证双方长期合作；③中间商在市场中的美誉度及工作、服务质量水平；④中间商对企业产品的认同度，中间商对产品的认同度高低决定着对所要分销药品的信心与努力程度，尤其中间商经营决策人和重要执行人的认同非常重要。

（2）选择中间商的层次与幅度　在确定了基本分销渠道以后，还需要确定中间商的层次与幅度，如采用长渠道还是短渠道、宽渠道还是窄渠道、独家渠道还是多种渠道并存。

3. 确定渠道成员的权利与责任　生产商和中间商需要在每一个渠道成员的权利与责任上达成协议，应该在价格策略、销售条件、经销区域及其他事项上协商一致。

4. 对渠道方案的选择与评估　对于不同的方案要按照一定的评估标准进行评估，如适应性和可控性等，对这些选项赋予一定分值及权重，最后计算总分，在综合各种因素后，选出比较满意的分销方案。

5. 制订实施计划　将渠道战略设计具体化，根据战略方案和战略重点，明确任务的轻重缓急和时机，进一步确定工作量和时限，并考虑由谁来执行、如何执行、如何配置相应的资源等。

三、药品流通市场分销渠道管理

医药企业选定了某个分销渠道方案后，就要着手建立渠道，实施对渠道的管理。这个管理不同于其他的管理，因为它具有系统性、协同性、动态性。药品流通市场分销渠道管理包括对中间商的评估、激励和控制等环节。

（一）评估中间商

1. 评估内容　企业应通过各种途径了解中间商履行合同的状况，包括推销商品的数量，商品的库存状况，售前、售中、售后的服务及回款情况等。对中间商的考察和评估，可通过及时采取相应的监督、控制与激励的措施，保证营销活动顺利而有效地进行。

2. 评估方法　主要包括两种方法：一是合同约束与销售配额法，根据前期签订的合同中所明确的经销商责任，如销售强度、绩效与覆盖率、平均存货水平、对企业促销与培训方案的合作程度、中间商必须提供的客户服务等进行综合评估；二是中间商绩效测量法，将每一个中间商的销售绩效与上期绩效进行比较，并以整个群体的升降百分比作为评价标准，对于低于该群体平均水平以下的中间商，要调查其原因并加强激励措施。

（二）激励中间商

激励中间商是渠道管理中的基本内容，是指生产企业在选定中间商后，为促进渠道成员实现渠道目标，使之不断提高业务水平而采取的一切措施，激励中间商的方法主要有以下几种。

1. 对利润做必要的让步 了解中间商的经营目标和需要，必要时可做出一些利润让步来满足中间商的利益要求，以鼓励中间商。菲利普·科特勒认为，要激励中间商出色地完成销售任务，生产企业必须尽力了解各个中间商的不同需要和欲望。

2. 提供多样化的优质产品 提供市场需求量大的产品，是对中间商最好的激励。药品生产企业应该把中间商视为消费者的代表，只有当药品生产企业提供适销对路的优质产品时，这些产品才能顺利地进入终端市场。

3. 赋予中间商一定的权利 给予中间商适当的权利，如独家经销权或特许经营权。在一个市场上授予某个中间商以独家经销权，即可在广告和其他促销活动方面得到该中间商较大的支持，当然应视具体的市场调节而定。

4. 广告支持促进双赢 当药品生产企业进入一个新市场时，其商标或品牌通常不被当地人所知晓，因而中间商一般不愿意经营这种产品，除非药品生产企业提供强有力的广告宣传支持，提高商品的知名度。广告宣传对药品生产企业能够起到宣传其品牌，传播其产品的效力，同时对中间商的信誉也进行了渗透性传播，起到潜在影响作用。

5. 人员支持提升销售实力 药品生产企业也可以向中间商提供人员培训和药品咨询服务等帮助，提高营销人员素质，增强营销人员实力。

（三）渠道控制

中间商都是一些独立企业，不是医药生产企业的从属机构，所以生产企业要控制全部分销渠道是比较困难的，也是不可能的。有些医药企业解决这一问题的方法就是建立自己的分销机构，但是采用这一做法的成本很高，投资很大；有些医药企业则是通过特约代理或独家经销等方式，通过第一级渠道环节来控制整个渠道，但并不是每个生产企业都能够控制渠道的，这取决于医药生产商的实力、信誉以及市场条件等多种因素。一般来说，能够成功地控制渠道的企业往往能够在市场上获得成功。

要控制渠道，首先要让各个中间商了解企业的营销目标；其次，要确定评价中间商工作绩效的各项标准，包括销售目标、市场份额、平均存货水平、向顾客交货时间、市场成长目标、广告宣传效果等。标准越具体，评价越容易，但必须要具可操作性。然后对那些成绩不佳的中间商进行分析诊断，并采取相应的激励措施。一旦渠道控制失灵，就应该考虑更换中间商。药品流通市场分销渠道常见问题及解决措施如下。

1. 渠道冲突 在分销渠道系统中，既有生产商，又有中间商，构成了一个复杂的经济体。当各自独立的渠道成员对计划、任务、目标、交易条件等出现分歧时，冲突的出现就不可避免。根据渠道成员关系，可将渠道冲突分为水平渠道冲突、垂直渠道冲突和多渠道冲突。

（1）水平渠道冲突 同一分销渠道中同一层次的成员之间的利益冲突。例如，药品分销中最常见的跨区域销售，也称"窜货"，就是水平渠道冲突的主要表现形式。生产企业应及时采取相应措施，协调解决矛盾。

（2）垂直渠道冲突 分销渠道中不同层次成员之间的冲突。例如，生产企业、批发商和零售商之间，因为信贷条件不同、进货价格的差异、提供服务支持的差异等而产生的冲突。药品生产企业必须着眼全局，妥善解决垂直冲突，促进渠道成员之间更好地合作。

（3）多渠道冲突　生产企业在同一市场建立两个或以上的分销渠道，在出售产品或提供服务时产生竞争，例如，在某区域药店和医院两条渠道之间的冲突。生产企业在多渠道冲突发生时，应引导渠道成员之间进行有效竞争，并加以协调。

2. 窜货问题　窜货又称倒货、冲货，这里主要指的是恶性窜货，即为获取非正常利润，经销商蓄意向自己辖区以外的市场倾销产品的行为。窜货问题已成为国内药品营销工作中的一个顽疾，如不加以控制，任其发展，可能会降低企业对市场的控制力，破坏市场秩序，造成价格混乱，甚至使消费者对品牌失去信心。

（1）窜货现象产生的原因　①渠道政策有偏颇，紊乱的价格体系是出现窜货的重要原因；②企业管理水平有待提高，主要体现在控制窜货方面的管理制度不完善和奖惩措施不到位；③产品在规格、包装上的差异，也为窜货提供了可能；④市场环境的客观影响，如果分销策略没有及时跟得上市场需求的变化，就容易诱发窜货。

（2）窜货的控制措施　①完善渠道政策，建立科学公正的价格体系；②提高营销管理水平，完善渠道管理制度，加强营销队伍的建设与管理；③实行产品经销商识别码的区域差异化，常用的经销商识别码有数字识别码、颜色识别码、规格识别码、文图区分码等；④完善沟通与监督机制，根据市场环境的变化，及时修订销售目标。

3. 分销成本过高　分销成本过高的原因可能为没有达到经济存货量、渠道选得太长、营销管理混乱、医药产品运输路线或方式选择不合理等。企业应对各个环节逐个分析，查出问题并给与解决，可通过加强管理、调节运输线路、缩短渠道来降低营销成本。

4. 发货周期过长　这可能是由于渠道过长，物流不畅通，网络不健全等因素引起的。医药企业通过对渠道模式合理性的调查分析，对分销商的客观评价，就可以发现分销渠道中存在的问题，从而找出问题的症结，以改善渠道的利用效率，提高医药产品销售经济效益。

（四）渠道调整

随着医药市场的急剧变化和新医改政策的出台，对分销渠道系统还要定期进行调整，以适应市场的新动态。一般包括对渠道成员的调整、对营销渠道的调整和对整个营销系统的调整。对渠道成员的调整，包括增减渠道成员数量、重新分配渠道成员的功能、提高渠道成员素质和能力等。

任务二　药品流通市场促销策略 微课2

一、药品流通市场促销策略概述

（一）药品流通市场促销的内涵

1. 药品流通市场促销的概念　药品流通市场促销是指医药企业运用各种方式方法向消费者传递药品或服务的信息，从而激发其购买欲望，促进其购买行为的活动过程。

（1）药品流通市场促销的目的是促进产品销售，通过信息沟通或者宣传，激发目标市场的购买欲望，有助于扩大销售量。

（2）药品流通市场促销的关键和核心是信息传递，只有及时、有效地将产品或服务的信息传递给消费者，并将消费者对此产品的需求信息及时传达至企业，企业不断改进产品和服务，才能满足消费者的需求。

2. 药品流通市场促销的方式 可分为人员促销和非人员促销。

（1）人员促销 也称人员推销或直接促销，是企业运用促销或推销人员（如医药代表、药店促销员）向消费者直接宣传某种产品或服务的一种促销方式，如医药代表对某医院或药店进行新药推广活动，制药企业召开新药发布会等。

（2）非人员促销 又称间接促销，是指企业通过各种媒体或活动向消费者宣传某项产品或服务的促销方式，一般包括药品广告、营业推广及公共关系等形式，如 OTC 药品在各种媒体上的广告宣传、处方药在专业杂志上进行的介绍等。

3. 药品流通市场促销的作用 促销是整个医药企业营销活动的关键环节和重要保证，可以帮助消费者认识产品的特点、性能、疗效和价格，引起他们的注意和兴趣，激发其购买欲望，达到企业扩大销售的目的。

（1）传递药品信息，激发购买欲望 促销的实质就是信息传递。信息传递的过程包括两个方面：一是由药品生产企业将产品和服务信息及时地传递给批发商、零售商和消费者，以引起他们的注意和购买兴趣，扩大产品的销售量；二是建立市场反馈系统，及时地将中间商和消费者的意见、建议等信息反馈给生产企业，以利于企业进一步改进促销工作，更好地满足消费者的要求。

（2）诱导消费需求，扩大产品销量 消费者的购买行为通常具有可诱导性。促销的落脚点就是诱导需求，唤起消费者对企业及其产品的好感。当企业产品需求低时，促销可以扩大需求；当需求处于潜伏期时，促销可以开拓需求；当需求衰退时，促销活动可以吸引更多的新用户，从而达到扩大销售的目的。不仅如此，促销在一定条件下还可以由无到有，创造需求。

（3）突出产品特点，提高竞争力 由顾客让渡价值理论可知，若市场上同类产品较多的情况下，目标消费者会优先选择对其来说利益或价值较大的医药产品。在激烈的市场竞争中，同种产品竞争尤为激烈，在这种情况下，医药企业通过促销，突出产品的特点，宣传其产品与竞争者的差异，强调能给消费者带来的独特利益，促使消费者偏爱本企业产品，从而有利于提高本企业产品的市场竞争力。

（4）提升企业形象，巩固市场地位 医药企业的形象和声望是企业的无形资产，直接影响其产品销售。通过促销活动，可以树立良好的企业形象，尤其是通过对名、优、特、新产品的宣传，使消费者对企业及其产品信任感和忠诚度逐渐提升，从而增强企业的竞争力，巩固和提高市场占有率。

课堂互动

某药店在定制加工中药补膏的过程中，推出了"三透明"的膏方促销举措。

促销举措一：隔着玻璃看煎膏。将煎熬中药补膏的场地改造成简化的"制药车间"，消费者可以隔着玻璃，观看中药补膏制作的全过程，一只只干净的紫铜锅"一"字排开，操作工人穿着洁白的工作服在热气腾腾的紫铜锅旁忙碌着，一料补膏煎熬 3 遍，分别煎 2 小时、1.5 小时、1 小时，然后合并、压榨、沉淀、过滤、收膏。

促销举措二：两人下料渣交客。名贵药材必须由两名员工下料，并签名以示负责。假如消费者有监管意愿，可邀请他们参与共同下料。对于名贵药材煎煮后的药渣，不管消费者是否主动索取，都一律将其交还给消费者本人。

促销举措三：每味中药标清价。采用先进的计算机计价系统，标清每一味中药的价格，这套系统还有两个特点，同一张处方不能输入相同的药名；同一张处方中遇到配伍禁忌的情况时会自动报警，避免了中药补膏处方中出现重味和不当的配伍。

答案解析

思考：结合中药店的三种促销举措，请回答什么是促销？促销的作用有哪些？

（二）药品流通市场促销组合策略

药品流通市场促销有各种不同的方式，药品流通市场促销组合指医药企业在市场营销过程中，对人员推销、广告促销、营业推广和公共关系等促销手段的综合运用。促销组合运用的好坏，关系到医药企业的产品能否顺利到达消费者手中，关系到企业营销活动的成败。医药企业促销组合策略有"推动"与"拉引"之别。

1. 推式策略　就是以中间商为主要促销对象，把产品推进分销渠道，直至最终推向消费者和用户。推式策略是以人员促销和营业推广为主，将产品推向市场，即通过中间商的努力，将产品转移给消费者。其特点是药品生产企业必须首先取得中间商的信任和支持，主要采取的方式为阐明产品卖点，说明市场需求量、折扣率、促销支持等。主要适合于科技含量较高、价值较大、用途较窄的医药产品，对此类产品，需要给予较多的宣传与讲解，仅靠大众媒体的宣传消费者无法充分了解或全面认知。

2. 拉式策略　是指医药企业主要运用非人员促销的方式刺激目标消费者主动购买某种产品，从终端拉动产品销售的方法。即由消费者向零售药店和医疗单位询购，零售商向批发商要货，批发商向生产商进货的过程。其主要特点是通过广告宣传、公共关系或销售促进等方法提高产品在目标消费者心目中的知名度和美誉度，进而达到促进销售的目的。此种策略主要适用于科技含量不高、价值较小、用途广泛的产品，如 OTC 药品或普通药品。对于此类产品，消费者比较关注其品牌知名度及美誉度，宜采用拉式策略。

（三）药品流通市场促销组合影响因素

由于医药企业经营的产品不同，促销方式又各有利弊，这在客观上要求企业在营销实践中必须对各种促销方式进行组合运用。促销组合决策就是在各种不同的促销组合中确定最佳组合策略。最佳组合策略的确定应根据促销目标、医药产品和市场的特点、销售预算等因素合理选择，有机搭配。医药企业在选择促销组合时必须考虑如下几个因素。

1. 药品特性　不同性质的药品需要采取不同的促销组合策略。OTC 药品或普通药品受众广泛，面广量大，可选择性强，需要经常大量地提供产品信息，应采取以广告宣传为主，辅之以公共关系的促销组合策略；而对于处方药，消费者需要按照医生开具的处方进行购买，在制定促销组合策略时应以人员推销为主，配合营业推广和公共关系等促销方式。

2. 药品生命周期　对于不同生命周期阶段的药品，企业营销目标不同，市场竞争状况不同，消费者需求也不同，必须采用不同的促销策略，才能取得较好的促销效果和收益。

（1）导入期　促销的目的主要是宣传药品的创新性，以使顾客了解、认识产品，并产生浓厚的兴趣，因此应采用以人员促销、广告宣传为主，营业推广和公共关系为辅的促销组合方式。用人员促销来选择中间商，用广告来宣传产品的卖点。

（2）成长期　产品销售量有较大增长，竞争也随之增加，这时的促销目的是进一步引起消费者的购买兴趣，因此应采用以广告宣传为主，人员促销、营业推广及公共关系为辅的促销组合方式。广告内容应从宣传产品的新特性为主转向宣传质量和服务为主，以适应新增加购买者的心理需求。

（3）成熟期　当产品进入成熟期，市场竞争最为激烈，因此促销组合应以营业推广和公共关系为主，强调非产品因素的差异化竞争；以广告及人员促销为辅，强调本产品的优点，提高企业的声誉。

（4）衰退期　当产品进入衰退期时，销售量下降，新的替代品出现，为了节约促销费用，除营业推广为主要手段外，其他促销方式尽量减少或停止使用。这时的促销目的是让老用户继续信任，既能满足用户需要，又能实现企业营销目标。

二、药品流通市场人员促销策略

（一）药品人员促销的概念

药品人员促销是指医药企业推销人员直接向客户推销药品或提供服务的一种促销方式。人员促销虽然是一种传统的促销方式，但是在现代药品营销中，仍然是十分重要和有效的方式，是其他促销方式所不能替代的。药品是特殊商品，必须依靠专业的销售人员。从事药品推销的人员业内一般称之为医药代表。所谓医药代表是指受过医药学专门教育，具有一定临床理论知识及实践经验，具备市场营销知识及促销技能，从事药品推广、宣传工作的市场营销与促销人员。

📱 **拓展阅读**

医药代表的由来和发展

从20世纪80年代中期开始，随着我国改革开放的深入，国外医药企业纷纷进入中国市场，一大批外商独资或合资企业相继成立。外资制药公司的出现，在给中国医药市场带来先进的产品、技术、管理的同时，也带来了专业医药销售的概念。2006年，中国外商投资企业协会药品研制与开发委员会宣布，在该委员会38家会员公司全面推广"医药代表内部认证项目"，以此规范所属企业医药代表在国内药品市场的专业销售行为。

2008年，卫生部治理商业贿赂领导小组办公室起草发布了《医药代表管理规定（草案）》（以下简称《草案》），该《草案》规定：医药代表应当全面掌握医学、药学方面的专业知识及医药卫生方面的法律法规；医药代表在医疗机构中开展工作必须登记，进行业务登记后，可以推介药品、收集本单位生产或者经营药品的质量信息，包括药品不良反应信息，这种业务活动的形式可以是召开座谈会、进行专业知识讲座和发放宣传材料等。

2017年，药监总局和卫计委联合发布的《医药代表登记备案管理办法（试行）》中涉及的各相关方及要求如下："资质要求：生命科学、医药卫生、化学化工相关专业的大专（含高职）及以上学历；两年以上经验；岗前培训。"

2020年，国家药监局发布了《医药代表备案管理办法（试行）》，以规范医药代表学术推广行为，促进医药产业健康有序发展。

（二）药品人员促销的基本形式

1. 上门推销 是最常见的药品人员促销形式，主要是由推销人员携带药品样品、说明书和订单等走访客户，推销药品或提供服务，促成交易。例如，处方药的销售往往需要通过专业的医药代表向医疗机构或零售药店进行推广介绍。这种推销形式可以针对客户的需要提供直接有效的服务，方便顾客，同时又可以直接快速收集产品和市场信息，故此方式常为广大医药企业所采用。

2. 柜台推销 又称药店营销，是指医药企业在适当地点设置固定店面，由营业员接待进入门店的顾客，向其推销药品。柜台推销与上门推销正好相反，它是等客上门式的推销方式。由于药店里的产品种类较多、可以直接交易，能现场满足顾客的购买需求，为顾客提供购买方便，并且可以让顾客对企业或产品产生信任感，非处方药主要采取这种方式在药店进行推销。

3. 会议推销　是指利用各种会议向与会人员宣传和介绍产品，开展推销活动。例如，在订货会、交易会、展览会、物资交流会等会议上推销产品。这种推销形式接触面广、推销集中，可以同时向多个推销对象推销产品，成交额较大，推销效果较好。目前国内每年都会举办全国性大型药品交易会，这是众多医药企业进行产品推广的平台。

（三）医药代表的工作步骤

医药代表从初次接触客户，到成功促使客户接受产品并使用药品的完整过程包括七个步骤，每一步都有相应的技巧，实际使用时需医药代表灵活掌握。

1. 一般工作步骤

（1）开场白　寒暄、自我介绍、访问客户的原因、打扰的歉意等。

（2）探询　围绕客户的需求有目的的提问。

（3）聆听　仔细听取访问对象的观点、陈述、抱怨、问题等，找出对方的需求信息与有疑虑的地方，注意不时点头或简短重复重点部分。在不打断对方情况下，可以简明扼要地答复、解释。

（4）呈现　借助样品、说明书、文献等辅助资料或示范操作，对药品进行展示、介绍，加深医生（客户）对产品（能满足其需求的）的印象。

（5）处理异议　客户可能对产品产生诸如效果、质量、毒副作用、价格、用法用量等疑虑，或对医药企业、医药代表产生信誉、服务等异议。医药代表应根据不同异议设法加以解决。

（6）成交　注意成交信号，促进或加快成交，成交后表示感谢等。

（7）跟进　提供服务，兑现承诺，进一步发掘需求，以促进销售量提升。

上述七步过程始终贯穿了医药代表和客户之间的双向沟通，但这七个环节的完成，并不意味着医药代表的推销结束，而是下一阶段推销的开始，所以它是一个七步循环沟通过程。

2. 医药代表应具备的素质　医药代表的工作是将医药企业的产品推向市场过程中的关键环节，医药代表担负着医药企业和医院、药店等药品销售终端之间的桥梁作用，一名优秀的医药代表，应具备良好的业务素质、社会能力、身体素质、心理素质等。

（1）业务素质

1）基本修养　医药代表和客户之间的沟通既有专业知识方面的交流，也有情感方面的交流。由于客户的职业、工作性质、文化修养、所处地域不同以及兴趣、爱好、习惯等不同，要和他们建立良好、稳定而又持久的沟通，就必须找到共鸣，这就要求医药代表具有宽泛的知识面和广泛的兴趣爱好。在业余生活中，博览群书，培养自己的各种兴趣爱好，建立对生活的饱满热情。

2）专业知识　医药代表应具备医学知识，包括内、外、妇、儿等各种疾病的发病机理、诊断治疗方法等；药学知识，包括药理学、药剂学、药物治疗学等；管理和法律方面的知识，包括医疗卫生管理、药事管理、GMP、GSP、产品质量法、消费者权益保护法等；此外，还有会计学方面的知识等。医药代表应接受过正规的医学或药学教育，这对于取得客户的信赖，有效开展营销工作具有很大的帮助。

3）营销知识　医药代表要具有基本的营销知识与营销技能，并能准确分析客户心理。医药代表的工作通常是在不清楚客户是否具有购买欲望的情况下，开展说服、诱导、动员工作，使对方产生购买本企业药品的行为。所以医药代表必须学会分析了解不同客户的需求、购买行为过程，以便在满足客户需求的同时完成销售目标。对于医药代表来说，到医院的第一件事就是弄清楚谁是自己要拜访的客户，不同的客户对医药代表的工作有哪些影响，医生开处方药的基本思路怎样，医药代表如何才能说服医生使用自己公司的药品，这些都是医药代表需要了解的客户知识。

4）产品知识　医药代表要将本企业的产品客观正确地推荐给医生、药师，就必须对本企业产品的药理、疗效及其特点、用法用量、毒副作用、禁忌证等有全面的了解和掌握，成为"自己企业产品的专家"。医药代表还要对竞争产品有相当的了解，做到"知己知彼"。

医药代表面对的是瞬息万变的市场和不断发展变化的客户，所以必须不断地学习和创新。要及时、主动地从市场环境中吸收新的信息、知识和技能，要学会持续地从自己和他人的成败中积累经验，不断完善、提升自己，才能自如地应对千变万化的药品销售市场。

（2）社会能力

1）沟通能力　沟通指接受信息、发出信息的交织行为。销售过程实际上是人际沟通的过程。医药代表通过有效的交流沟通，将自己公司的产品以最佳面貌展示在客户面前，说服客户使用自己的产品，以满足医生、药师、患者等不同客户对产品的不同需要。与客户的沟通还有助于医药代表了解竞争产品的信息以及市场信息。医药代表在工作过程中，应时时处处以双赢为目的，同相关人员（同事、客户等）建立良好的个人关系与工作关系，以达到预期效果。沟通能力包括利用信息的能力、逻辑推理能力、文字能力、语言表达能力等。医药代表要能纵观全局，识别自己的工作与各环境要素之间相互影响和作用的关系，包括感知和发现环境中的机会与反机会，理解环境各要素的相互关联并找出关键影响因素，以制定多种供决策的方案，并权衡不同方案的优劣和内在风险，从而做出正确决策。沟通能力很大程度上体现在沟通技巧上，七步循环过程中每一环节的沟通技巧都是医药代表应具备的技能。

2）合作能力　合作（或称为团队合作）指的是个人或组织之间为达到共同的目标而开展的分享信息、互相帮助、优势互补、共担风险的各种行为活动。包括企业内部合作，如部门之间、上下级之间、同事之间的合作；企业外部合作，如上下游企业之间，医药代表与医生、药师、病患者之间的合作，甚至和竞争对手之间的合作等。医药代表的工作牵涉面广、职能内涵丰富，且医药行业产品销售产业链长，医药代表个人能力再强，也难以在资信高度发达、关系极为错综复杂的市场环境中做到得心应手、游刃有余。因此，想要达到目标，必须依靠团队合作。

（3）心理素质　医药代表在工作中需同时面对来自于企业内部的销售业绩压力和买方市场环境下客户的谨慎、挑剔、选择购买的压力。如何在这种内外双重压力下保持稳定的心态、行为和业绩，用能够被自己、他人和组织都接受的方法来释放压力，体现出医药代表具备的承受压力能力。医药代表尚需具备自我激励能力，自我激励能力指医药代表必须有一种内在的驱使力，使他个人想要而且需要去"成功"，有必胜的强烈信念支撑自己，遇到挫折不失望，而是更加信心百倍地工作并取得最终成功。

（4）身体素质　药品推销工作是一项艰苦的工作，不仅要求推销人员要有充沛的精力和良好的心理素质，而且还要有强健的体魄。可以说，企业的市场范围有多大，推销人员的工作范围就有多大。推销人员要完成企业的药品推销任务，就要不辞劳苦，长途奔波。因此，对推销人员的身体素质提出了很高的要求。一个合格的推销人员，必须年富力强、身体健康、精力充沛，能适应各种交通工具，这是完成推销任务的基本保证。

对医药代表来说，除具备以上四个方面的素质能力外，还必须要有对人的生命和健康的敬畏之心，要有严谨的科学态度、敬业精神和持之以恒的工作热情。还要有一颗真诚的心，以赢得客户信任，建立良好的合作关系。

（四）药品人员促销方案的制订

1. 确定药品推销人员的任务　从医药代表的职业职能来看，医药代表是医药信息传播者、药品临床信息（疗效、不良反应监测、新的药理作用）反馈者、医药企业售后服务完成者。具体来说，药品推销人员的任务有如下五个方面。

（1）根据企业的营销方针，全面、具体地负责管理指定地区的销售工作。①负责所辖地区的市场调研与分析预测，提出决策建议或研究报告供决策者参考。②掌握所辖地区的市场动态和发展趋势，并根据市场变化规律，提出具体的区域销售策划方案，以及销售流程和细则。③负责协调企业整体销售方案与所辖地区销售特点的矛盾冲突，灵活运用公司销售和价格政策。

（2）建立、扩大所辖销售地区的销售网络，根据该地区的市场特点，与该地区的主要经销商、客户建立长期稳定的合作关系。

（3）负责与所辖地区销售终端的行政管理人员的沟通与协调；负责对相关医生、药师等用药人员的信息传导、业务培训、销售督促，并根据市场变化对销售资源进行动态优化分配。

（4）建立完善的客户信息数据库，做好或协助做好销售款回款工作。

（5）根据企业的销售方针和政策，积极创新销售模式，找出既符合企业发展策略，又适合所辖地区特点的销售方法。

总而言之，医药代表必须熟悉产品知识，保证准确无误地向客户传达药品信息，树立公司良好形象；必须学习并掌握产品的有效销售技巧，通过对客户专业化的面对面拜访和产品演讲，说服客户接受公司的产品；必须在所辖区域努力完成公司下达的销售目标；必须积极与医院建立良好的合作关系，并保持密切联系；必须亲自制订并实施所辖区域的行动计划，并积极组织医院内各种推广活动；必须坚持以最低成本创造最大的销售额和市场份额。

2. 组建药品销售团队

（1）药品销售团队的结构　药品推广队伍采取何种结构体系，通常会依据企业销售区域、产品种类、客户类型三种因素来确定。①按地区划分的结构：即按地理区域配备推销人员，设置销售机构，推销人员在规定的区域负责销售企业的各种产品；优点是责任明确、有助于与顾客建立牢固的关系、可以节省推销费用；适用于产品品种简单的企业。②按产品划分的结构：即按产品线配备推销人员，设置销售机构，每组推销人员负责一条产品线在所有地区市场的销售；条件是产品技术性强、品种多且其相关性不强。③按顾客类别划分的结构：即按某种标准（如行业、客户规模）把顾客分类，再据此配备推销人员，设置销售结构；优点是能满足不同用户需求，提高推销成功率；缺点是推销费用增加，难以覆盖更大市场。④复合式的结构：即将上述三种结构结合起来，或按区域——产品，或按区域——顾客，或按区域——产品——顾客来组建销售机构或分配推销人员；通常当大企业拥有多种产品且销售区域相当广阔时适宜采取这种结构。

（2）药品销售团队的规模　销售团队的规模恰当与否直接影响到企业的经济效益。企业可以采用工作量法确定药品推广队伍的规模。工作量法包括五个步骤：①将顾客按年销售量分类；②确定顾客每年所需的访问次数，根据竞争对手或过去的经验来确定；③确定企业年总访问次数，即将每类顾客的数量乘以年访问次数；④确定一个医药代表每年可进行的平均访问次数；⑤将年总访问次数除以一个医药代表的平均访问次数，就得出企业所需要的销售团队的规模。工作量法的应用：假设某医药企业将客户按 ABC 原则分为三类，A 类为大客户，共 200 家；B 类为中等客户，共 500 家；C 类为小客户，共 300 家。A 类客户一年需要访问 36 次，B 类客户一年需要访问 24 次，C 类客户一年需要访问 12 次，估计每个医药代表的年平均访问次数是 400 次，那么年总访问次数 = 200 × 36 + 500 × 24 + 300 × 12 = 22800 次，医药代表数量 = 22800 ÷ 400 = 57 人。

（3）药品销售团队招聘与培训　企业可通过各种手段招聘销售人员，如人员推荐、人才市场招聘或应届大学生校园招聘等。一般企业都要对新招聘人员进行培训，合格后方可上岗。通常培训是为了让销售人员熟悉企业情况、产品知识，了解企业的顾客群和主要竞争对手，传授各种销售技巧等。

3. 药品销售团队的管理

（1）激励　　主要包括物质激励和精神激励。物质激励只对销售业绩优秀的人给予奖金、奖品等物质奖励，以调动人员的积极性，主要有固定工资加奖金、提成制工资、固定工资加提成三种形式。精神激励是指利用适当的机会表扬、奖赏优秀推销人员，如评选"销售之星"等，以树立典型鼓舞精神。还可以通过营造企业文化氛围来激励，通过塑造企业独特的文化氛围和共同的价值观，使员工产生认可，并自觉为企业努力工作。给销售人员提供适时的升职机会，经常倾听他们的意见，在生活上对他们关怀照顾，创建和谐的工作气氛等，都能对销售人员产生激励作用。

（2）考核　　考核的信息来源主要包括推广人员的工作报告、上级观察的结果、顾客调查结果及投诉、意见等。常用的考核形式有：销售人员的记事卡、销售人员销售工作报告、顾客的评价、企业内部员工的评价等。常见的考核指标有：销售计划完成率、销售毛利率、销售费用率、货款回收率、客户访问率、访问成功率、顾客投诉次数、培育新客户数量等。常用的考核方法有以下三个种。

1）横向比较　　即对所有药品推销人员的工作绩效进行比较和排名。这种方法简单易行，但往往有失公平，因为每个医药代表面对的市场状况、产品状况各有不同。

2）纵向比较　　即将每个药品推销人员现在的工作绩效与过去进行比较，这种方法可以看到医药代表的工作努力程度，但有时因市场的波动，会使比较的结果没有意义。

3）定性评估　　即对药品推销人员关心企业、顾客的情况，对竞争者的了解程度等进行评估，还可以对医药代表的个人性格、风度、仪表、言谈举止和气质等进行评估。

三、药品流通市场广告策略

（一）药品流通市场广告策略概述

1. 药品流通市场广告策略的概念　　广告是指一切面向大众的公开宣称，包括商业性和非商业性广告两类。药品广告是商业性广告，是指医药企业付出一定的费用，通过特定的媒体传播药品和服务信息，以促进销售为主要目的的大众传播手段。药品广告是医药企业促销的重要方式之一。药品广告概念包含了以下几点含义。

（1）广告的对象是药品目标消费者。

（2）广告的内容是传播医药企业、产品或服务信息。

（3）广告的手段是通过特定的媒体如电视、广播、报纸、杂志等发布信息，对媒体要支付一定的费用，它有别于新闻信息传播。

（4）广告的目的是促进药品的销售，以获取利润。

2. 药品流通市场广告策略的特点

（1）以信息传递为主要手段　　药品广告的基本功能是通过信息传递建立药品生产商、销售商与消费者之间的联系，有效地扩大药品销售市场。

（2）以诱导为主要方式　　药品广告通过语言文字或视觉形象，以各种诱导方式去适应顾客的心理，引起顾客的注意和兴趣，从而刺激需求，扩大销售。

（3）侧重于长期沟通　　广告的促销效果具有滞后性，它并不追求对消费者的影响有立竿见影的效果，而是注重企业与消费者的长期联系与沟通，促使消费者长期购买和重复购买。

（4）药品广告管理严格　药品广告除具一般广告的特点外，由于药品是一种特殊商品，其广告受到一定的限制，如以下药品不得发布广告：①麻醉药品、精神药品、毒性药品、放射性药品；②治疗肿瘤、艾滋病的药品，改善和治疗性功能障碍的药品，计划生育用药，防疫制品；③《中华人民共和国药品管理法》规定的假药、劣药；④戒毒药品以及国务院卫生行政部门认定的特殊药品；⑤未经卫生行政部门批准生产的药品和试生产的药品；⑥卫生行政部门明令禁止销售、使用的药品和医疗单位配制的制剂。

3. 药品流通市场广告媒体的种类　广告媒体是医药企业用来进行广告活动的物质技术手段，是进行广告宣传的必要条件。随着科学技术的不断发展，广告媒体的种类越来越多。目前使用较多的有报纸、杂志、广播和电视四大媒体。除此之外，还有以下广告媒体。

（1）户外媒体　装置在马路旁和建筑物上的大小广告牌、店铺招牌、霓虹灯、橱窗等。其特点是可以做到色彩鲜艳、图文醒目、闪烁诱人、传播面广。

（2）店堂媒体　以药店或药房营业现场为布置广告的媒体。主要表现为柜台平面或立体的小型精致的广告牌。此类广告直接影响消费者，能指导消费者购买。

（3）邮政媒体　通过邮递网把印刷品广告有计划、有选择地直接寄到消费者或用户手里，或附在杂志内寄送给客户。

（4）网络媒体　随着科学技术的发展和互联网的普及，网络广告越来越受到医药企业的重视，其特点是覆盖面广、形象生动、富有感染力、娱乐性强、宣传效果好。

（二）药品流通市场广告促销方案策划

1. 确定广告目标　企业在不同时期、不同情况下可以制订不同的广告目标。医药企业应根据市场需求状况，提出广告的具体目标。一般而言，企业会根据产品生命周期的不同阶段来确定不同的广告目标。通常广告目标有以下三种。

（1）提高产品知名度，建立初步的需求　主要是向目标市场介绍本企业药品的质量、特性、功效等，以激发消费者的初次购买欲望。以提高产品知名度为目标的广告，又称为通知性广告。当产品处于生命周期的导入期时，企业通常会选择通知性广告，目的在于激发产品的初步需求。养生堂在朵儿胶囊产品的导入期，将宣传重点放在"以内养外"美容理念的传递上，先让消费者认同该观点，再接受产品。

（2）建立需求偏好，强调有选择性的需求　这一广告目标旨在建立选择性需求，尽力为一个具体的品牌拓展有选择的需求量，致使目标购买者从选择竞争对手的品牌转向选择本企业的品牌。以此为目标的广告叫做竞争性广告。当产品处于生命周期的成长期和成熟前期时，为维持自身的地位而必须抵制竞争者时，企业就不得不做带有竞争性质的广告。

（3）提醒顾客，产生"惯性"需求　当产品进入成熟后期时，销售量达到顶峰，销售增长速度趋缓，市场基本已达到饱和状态，品牌的知名度和美誉度达到了稳定的水平，品牌已拥有了一个忠诚的消费群体。此时的广告目标是要保持消费者对产品的记忆，使消费者对该品牌念念不忘。该类广告又称为提示性广告，目的在于提醒顾客，产生一种"惯性"需求。

2. 确定广告预算　企业必须充分认识广告支出与广告收益的关系。在选择广告形式时注意广告宣传所取得的经济效益要大于广告费用的支出。我国制药企业的广告经费已达到一定的规模，目前已经占销售额的 5% ~ 10% 。但是企业广告费用的投入并不是越多越好，而是应该考虑影响广告经费预算的各种因素，采用科学的手段进行成本收益比较，尽可能以较低的成本达到最佳的效果。通常影响广告经费预算的因素有以下几种。

（1）目标市场规模　如果企业面临的目标市场规模不大，潜在客户人数少，相对地理位置集中，只需要较小的广告投入就可以达到预期效果；但如果企业面临的目标市场规模比较大，潜在客户多，相对地理又比较分散，则需要选择多种媒体进行广告投放。

（2）竞争状况　如果市场上的竞争对手很多，企业就不得不维持一个较高水平的广告投入，以便宣传力度超过竞争对手的干扰强度，影响更多的消费者。如果是刚上市的新药，而且仍然在专利保护期，竞争对手不多，则企业可适当减少广告经费预算。

（3）产品特性　处方药不允许在大众传媒体上宣传，因而无需通过大量广告来传递信息，因而广告费用较少；而非处方药面对的是缺乏医药知识的普通消费者，因此需要企业投入大量广告费用帮助消费者了解产品。此外，产品的替代性也会影响广告的投入，如果产品的替代性高，企业就不得不增加广告费用，以建立品牌的差异化。

（4）药品生命周期　在导入期，为了建立产品的知名度，使消费者对产品有印象，企业需要投入大量的广告费用，以获得宣传的效果。到了成长期，人们逐渐熟悉了该产品，这个阶段所需要的刺激因素有所减少，广告活动频率可以放慢，广告费用支出也可以有所侧重地递减。一旦进入成熟期，竞争者开始纷纷加入，为了维持消费者对本企业品牌的忠诚，企业有必要再次投入大笔的广告费用，突出宣传本企业与众不同的特色。产品进入衰退期时，应适当减少广告经费预算。

3. 确定广告信息　根据促销活动所确定的广告目标来设计广告的具体内容。要注重广告效果，只有高质量的广告，才能对促销起到宣传、激励的作用。高质量广告应该体现真实性、社会性、针对性、艺术性。广告信息决策的核心是设计有效的广告信息。一个理想的广告可以充分吸引消费者的注意力，唤起人们的欲望，促使人们采取行动。通常设计广告信息涉及到信息制作和信息表达两个方面。

（1）信息制作　企业必须首先了解什么样的广告信息才能引起消费者的注意并产生共鸣，这也可以称之为广告构思。广告构思是指突出广告主题的基本思路。

1）USP 策略　即独特卖点营销策略，是瑞夫斯在 20 世纪 50 年代提出的一种广告构思策略，强调产品的独特销售主张。市场上具有相同功能的药品不止一种时，广告必须强调差异性。USP 策略就是对消费者提出一个说辞，给消费者一个明确的利益。这个说辞必须是该产品独具的，其他竞争对手不具备或在广告中未曾表现过的。USP 策略比较适用于：①新产品、新功能出现时，将这一信息告知目标受众；②产品的功能特色在较长时间内难以被模仿；③产品专业化程度高、企业实力雄厚，产品在消费者心目中建立了良好的信誉。

2）品牌形象策略　一般来说，产品广告单纯地着眼于销量的提高，作用是短期的；而品牌形象广告不仅可以提升销量，而且为今后产品线的延伸和新产品的推出做好准备，作用是长期的。大型制药企业往往产品品种多，在广告中不可能对其产品逐一介绍，形象传播也就成为必然之选。形象宣传的另一个好处在于可以影响消费者，使消费者对一个品牌建立好感，同时也能够吸引合作伙伴，促成买卖。广告专家奥格威说："在产品内在质量难以看到，差异性不宜表达时，广告采用品牌形象表现战略是十分有效的。"

3）感性诉求策略　广告的诉求主题是对产品最具有竞争力的利益进行提炼和挖掘后得出的，通常广告诉求可以分为理性诉求和感性诉求。理性诉求是直接向消费者说明该产品的特性或使用该产品带来的利益，比如"胃痛、胃酸、胃胀，请用×××"，就直接说明了该产品带来的功效。感性诉求则不是告诉消费者产品的特性，而是通过激发消费者的情绪或情感，使消费者对产品产生好感，比如某牌胃痛宁片在广告中大胆说"胃痛，光荣！"，一下子就获得了有一定社会地位，因为忙于事业而导致胃病的消费者的青睐。现在越来越多的企业倾向于感性诉求，激发受众的心灵共鸣。"以情动人"的广告往往比单纯宣传产品功效的广告更容易吸引人。

（2）信息表达　如果说信息制作是"说什么"，那么信息表达就是"如何说"。信息表达方式要有一定的独创性和感染力，不能只是平淡无奇的客观描述。广告信息用情感化、合乎逻辑的表达方式表现出来，是一门高度灵活的艺术。一种很好的广告表现方式可以说就是"运用口号"。在纷繁的信息当中，大部分消费者唯一能够记住的或许就是一个响亮、简洁、易记且富有表现力的口号。企业需要根据产品不同的定位来确定合适的口号，此外，广告的标题必须标新立异，犹如评书中的"扣子"，要让人产生浓厚兴趣，非要解开答案不可。例如，近视治疗仪的广告标题"我把电视给砸了"就很新奇，文案通过诉说孩子看电视导致近视来切入，致使母亲生气怒砸电视，带出产品。

4. 选择广告媒体　不同的广告媒体有不同的作用，医药企业要达到预期的广告效果，必须慎重而恰当地选择广告媒体。选择广告媒体时要本着以尽量少的广告费用，取得最好的广告效果的原则。因此，必须综合考虑以下几个因素。

（1）药品的特征　选择哪种广告媒体，首先要考虑所宣传的产品的特征。对于OTC、保健品宜选择影响面广的电视、广播等大众媒体。对于处方药、化学试剂、中药材等应选择专业报纸、杂志等广告媒体。

（2）媒体的特征　不同的广告媒体其表现手法、传播范围、影响程度和传播速度各不相同，对广告效果有很大影响。因此，在对广告媒体进行选择时，必须首先了解不同媒体本身的特点，为此必须进行媒体调查。媒体调查的主要内容包括媒体的传播范围与对象、媒体的被接受状况、媒体的费用、媒体的威信等。

（3）消费者的习惯　不同的人由于职业、文化程度和习惯的不同，对媒体的接触习惯也不同。例如，对报刊等印刷品广告的接触频率随着受教育水平的降低而下降。因此，在选择广告媒体时，必须了解目标消费者接触媒体的习惯，选择他们接触最多的、最信赖的媒体。例如，中老年人比较喜欢读报，儿童喜欢观看动画片等。因此，中老年常用药品广告宜在报纸上刊登，儿童保健品宜选择在动画节目中播放。

（4）媒体的费用　不同广告媒体费用相差很大，即使同种媒体也会因覆盖面大小不同，广告费用相差很大。例如，中央电视台的广告费是省级电视台相同时间的广告费的10倍。在进行媒体选择时，既要使广告达到理想的效果，又要考虑企业的经济实力，做到以有限的广告费用取得最好的广告效果。

（5）市场竞争的状况　当医药企业处于激烈竞争的市场环境下时，要尽量选择影响面广、影响力强的广告媒介，以使企业在消费者中产生深刻印象。在对广告媒体的选择中，一方面要综合考虑上述因素，另一方面因各媒体都有其各自的优缺点，因而在实践中，医药企业往往需要同时选择几种媒介组合运用，以提高广告的总体效果。

5. 评估广告效果　广告效果是指广告对消费者所产生的影响效果。对药品广告效果的评估有利于企业更有效地制订广告策略，降低广告费用，提高广告效益。

（1）广告促销效果的测定　广告促销效果是指广告对医药企业产品销售量所产生的影响。常用的测定方法是弹性测量法，是以一定时期内广告费用的变动率与药品销售量的变动率的关系来测定广告促销效果的方法。用公式表示即：

$$E = (\triangle S/S)/(\triangle A/A)$$

式中，$\triangle S$ 为销售额的增量；S 为基期销售额；$\triangle A$ 为广告费用的增量；A 为基期广告费；E 为广告促销效果的弹性系数。若 $E>1$，则说明广告的促销效果优；若 $E<1$，则说明广告促销效果不佳，甚至有负作用。

（2）广告传播效果的测定　所谓广告传播效果是指由于广告的作用，消费者对医药企业或医药产品的认知深度的变化情况或消费者接触广告后的反应。广告传播效果主要从以下三个方面进行测定。

1）注意程度的测定　即对广告媒体的收听率、收视率、阅读率的测定。因为消费者的注意才是产生购买行为的先决条件，只有消费者注意到某一药品广告后才有可能产生购买该药品的动机，以致产生购买该药品的行为。

2）记忆程度的测定　即测定消费者对广告中的企业名称、商品名称、商标及商品性能的记忆程度，其中主要的是知名度。记住的越多、越准确，说明广告的传播效果越好。

3）理解程度的测定　即测定广告内容被消费者理解的程度。不同的广告内容通过不同的广告形式和技巧表达出来，但这种表达能否为消费者所理解是与广告效果有很大关系的。测定广告的理解程度，对改进广告表达形式和技巧有很重要的参考作用。

对广告传播效果的测定主要使用调查法，具体又分为询问调查法和表格调查法两种。询问调查法就是通过面谈或电话的方式向消费者询问他们对广告的注意、记忆、理解等情况；表格调查法是调查人员设计调查表格，分发给消费者填写的一种方法。

"白加黑"上市仅 180 天销售额就突破 1.6 亿元，在拥挤的感冒药市场上分割了 15% 的份额，登上了行业第二品牌的地位，在营销传播史上，堪称奇迹，这一现象被称为"白加黑"震撼，白加黑凭此定位进入了三强品牌之列。

四、药品流通市场公共关系策略

（一）药品流通市场公共关系概述

1. 药品流通市场公共关系的概念　药品流通市场公共关系是指医药企业为了与公众建立有利的双方关系，获得公众信赖、加深公众印象，而进行的一系列旨在树立企业产品形象的管理活动。公共关系作为一项有效的信息沟通活动，对医药企业实现其营销目标具有重要的促进作用，因而日益受到医药企业的重视。

2. 药品流通市场公共关系的特点　公共关系的核心是塑造良好的形象，与其他促销方式相比，具有如下特点。

（1）可信度高　与医药企业单纯推出药品销售广告相比，公众关系通过提升企业知名度和美誉度的促销手段，让消费者感觉报道更客观、更可信。

（2）传播能力强　公共关系的相关报道往往以新闻、采访、专题报道的形式出现，相比药品广告的信息传递方式，公众不会产生反感情绪，易于接受，传播能力强。

（3）成本较低　公共关系主要是利用信息沟通的方式进行活动，比直接做药品广告成本少得多。对医药企业而言，从投入产出比来看，公共关系是所有促销方式中成本最低的。

（二）药品流通市场公共关系策略的实施步骤

1. 确定公关活动目标　制定公关促销方案，首先要明确公共关系活动的目标。公关活动的目标应与企业的整体目标相一致，并尽可能具体，同时要分清主次轻重。一般来说，企业公共关系的直接目标是促成企业与公众的相互理解，影响和改变公众的态度和行为，建立良好的企业形象。具体的目标包括传播信息、转变态度和唤起需求等。

2. 确定公关活动对象　即本次公关活动中所针对的目标公众。药品公共关系的对象主要是医药企业所面临的公共的、社会的关系。任何一个企业要生存和发展，就必须科学地分析和处理各种社会关系，为企业的发展创造最佳的社会关系环境。医药企业公共关系的对象主要有顾客、经销商、供应商、社区、政府和媒介。此外，医药企业还应处理好与竞争对手的关系。通常认为，同行是冤家，故而竞争对手间经常是拼个你死我活。不过，现在也有不少医药企业开始认识到，与其两败俱伤，还不如携手共进，那种殊死的竞争对于双方都是有百害而无一利的。因此，很多医药企业之间的关系已逐步发展成既有竞争，也有合作。

3. 选择公关活动形式　医药企业公关部门的工作涉及方方面面，工作内容也随着对象的不同而有所差异。这些活动虽然不是在直接推销企业的产品，但对企业营销工作却起着不容忽视的作用。

（1）发现和创造新闻　公关人员的一个主要任务就是善于发现和创造对企业及其产品有利的新闻，以吸引新闻界和公众的注意，增加新闻报道的频率，从而扩大企业及其产品的影响力和知名度。医药企业可以通过安排一些特殊的事件来吸引公众对自己产品的注意，例如召开新闻发布会、研讨会、展览会，或者举行某种庆典活动、主办有奖竞赛等。除此以外，还可以通过展销会、博览会等向公众推荐产品。

（2）产品宣传报道　开展各种活动宣传介绍特定的产品，如新药品上市或药品增加新的用途时，医药企业可以制作各种宣传资料广为散发和传播，向公众传递有关企业及其产品的信息。宣传资料可以是印刷资料，如企业宣传册、年度报告、企业刊物等；也可以是音像资料，如幻灯片、录音带、录像带、光盘等。音像资料比印刷资料更为生动形象，传播信息的效果更好。

（3）参与社会活动　通过内部与外部的沟通活动，增加公众对企业的了解，理顺企业与供应商、经销商和顾客之间的关系。医药企业积极参与社会活动和支持公益事业，如赞助文体活动、捐资助学、扶贫、救灾等，能够向公众表明自己的社会责任感，从而赢得公众的好感和信任。

（4）导入企业形象识别系统（corporate identify system，CIS）　导入CIS，就是综合运用设计和企业管理的理论和方法，将企业的经营理念、行为方式及其个性特征等信息加以系统化、规范化和视觉化，以塑造具体的可以感受的企业形象。医药企业可以通过一定的媒体传播视觉化的企业形象，例如将代表其视觉的符号（色彩、字体、图案、符号等），印制在企业的建筑物、车辆、制服、业务名片、办公用品、产品包装物、文件等上面。通过导入CIS，可以促进社会公众认同企业形象，进而接受企业的产品。

（5）提供咨询服务　公关部门通过设立热线咨询电话，可以在消费者与企业之间建立一条方便、快捷的信息沟通渠道。顾客可以通过这条渠道咨询、投诉、提意见和建议等；企业则可借助于这条渠道处理顾客提出的问题，听取顾客的意见和建议，提供顾客所需的信息和服务等。这样既能提高顾客的满意度，又能密切企业与公众的关系，从而树立企业在社会公众心目中的地位和形象。

4. 确定公关活动预算　在制订活动方案时，还要考虑公共关系活动的费用预算，使其活动效果能够取得最大化。将具体的任务列为若干项目，排出时间表，并作出开支预算，以保证计划的可行性和周密性。

5. 评估公关活动效果　公关工作成效的取得，是一个潜移默化的过程，在一定时期内很难用统计数据衡量。而有些公关活动的成效，可以进行数据统计，如传媒宣传次数、赞助活动数量、覆盖面大小、接收信息目标公众的数量、公众态度转变情况等。

五、药品流通市场营业推广策略

（一）药品流通市场营业推广概述

1. 药品流通市场营业推广的概念　营业推广又称作销售推广或销售促进，指医药企业采取的能够刺激顾客强烈反应，促进短期购买行为的各项促销措施，例如药品陈列、有奖销售等活动。

2. 药品流通市场营业推广的特点　同其他促销手段相比，营业推广有如下几个显著的特点。

（1）针对性强，促销效果明显　营业推广针对特定目标市场，采取各种灵活的形式（如购物抽奖等），对消费者和中间商产生较大的吸引力，容易快速促成交易行为。

（2）非常规性，适合短期使用　人员推销和广告都是连续的、常规的，而大多数营业推广则是非规则性和非经常性的，是人员推销和广告的补充措施。营业推广虽可在短期内达到某种销售目标，但不能频繁使用，否则会降低其促销效果。

（3）如使用不当，风险性较高　由于营业推广的许多做法容易让消费者觉得销售方急于出售产品，会不自觉降低产品的身价，如频繁地使用或使用不当，会使消费者怀疑产品的质量有问题或价格定得不合理等。

（二）药品流通市场营业推广的方式

根据销售对象特征的不同，一般将药品流通市场营业推广分为针对消费者、中间商、医院三大类。对三类不同的对象可分别采取不同的灵活多变的推广方式。

1. 对消费者的营业推广方式

（1）赠送样品　即把医药产品的样品赠送给消费者让其试用。采用这种方式是让使用者认识到本产品的优越性后产生购买行为，这是推广新产品的一种有效方式。对于药品市场而言，只适用于乙类非处方药。

（2）降价销售　是用降低价格的办法来刺激消费者购买产品。通常为尽快处理积压产品或调整产品结构宜采用这种方式。

（3）赠送印花　当消费者购买某一产品时，企业给予一定张数的印花标记，凑够一定数量后可兑换某种商品。这种方式既可使消费者得到实惠，又可刺激他们的好奇心，因此比较容易达到推广目的。

（4）附赠产品　即消费者在购买某种医药产品时，企业赠送其他相关产品，比如购买碘伏赠送棉棒。需要注意的是处方药与甲类非处方药不能作为赠品。

（5）有奖销售　消费者购买医药产品后，企业发给其一定数量的兑奖券，销售金额达到一定数量时，公开抽奖。

（6）特价包装　以低于正常产品的价格提供组合包装或搭配包装的产品。

（7）健康知识讲座　组织专家或权威人士进行健康知识讲座，普及被推广药品的相关健康知识，并融入该药品的功效和机制，提高产品对消费者的吸引力。

（8）陈列与演示　为吸引消费者的注意，在销售现场增加产品陈列与演示环节，以此增加消费者对医药产品的理解和购买兴趣，特别适合于医药新产品的推广。

2. 对中间商的营业推广方式

（1）经营指导　即对销售本企业产品的中间商进行业务上的指导，促使其搞活销售，从而增加本企业产品的销售量。

（2）培训人员　即为销售本企业产品的中间商开展人员培训，使其了解药品的药理作用、不良反应及使用方法，以便于扩大销售。

（3）经销竞赛 即组织所有经销本医药企业产品的中间商进行销售竞赛，对销售量大的中间商给予奖励。

（4）产品展销会 通过举办产品展销会，展示医药产品，并邀请各地的中间商参加，达到促进销售的目的。

（5）购买折扣 在规定的期限内，每次购买都可以享受一定的折扣。主要鼓励中间商大量进货或增加新产品的吸引力。

（6）广告资助 医药企业出资资助中间商进行广告宣传，对中间商宣传本企业产品的广告费进行补偿。

随着市场竞争的加剧，营业推广促销方式已引起医药企业的重视，越来越多的医药企业运用营业推广这种促销效果强烈的促销方式，以达到短期内提升产品销量的目的。

3. 对医院的营业推广方式

（1）临床促销 在本企业药品成功进入医院药房后，积极开展对相关医生、护士、专家的临床促销工作。企业促销人员要注意礼仪及谈话技巧，并与医护人员进行产品知识与感情交流，有利于药品销售量的提升。

（2）产品推广会 企业将医院所有相关科室的医护人员及专家教授组织起来召开产品推广会，以迅速在医院中树立公司形象、产品形象，让医院领导及医务人员直接接受本公司的药品。

（3）建立销售网络 当本地区全部或大部分医院已购进本公司药品时，可对本地区的医疗系统进行促销，此种方式规模大、辐射面广、费用较高，该方式能够完善医生促销环节，建立医生网络，有助于药品销量的增加。

（三）药品流通市场营业推广方案的制订步骤

1. 确定营业推广目标 就是要明确推广的对象是谁，要达到的目的是什么。只有知道推广的对象是谁，才能有针对性地制订具体的推广方案，例如，推广是为达到培育忠诚度的目的，还是鼓励大批量购买为目的。

2. 选择营业推广方式 营业推广的方式方法很多，但如果使用不当，则适得其反。因此，选择合适的推广方式是取得营业推广效果的关键因素。企业一般要根据目标对象的接受习惯、产品特点和目标市场状况等来综合分析选择何种推广方式。

3. 优化药品促销组合 营业推广要与其他促销方式如广告、人员推销等整合起来，相互配合，共同使用，从而形成更大的营销推广声势，取得单项推广活动达不到的效果。

4. 确定推广时机 营业推广的市场时机选择很重要，如季节性产品、礼盒产品，必须在季节前、节日前做营业推广，否则就会错过时机。确定营业推广时机还要考虑产品的生命周期、消费者的收入状况、购买心理、竞争状况等因素。

5. 确定推广期限 即营业推广活动持续时间的长短。推广期限要恰当。时间过长，消费者新鲜感丧失，产生不信任感；时间过短，一些消费者还没来得及接受营业推广的实惠。

（四）制订药品流通市场营业推广方案需要考虑的因素

1. 推广的规模 推广规模的确定要考虑成本与效益的关系。推广活动要获得成功，一定规模的奖励是必要的。但如果超过一定的限度，规模的扩大不一定会带来效益的递增。

2. 推广的对象 一般来说，选择营业推广的对象时应更加重视奖励那些长期顾客。

3. 推广的途径 如何把营业推广方案向目标对象传递也是需要考虑的因素，如折价券可以直接附在产品包装中，也可以通过广告媒体进行传送、分发。两种方式各有不同的影响范围。

4. 推广的预算　预估营业推广的费用支出，可以有两种方法：一是自下而上，先确定各种具体推广方式的费用，然后相加得出总预算；二是自上而下，先确定企业促销的总费用，然后按一定的百分比来进行分配，确定营业推广的费用。

技能训练　模拟设计"药品流通市场促销方案"

【实训目的】

1. 能熟练掌握药品流通市场促销的方式。
2. 能根据实际情况采用相应的促销策略。

【实训内容】

1. 以小组为单位，联系某药品流通企业，依托该企业某种产品，为其设计"药品流通市场促销方案"。
2. PPT 演示并陈述本组方案。
3. 教师及其他各组成员进行评价、交流。
4. 各小组根据反馈意见修改、完善方案。
5. 撰写"药品流通市场促销方案"实训报告。

【实训要求】

1. 实训考评总分 100 分。
2. 药品流通市场促销策划方案按时完成（5 分）。
3. 药品流通市场促销方案适应市场、企业条件和竞争状况（30 分）。
4. 药品流通市场促销方案具有创新性、可行性（20 分）。
5. 小组汇报交流：演示文稿（PPT）按时提交（5 分）；PPT 制作条理清晰、逻辑严谨（20 分）；表达流畅（总分 20 分）。

目标检测

答案解析

一、单选题

1. 医药产品从生产者转至消费者所经历的一系列流通环节连接起来的通道，称为（　　）
   A. 消费渠道　　　　　B. 生产渠道　　　　　C. 营销渠道　　　　　D. 分销渠道

2. 传统分销渠道是指（　　）
   A. 生产商－消费者
   B. 生产商－零售商－消费者
   C. 生产商－批发商－专业批发商－零售商－消费者
   D. 生产商－批发商－零售商－消费者

3. 同一分销渠道层次的各企业之间的渠道冲突属于（　　）
   A. 水平冲突　　　　　B. 垂直冲突　　　　　C. 同质冲突　　　　　D. 多渠道冲突

4. 药品流通市场促销的主要内容是 （　　）

    A. 宣传与说服　　　　　　　　　　　B. 促进消费者购买

    C. 传递有关的信息　　　　　　　　　D. 引起消费者的注意和兴趣

5. 医药企业在报纸上刊登商业新闻，这是促销策略中的 （　　）活动

    A. 广告　　　　　　　B. 人员推销　　　　　　C. 销售促进　　　　　　D. 公共关系

6. 针对医院的营销推广方式主要是 （　　）

    A. 赠送印花　　　　　B. 有奖销售　　　　　　C. 赠送样品　　　　　　D. 临床促销

7. 在医药产品的生命周期的 （　　）阶段选用以广告宣传为主，人员推销、营业推广及公共关系为辅的促销组合策略

    A. 导入期　　　　　　B. 成长期　　　　　　　C. 成熟期　　　　　　　D. 衰退期

二、多选题

1. 医药分销渠道的作用有 （　　）

    A. 销售与促销　　　　　　　B. 仓储养护服务　　　　　　C. 融资职能

    D. 风险承担　　　　　　　　E. 信息传递

2. 激励中间商的方法有 （　　）

    A. 对利润做必要的让步　　　B. 提供多样化的优质产品　　C. 广告支持促进双赢

    D. 赋予中间商一定的权利　　E. 人员支持提升销售实力

3. 针对消费者的营业推广方式有 （　　）

    A. 赠送样品　　　　　　　　B. 降价销售　　　　　　　　C. 赠送印花

    D. 有奖销售　　　　　　　　E. 健康知识讲座

4. 针对中间商的营业推广方式有 （　　）

    A. 经营指导　　　　　　　　B. 培训人员　　　　　　　　C. 产品展销会

    D. 购买折扣　　　　　　　　E. 经销竞赛

5. 药品流通市场促销组合策略主要有 （　　）

    A. 推式策略　　　　　　　　B. 拉式策略　　　　　　　　C. USP 策略

    D. 品牌形象策略　　　　　　E. 感性诉求策略

三、简答题

1. 简述窜货的原因及控制措施。

2. 简述药品流通市场公共关系、营业推广的特点。

3. 简述药品流通市场分销渠道的类型。

4. 医药企业确定药品流通市场促销组合应该考虑哪些因素？

5. 简述药品流通市场营销人员应具备怎样的条件。

书网融合……

知识回顾　　　　微课1　　　　微课2　　　　习题

（丁路阳）

项目七　药品流通与营销实务

学习目标

知识目标

1. 掌握药品流通的顾客关系营销；药品流通的终端营销及营销实务。
2. 熟悉药品流通的内部关系营销。
3. 了解中间商关系营销。

能力目标

1. 会运用关系营销理论知识分析企业营销现状。
2. 能够基本运用药品流通终端营销方法。

素质目标

1. 遵纪守法、诚实守信，能遵守药品流通中法律法规，在药品流通营销工作中能自觉维护消费者和社会公众权益。
2. 具有吃苦耐劳、积极乐观的品质与较强的团队合作精神。

案例导入

案例： 某公司生产的儿童用药维生素 AD 滴剂，近年来因为疫情、竞争品种的增多、新生人口持续下滑、集采等种种因素，看上去都对该药品不利。但根据公司透露，从零售、电商、医院销售数据来看，在某地集采落标后，该药品的销售数据没有下滑，反而增长。该企业是怎么做到的呢？

1. 通过学术活动推广，影响医生专家，进而影响家长的购药决策。该药品绿色装针对新生儿群体，医院会在新生儿出院之前默认配备该产品；新生儿出院后的社区医生回访，也会提醒新手家长，给孩子补充该药品，每日一粒；婴儿按期体检的时候，医生也会再次提醒家长，注意补充 AD。

2. 针对集采落标，调整渠道，终端布局，方便消费者购买。院内院外、线上线下，让消费者均能买得到。电商平台某团买药搜索 AD，出来的药品前 7 屏都是该药公司的维生素 AD，不同规格、不同药店。某东买药品种会多一些，包括一些海外品牌，但该药的排位仍是最靠前，评价最多的。某健康买药也与某东买药的情况类似，付款人最多。如果询问某健康客服服用方法，客服经过一番沟通后，也会顺势推荐该药品。这背后是企业与电商平台的深度合作。如 2022 年双方签署了1.5 亿 GMV 战略合作协议。

3. 突破单一产品宣传，开创并代言一个新品类。最初，该药品的诞生完成了由鱼肝油向维生素 AD 制剂时代的跨越。上市后，其持续大力宣传 AD 同补的重要性，促进钙吸收、增强抵抗力，树立其在 AD 品类的专业度和影响力。

讨论： 该药品为什么能在集中招标采购落标后逆势增长？

任务一 关系营销

PPT

市场营销的关键步骤之一是建立有价值的客户关系。客户关系管理是现代市场营销的重要理念，主要表现为在企业内部各个部门之间的相互协作，以及企业和中间商的相互支持。

一、关系营销概述 e 微课

1983年有学者在一份报告中最早对关系营销做出了如下的定义："关系营销是吸引、维持和增强客户关系"。在1996年又给出更为全面的定义："关系营销是为了满足企业和相关利益者的目标而进行的识别、建立、维持、促进同消费者的关系，并在必要时终止关系的过程，这只有通过交换和承诺才能实现。"从工业营销的角度又将关系营销描述为"关系营销关注于吸引、发展和保留客户关系。"从经济交换与社会交换的差异角度，认为"关系营销是旨在建立、发展和维持关系交换的营销活动。"从企业竞争网络化的角度定义关系营销，认为"关系营销就是将市场视为关系、互动与网络。"

关系营销的经营哲学是，采取不同的方式对待不同的客户。企业的目的是与恰当的顾客建立恰当的关系，而了解企业的"金牌客户"是哪些人，他们有什么特点，如何进行激励，这些对关系营销的成功至关重要。关系营销目的就是培养愉快而忠诚的顾客。

（一）关系营销的分类

1. 广义的关系营销 指企业通过识别、获得、建立、维护和增进与客户及其利益相关者的关系，通过诚实地交换和服务，与包括客户、供应商、分销商、竞争对手、银行、政府及企业内部等部门和组织建立一种长期稳定的、相互信任的、互惠互利的关系，以使各方的目标在关系营销过程中得以实现。

2. 狭义的关系营销 指企业与客户之间的关系营销，其本质特征是企业与顾客、企业与企业间的双向信息交流，是企业与顾客、企业与企业间协同合作的战略过程，是关系双方以互惠互利为目标的营销活动，是利用控制反馈的手段不断完善产品和服务的管理系统。

（二）关系营销的核心

关系营销的核心是留住顾客，企业为从顾客处获得利益回报而为顾客创造价值并与之建立稳固关系，为顾客提供产品和服务，实现企业的营销目标。

二、顾客关系营销

顾客关系管理是现代市场营销的重要理念。顾客关系管理（customer relationship management）是通过提供卓越的顾客价值和满意，来建立和维持有价值的顾客关系的整个过程。它涉及获得、维持和发展顾客的各个方面。

（一）顾客关系管理的基础

建立持久客户关系的关键是创造卓越的顾客价值和顾客满意。满意的顾客更容易成为忠诚的顾客，并为公司带来更大的销售额。

顾客价值是指购买者或消费者从某一特定产品或服务中获得的利益总和，包括产品价值、服务价值、人员价值、形象价值。顾客成本是购买者为获得顾客价值而必须付出的成本，顾客成本除了货币成本之外，还包括时间成本、精神成本、体力成本。

顾客感知价值是指拥有或使用某一种商品或服务的顾客价值与顾客成本之间的差异。顾客常常根据感知价值做出相应的购买决策。

以顾客为中心的企业会比竞争者获得更高的顾客满意度，但他们并不追求使顾客满意度最大化。公司也能够通过降低其价格或增加其服务来增加顾客满意，但这样做会导致利润降低。企业市场营销的目的是在企业有利可图和顾客感知价值之间达到一种平衡。

（二）顾客关系等级

企业会根据目标市场的特点，将顾客关系分为不同的等级，根据不同的关系等级制订相应的销售计划及方案。

1. 普通买卖关系 销售人员在销售产品和服务之后，不再与顾客接触。如日常用品、廉价商品，一些企业与其客户之间的关系维持在买卖关系水平，客户将企业作为一个普通的卖主，双方较少进行交易以外的沟通，企业了解的客户信息极为有限。客户只是购买统一标准的产品，维护关系的成本及关系创造的价值均极低。无论是企业损失客户，还是客户丧失这一供货渠道，对双方均无太大影响。

2. 供应关系 企业与客户的关系可以发展成为优先选择关系。企业的销售团队与客户企业中的许多关键人物都有良好的关系，与客户之间的信息共享得到扩大，企业可以获得许多优先的机会，在同等条件下乃至竞争对手有一定优势的情况下，客户对企业仍有偏爱。要维持该等级关系，企业需要投入较多的资源，主要包括给予重点客户销售优惠政策、优先考虑其交付需求、建立团队加强双方沟通等。此阶段关系价值的创造主要局限于双方接触障碍的消除、交易成本的下降等方面，企业对客户信息的利用主要表现在战术层面，企业通过对客户让渡部分价值来达到交易长期化，是一种通过向客户倾斜来换取长期价值的模式，是一种"不平等"关系，客户由于优惠、关系友好而不愿意离开供应商，但其也会因为竞争对手更大的优惠离开供应商。决定该关系的核心是价值在供应商与客户之间的分配比例和分配方式。

3. 合作伙伴关系 存在于企业的最高管理者之间，企业与客户交易长期化，双方就产品与服务达成认知上的高度一致时，双方进入合作伙伴阶段。在这个阶段，企业深刻地了解客户的需求并进行客户导向的投资，双方人员共同探讨行动计划，企业对竞争对手形成了很高的进入壁垒。客户将这一关系视为垂直整合的关系，客户企业里的成员承认两个企业间的特殊关系，他们认识到企业的产品和服务对他们的意义，有着很强的忠诚度。在此关系水平上，价值由双方共同创造，共同分享，双方对关系的背弃均要付出巨大代价。企业对客户信息的利用表现在战略层面，关系的核心由价值的分配转变为新价值的创造。

4. 战略联盟关系 是指双方有着正式或非正式的联盟关系，双方的目标和愿景高度一致，双方可能有相互的股权关系或成立合资企业。两个企业通过共同经营争取更大的市场份额与利润，竞争对手进入这一领域存在极大的难度。现代企业的竞争不再是企业与企业之间的竞争，而是一个供应链体系与另一个供应链体系之间的竞争，供应商与客户之间的关系是"内部关系外部化"的体现。

这四类关系并无好坏优劣之分，并不是所有企业都需要与客户建立战略联盟。只有那些供应商与客户之间彼此具有重要意义，且双方的议价能力都不足以完全操控对方，互相需要，又具有较高转移成本的企业间，建立合作伙伴以上的关系才是恰当的。而对大部分企业与客户之间的关系来说，优先供应商级的关系就足够了。

很多企业都已经采用了顾客关系管理战略，它不仅能提高企业的收益，而且能最大程度地提高顾客关系的价值。顾客关系管理战略对客户信息系统提出了新的要求，以前分散独立的系统造成的许多信息孤岛，需要用集成的软件包联系起来。传统的销售自动化系统只能用于销售阶段，而顾客关系管理系统则是在整个客户生命周期（从营销活动到客户服务）的各阶段里联系跟踪客户。

三、内部市场关系营销

关系营销的目的是希望将买卖双方长期地联系在一起。为此，卖方必须向买方承诺并提供优质产品、良好的服务和适中的价格，与其建立长期、稳定的合作关系。而要做到这一点，企业内部市场必须要起到基础性作用。

（一）企业开展内部市场关系营销的作用

1. 优化组织结构 企业各部门是企业的重要组成部分，企业内部市场关系营销能够帮助企业重新审视传统的上下级关系，在组织结构中构建新的横向关系，这有助于加强企业的内部沟通，克服传统组织机构各部门间的冲突，实现企业内部各组织间的顺畅沟通，增强企业内部凝聚力。

2. 提高员工工作积极性 企业内部市场关系营销能够创造良好的工作氛围。企业内部良好的沟通氛围、民主机制能够鼓励员工畅所欲言，大胆提出自己的意见和建议，员工也能适当参与管理，这在很大程度上能大大提高员工的工作积极性，提升员工工作效率，与此同时，提高员工的满意度和忠诚度。

3. 提高员工服务水平 企业内部市场关系营销的开展提高了员工的满意度和忠诚度，企业内部人际关系得到了很大程度的提升，这有助于促使员工将自己的职业规划与公司发展紧密联系，提高员工的工作信念，形成良好的企业文化，让员工更愿意通过提高服务水平来促进公司的发展。

（二）企业开展内部市场关系营销的方式

企业内部市场对企业的发展至关重要，但这并没有引起所有公司的足够重视。部分公司管理者单纯注重公司外部市场的发展，而在战略层次上对内部市场予以忽视，企业的人力资源部门缺乏人才协调管理预见，企业部门间冲突不断升级，企业内部市场呈一片混乱态势。

部分企业虽然注重公司内部市场的管理，但是未能将内部关系营销理念贯彻始终，只注重员工对物质的追求，而忽视了员工的情感需求和精神追求，对员工的个人生活和职业生涯发展也没有充分关注。协调好内部市场员工与员工、员工与组织、组织与组织间的相互关系是对内部市场关系营销的基本要求，具体来说，企业内部关系营销要从以下几方面进行。

1. 充分激励员工 企业需要予以内部市场足够的重视，培养企业内部良好的企业文化，为员工创造一个良好的工作氛围，充分考虑员工的需求，充分激励员工。根据马斯洛需求理论，针对员工的不同情况，满足员工不同层次的合理需求，给与员工物质保障与精神激励，提供员工实现个人价值的机会，融洽企业内部人际关系，提高员工的工作积极性，增强员工的主人翁意识和责任感。

2. 重视员工的个人发展 企业须重视员工的个人发展，倡导个人发展与组织发展紧密相连。这要求企业打造员工成长发展平台，给员工提供实现个人发展的机会，让员工适当参与管理。员工的个人发展与企业的发展并不冲突，若二者能得到有效的结合，企业能更好地借助员工的力量推动公司进步，若二者无法有效结合并发生冲突，不仅会导致过高的人员流动率，也会影响公司的长期稳定发展。

3. 创造良好沟通氛围 关系营销的实施应从企业内部做起，树立正确的关系营销意识，对内部关系营销予以充分关注，增强员工满意度，提高员工主人翁意识。企业针对内部市场的关系营销需要搭建沟通平台，创造良好的沟通氛围，企业要发扬民主精神，要善于倾听不同员工的声音，鼓励下属大胆提出意见和建议，消除工作中的各种沟通障碍，建立轻松和谐的沟通环境和气氛，加强横向沟通，加强组织的统筹协调能力，提高企业的整体工作效率，实现企业的共同目标。

四、中间商关系营销

中间商是药品市场营销渠道中的广泛群体，利用中间商促进产品销售也是营销渠道中最为常见的营销模式，药品市场中间商主要由医药商业公司、社会药店、医院药房等组成。中间商是商品经济发展的产物，其简化了营销渠道机构，减少了交易次数，从而减少了社会资源的浪费。同时，中间商可通过其销售网络为生产企业搜集市场信息，及时地反馈给生产企业，以推动产品开发和技术改进。

按照中间商在商品流通中的地位不同，可将中间商分为批发商和零售商。批发商靠近商品流通的起点，其经营特点是批量购进，批量销售。零售商靠近商品流通的终点，其经营特点是批量购进，零散销售。而按照在商品流通中是否拥有所有权划分，可将中间商分为经销商和代理商。经销商是拥有一定资金、场地、人员的法人，在其经营中，通过购进商品和销售商品实现商品所有权的转移，获得相应的经济利润。代理商则是在商品流通中为购销双方提供信息服务，促成商品交易的实现，获得一定的服务手续费或佣金。

（一）药品中间商的分类

1. 药品批发商　药品批发商是专门从事药品批量买卖的中间商，目前批发商主要分为商业批发商、代理批发商和生产企业的销售部或办事处三种类型，它们在营销职能方面存在较大的差异。商业批发商，又被称为经销批发商，是指具有法人资格的独立批发企业，这是批发商的主要类型。目前药品市场上主要由各级各类药品商业经营批发公司组成，其收入来源主要是药品批发的价格差。代理批发商是不取得商品所有权的批发商类型，其收入来源主要是委托人提供的佣金，在商品的经营中通常不承担风险。生产企业的销售部或办事处主要由生产企业自设销售组织，专门经营本企业产品的批发销售业务，这种类型多见于医药工业产品市场。无论是哪种类型的批发商，其本质都是相同的，是主要从事批发经营的商业组织，不直接服务于最终消费者。其特点是：①处在药品流通的前端环节；②销售对象是医疗机构、其他批发商、药品零售商和生产企业等组织市场；③交易频次少、数量大，多以非现金结算为主。药品主要经过药品批发商进入医疗机构，他们对保障药品市场的基本供应、满足人民用药需求，起着举足轻重的作用。

2. 药品零售商　药品零售商是向最终消费者或使用者提供产品和服务的中间商。一般来说，商品只有经过零售商才能最终完成其从生产领域到消费领域的流通过程。目前，在我国主要由各种药店和各级各类医疗机构（医院、诊所）组成。随着我国医药市场日趋规范，药品除了可在社会药店和医院药房销售，还可进入部分超市和便利店（需要达到国家规定的相应条件，并严格按照批准药品范围经营）售卖。零售商和批发商的主要区别在于，零售商服务于个人消费市场，比批发商更接近消费者，从而可以方便、准确地向生产者传达消费者的需求信息。药品零售商是联系生产者、批发商和消费者的桥梁。其特点主要有：①处于商品流通的末端；②销售对象是直接消费者或使用者；③经营特点是批量进货、零星销售，交易次数多、金额小；④其经营场地与服务质量的高低，对药品的销售有很大影响。

药品零售商的经营活动与人们的生活质量密切相关，药品生产企业在选择合适的零售商时需根据药品的不同类型，并按国家相关规定制定相应的营销策略。由于处方药必须凭医生处方才可销售，因而处方药主要在医院、诊所或指定的零售药店销售，而非处方药则可将重点放在零售药店。互联网技术的发展和普及也为消费者提供了新的消费模式。尤其是相对于传统药店，网上药店可以更方便，更实惠，24小时营业，这些优势决定了网上销售的高速发展。随着我国药品管理制度的健全、社会医疗保险制度覆盖越来越广，药品零售业特别是 非处方药市场前景十分广阔。

3. 药品代理商　药品代理商是指受委托人委托，替委托人采购或销售药品并收取佣金的一种中间商。药品代理商不拥有药品的所有权，只是在买卖双方之间扮演媒介的角色，通过促成交易赚取手续费或者佣金，一般由药品商业公司或个人组成。药品代理商可按不同的依据进行分类。

（1）按代理产品分　可分为采购代理和销售代理。采购代理通常与委托人有长期的业务关系，提供进货、验货、仓储和送货等服务；销售代理则帮助生产企业销售全部或部分医药产品或服务，他们对价格、付款及其他销售条件等方面有较大的权力，其功能相当于生产企业的销售部门。

（2）按代理地域分　可分为全国总代理和地区总代理。由于地区范围的不同，其销售权利与义务也不相同。实力雄厚的药品商业公司倾向于做全国总代理，全权负责全国的药品市场开拓、销售工作，同时产品的价格制定、实物配送、资金回笼、售后服务等都由代理商承担。而代理商的义务是确保在一定时间内达到一定的销售目标。实力相对较弱的公司就会退而求其次，承担某个地区销售代理的角色。对于代理商的选择，通常是会发生在药品生产企业想开拓新的区域销售药品的情况下。一方面对于专业性很强的药品来说，在营销过程中需要专业的营销知识和技术支持，一般的经销商难以胜任；另一方面，生产企业进入全新的目标市场，很难控制新的局面，而借助代理商专业的营销网络能很快进入新市场，占领市场份额，这对生产企业提高销售效率有很重要的意义。而生产企业选择何种代理商取决于产品的销售潜力、企业的营销能力、企业对代理商的控制能力等多方面的因素。

（二）药品中间商关系营销策略

1. 制药企业和中间商建立纵向合作伙伴关系　区别于传统营销理念中的制造商和中间商处于一条利益链条上互相竞争、此消彼长的对立关系，关系营销强调制造商和中间商更多的是合作关系，降低"产—供—销"价值链上的成本，共同做大做强，实现制造商和中间商的"共赢"。

2. 制药企业和中间商采取双边关系治理模式　双方共同研究市场、开拓市场、占有市场、维护市场，共同开发新产品、制订价格、建立渠道、促进销售，实现渠道整体利益的最大化，从而获取自身的长期利益。

3. 制药企业和中间商保持较一致的组织目标　双方建立相同的价值观和组织文化，从最初的注重经济利益的财务性结合向关系更加紧密的社会性、结构性结合迈进，从而成为彼此不可或缺的部分，获得长期效益。

4. 协助中间商了解所销售药品的生命周期　中间商只有了解了药品所处生命周期的不同阶段后，才能采取相应的渠道策略、关系结合方式和治理方式，以让渠道关系双方的质量维持良好，取得长期利益。

📱 **拓展阅读** -

知名制药企业的关系营销策略

迄今已有百年历史的某知名制药企业，将"客户至上"作为企业的核心价值理念，在日常营销活动中十分注重关系营销，企业管理者意识到企业与客户的关系是最为关键的一部分，企业所有其他的经营活动，基本都是在为其服务。该公司的关系营销策略主要包括以下4个方面。

1. 学术推广会议策略 公司邀请在医学界有一定权威及学术影响力较大的主任来做报告，主讲药品的相关适用患者及产品优势。邀请小范围内的周边医院的主治及以上医师参与，通过病例讨论以及学术研讨会的形式，在最大程度上推进医生在临床用药过程中的规范性。学术推广会议能为公司带来稳固的客户基础，提高客户的忠诚度，同时可以通过学术探讨来促进医生了解企业药品知识，为客户提供较高水平的学术展示共享平台，从而巩固公司与客户之间、公司营销人员与客户之间的关系，最终达到预期的产品推广效果。

2. 病房科室会议策略 公司要求定期在病房科室中开展科室会议，邀请科室主任、高年资主治医生或者公司营销人员通过幻灯片向科室内部的医生讲解相关疾病以及药品等知识。在会议结束前还会进行互动讨论环节，可以让轮转医生和医学生向主治及以上医生请教平时在临床上遇到的问题和用药知识，进而增强医生对公司及其药品的忠诚度。病房科室会议不仅能够对拥有直接处方权的医生进行产品普及，更能深入地与临床客户进行无障碍的医学信息沟通与合作，推动产品的推广进程。

3. 患者教育策略 患者是药品的最终使用者，患者对产品的认知对于公司来说非常重要。公司营销人员在自己所负责的医院中定期邀请科室中高年资主治医生以患者教育的形式在医院病房或社区服务站点开展患者教育会议，为患者及其家属进行疾病知识方面的教育，正确认识疾病并且科学合理用药。公司也通过电话会议的形式，由临床经验丰富的医生来为患者及其家属进行健康教育。

4. 社区服务策略 社区服务策略是公司企业文化"社区精神"的体现。在社区服务站点，公司通过展览、咨询和讲座等形式为社区居民提供健康知识教育，定期展开义务血压、血脂筛查服务，使得社区的老年人提早预防疾病，增强定期检查的意识。

任务二　药品流通终端营销

PPT

药品终端指的是药品直接面向消费者的环节。在药品市场，有"第一、第二、第三终端市场"之称。第一终端是指公立医院终端，含城市公立医院、县级公立医院两大市场；第二终端是指零售药店终端，含实体药店和网上药店两大市场；第三终端主要指除"第一终端、第二终端"外的社区卫生服务中心、乡镇卫生院、民营医院、村卫生所、诊所，以及乡镇和农村药店等。

一、药品流通终端市场概述

（一）药品流通现状

根据商务部《2022年药品流通行业运行统计分析报告》，2022年全国药品流通市场销售规模稳中有升。统计显示，全国七大类医药商品销售总额27516亿元，增速同比放缓2.5个百分点。其中，药品零售市场销售额为5990亿元，药品批发市场销售额为21526亿元。截至2022年底，全国共有《药品经营许可证》持证企业64.39万家。其中，批发企业1.39万家，零售连锁企业6650家、下辖门店36万家，零售单体药店26.33万家。

2019年国家医保局印发《关于做好当前药品价格管理工作的意见》，明确深化药品集中带量采购制度改革，坚持"带量采购、量价挂钩、招采合一"的方向，促使药品价格回归合理水平。2023年11月6日，第九批国家组织药品集中带量采购有41种药品采购成功，拟中选药品平均降价58%，预计每年可节约药费182亿元，本次集采涵盖感染、肿瘤、心脑血管疾病、胃肠道疾病、精神疾病等常见病、慢性病用药，以及急抢救药、短缺药等重点药品。集中带量采购模式的深化，对医院处方药销售模式影响进一步加深，企业要顺势而行，不断调整销售政策。

（二）有效终端市场

对药品经营企业而言，要对终端市场进行分类，进而找到有效终端，有效终端应发挥以下作用。

1. 盈利作用　企业的最终目的是盈利，在细分后的终端市场上，所获得的利益应大于开发与维护的成本，才能够使企业有一定程度的盈利。

2. 宣传作用　终端市场对企业在营销活动中的产品展示、品牌宣传和企业形象应有较大的帮助，具有品牌推广价值。

3. 促销作用　企业选择的终端市场应适合开展各类促销活动，并具有较好的促销影响力。

4. 拦截作用　终端市场能够对竞争品牌起良好的拦截作用。

（三）终端市场选择

企业首先要对各个终端市场进行充分的了解和分析，再根据自身实际情况选择终端市场，进而选择适合本企业的终端市场。

1. 分析终端市场发展的趋势　在综合评价行业发展态势的基础上，充分了解终端市场结构的变化和转型，了解新型终端市场的情况，进而对终端市场进行选择和评估。

2. 评估企业资源状况　评估企业的实际资源状况，预估销售费用，并结合预期市场目标和利润，在终端市场资源配置上作出决策。资源的投入是具备一定的超前性和风险性的，因而还要考虑企业的资源储备和稳定发展。

3. 明确企业的营销战略方向　企业选择终端目标市场时应充分结合企业营销战略方向和企业营销战略服务。如果企业整体战略具有规模优势，应重点发展品牌或扩大渠道，而不必过分强调成本；如果企业的重点是获取利润、稳步前进，就不能只考虑市场占有率，而应该主要考虑投入和产出比，以获取最大的企业利润。

（四）终端市场的开发与建设

1. 核心终端市场及特征　核心终端市场是指那些与企业的长期发展有着相同的顾客服务、一致的顾客形象，并能体现企业价值的终端市场。这一"核心终端市场"应有以下特征。

（1）延伸空间一致　供货商对"核心终端市场"的掌握和控制的方法之一，是不断加粗供应链，要求"核心终端市场"的商品采购战略与供货商的研发战略达成一致。

（2）顾客战略一致　终端市场与供货商之间，服务对象应是相同的，并且对顾客而言，产品有着相同的顾客认同感。

（3）服务能力匹配　终端市场的服务能力能准确并顺利传递供货商商品的价值。

（4）形象追求一致　终端市场给顾客留下的印象，应该与供货商的追求是一致的。

2. 终端市场建设应注意的问题　①终端市场建设的生动化；②终端市场建设的优势化；③终端市场建设的标准化；④终端市场建设管理的信息化。

二、医院终端营销

（一）三甲医院的药品营销特点

按等级划分的医院销售情况各不相同，其中三甲医院是国内外药企竞相关注的目标，其市场营销具有如下特点。

1. 三甲医院占据专业处方药市场的 50% 左右。

2. 三甲医院集中了绝大部分专业处方药品种。

3. 三甲医院为大多数药品企业市场竞争的主要战场。

4. 三甲医院里，跨国制药企业产品主流治疗领域占绝对优势。

5. 三甲医院医生需求期望值高于其他级别医院。

6. 三甲医院市场细分程度高。

（二）"AAA 医院"的药品营销特点

"AAA 医院"是指那些医疗服务质量高，政府放心、社会认可、群众满意度高的大型综合医院，它可以不是三甲医院，因此该类型医院的药品营销特点与上述医院有所差异，主要表现如下。

1. 市场集中度高，基本是由几家大型药品生产企业和经营企业垄断。

2. 西药用量较大，每年超过上亿元人民币，是新药上市后的主要目标市场。

3. 集中了 50% 国内医学界各学科的权威专家。

4. 集中绝大多数临床药理基地。

5. 是新药特药等药品信息的集中地，也是药品相关信息的集散地。

6. 每年承办数场、数十场各种国际和国内学术交流会议。

7. 医院学科细化，药品市场细分程度最高。

8. 医生的专业水平较高，医学和药学等专业及相关专业知识更新速度快。

9. 药品生产企业之间的竞争最为激烈。

（三）医院终端市场营销模式

药品集中招标采购（2018 年 12 月开始实施药品集中带量采购）已经成为医疗机构主要的采购方式。企业为了适应国家政策，积极参与投标，争取让自己的产品以最优的价格入选。面向医院通常采取以下营销模式。

1. 代理销售进入医院　国内有多半数的药品生产企业，由于产品线单一，中标品种少等因素，自己没有营销团队，只能寻求在全国各地有一定销售能力的企业合作，以代理或半代理模式销售药品。

（1）全面代理模式　由药品代理商全权负责产品的销售业务，包括产品进入医院的商务洽谈、促销以及回款的全部过程。

（2）半代理模式　代理机构单独完成药品到医院的进入和回款工作，药品在医院的促销工作由企业人员完成。

2. 直接销售进入医院　这类企业通常产品线丰富，资金雄厚，有自己的经营团队，能独立完成所有销售环节。

3. 医院"药房托管"模式　"药房托管"是指医疗机构通过契约形式，在药房的所有权不发生变化的情况下，将其药房交由具有较强经营管理能力，并能够承担相应风险的医药企业进行有偿的经营和管理。公立医院药品"零加成"的政策，是"药房托管"的根本原因。这种模式以东北各省份居多。

（四）医院终端市场的营销策略

1. 产品营销　独特产品的市场驱动型模式。适用于产品差异化具有明显优势，具备独特的市场地位；营销策划的水平突出，符合客户迫切需求的市场定位，且不易被模仿。

2. 竞争营销 寻求差异化的市场驱动型模式。适用于产品差异化优势不明显，同质化的市场，采取主动细分客户需求的市场定位，但易被模仿。

3. 关系营销 文化背景下的大客户销售驱动模式。适用于针对高端客户为主要目标的营销策略，并采取相应的个体化深度服务，建立科学的客户管理体系。

4. 服务营销 具地域特点的中低层次客户销售驱动型模式。适用于针对中低端的广大客户，采取个性化服务。

三、药店终端营销

药品零售企业主要是指从药品生产企业或药品批发企业购进药品，直接销售给最终消费者，用以防治疾病的企业组织，主要包括实体药店和网上药店。

（一）药店在药品流通体系中的作用

1. 提供药品，保障患者身体健康 零售药店数量庞大，遍及城乡，消费者可以很方便地购买和使用药品，保障身体健康。

2. 提供药学服务，满足患者需求 药店不仅可以向社会提供药品，还可以提供药学服务，满足人们防病治病的需求。

3. 提供市场信息，为医药企业决策提供依据 药店是实现医药企业与消费者信息沟通的纽带，有助于医药企业及时掌握市场信息，为企业生产经营活动指明方向。

（二）药店终端市场营销方式

近年来，随着生活质量的提高，保健意识的增强，人们开始重视自我医疗，药店消费成为了药品市场新的增长点。一些常见病，人们往往选择药房购买药品，药店逐渐成为厂家的必争之地，下面就药店终端的市场营销方式做简要介绍。

1. 药店终端的开发 药店终端的开发相对于医院终端的开发要容易得多，药企一般采用的方式有三种。

（1）为单体药店直供 制药企业通过产品招商会，邀请药店的采购人员集中开会，达到宣传产品、宣传销售政策的目的，最终实现药品销售。

（2）连锁药店整体合作 由于连锁药店有覆盖较广的终端资源，也掌握着数量庞大的客户资源，通过连锁药店的品牌知名度，对连锁药店的零售人员集中培训，并给与相关的促销政策，使其在销售过程中主推本企业的药品，最终达到销量最大化的目的。因为连锁的价格统一，再加上销售人员的专业介绍，消费者容易接受本企业药品。向连锁药店直供，能帮助企业更好地完成销售指标，但连锁药店往往会让制药企业提供各种赞助及费用支持，降低制药企业的利润率。

（3）销售代表拜访开发 药品生产企业或批发企业派出 OTC 代表到零售药店当面拜访，向相关采购和销售人员说明药品卖点及优势，使药店负责人产生兴趣进而使药品进入该药店销售。这种模式需要庞大的销售团队，就是所谓的"人海战术"，国家政策导向和药店行业的格局转变，这种模式正逐渐减少。

2. 药店终端的促销

（1）控销 所谓"控销"是企业为了提升销售业绩，在渠道分销及终端动销的过程中，对药品的零售价格和货物流向实行严格控制，也就是控制渠道、控制价格和控制终端。控制价格，能保证流通渠道成员有利可图，才能保证产品的快速移动；控制渠道，不乱放货，保证货物来源的独占性；控制终端的数量，可以使药店减少同品竞争，让药店主推被控制药品，最终实现销量的增长。

（2）现场促销　现场促销包括帮助药店提供一些免费服务，如免费量血压、免费测血糖等，招揽消费者前来购买。现场促销还包括一些买赠活动，积分兑换礼品等活动。

（3）公关促销　提供拜访和慰问，直接与经理、店长、营业员建立朋友般的感情，有利于铺货和回款，有利于争取到好的陈列位置，有利于产品的快速销售。这需要掌握相关人员的个人信息，如性格、爱好、生日、家庭情况等，以便更好地与之沟通。

3. 药店终端的维护

（1）药店终端铺货　药店终端铺货的原则与要求：一是争取具有一定规模和效益的药店全部有货；二是每次铺货数量应适当；三是在铺货时，应进行详细登记；四是对个体药店及承包性质的药店也应铺货。

药店终端铺货应注意的问题：一是企业应选择具有一定的执行能力、开拓能力，并积极主动配合企业的经销商；二是参与铺货的经销商必须严格执行统一的价格体系；三是对首次铺货的药店，铺货的药品数量不宜太多。

（2）药店终端理货　产品陈列是终端市场的最佳广告。黄金档位指药品陈列于顾客平视能直接看得到的地方，一般位于货架位高 1.3～1.5m 处和透明柜台的最上层。药店终端需要送什么货物或什么时候需要补货，负责药店终端的销售人员应做到心中有数，避免药店终端断货。

四、药品第三终端市场营销

（一）概述

药品第三终端是指除县级及以上公立医院医院药房、零售药店终端之外的，直接面向消费者开展药品销售的所有零售终端。主要指城市社区卫生服务中心（站）、乡镇卫生院、村卫生室、个体诊所、乡村医生的小药箱、企业和学校的医疗保健室、农村供销合作社及商店中的常用药品销售小柜等。

1. 药品第三终端市场的特点

（1）药品多以普药为主，价格相对便宜。

（2）消费者消费能力有限，企业成本更高，利润低。

（3）市场可控，多是现款交易，经营资金压力小，风险小。

2. 药品第三终端的渠道特点

（1）销售网络复杂，一些县级和市级的小商业公司参与配送。

（2）市场点多面广，配送困难，难以形成寡头垄断。

（3）订货量相对较少，品种较杂。

3. 药品第三终端的消费者特点

（1）品牌忠诚度较高，对新品牌反应迟钝。

（2）药品宣传效应影响力较大，更容易接受广告药品。

（3）习惯性消费为主，对价格更加敏感。

（二）药品第三终端市场的开发模式

1. 企业营销团队与药品商业公司配合模式

（1）营销团队成员利用县级、市级商业公司销售人员开拓市场。

（2）共同举办会议，邀请相关采购人员前来参加订货会等。

2. 广告拉动　利用一些媒体中介，尤其是电视媒体的强力拉动。第三终端消费者对于新的药品信息来源较少，对药品信息不敏感，但更容易接受广告。

3. 自营团队直接开发　企业主要依靠自己的营销团队人员来做各种覆盖第三终端的推广工作。因为市场不够集中，很多时候需要大量的人力、物力投入。能够采取此种方式的企业，多是品种结构齐全且适合第三终端销售。

4. 借助个人代理商　各地都有一些小范围经营药品的商业公司或挂靠商业公司的中间人，他们长期与当地医药公司和乡镇卫生院合作，借助他们的力量销售企业的产品，使产品较快地达到预期。

📱 **拓展阅读** ┄┄┄┄┄┄┄┄┄┄┄┄┄┄┄┄┄┄┄┄┄┄┄┄┄┄┄┄┄┄┄┄┄┄┄┄┄┄

药品流通行业未来四大趋势展望

商务部发布的《2022 年药品流通行业运行统计分析报告》，从零售药店、医药电商、药品批发、医药物流四方面对未来趋势进行了展望。

零售药店：向以消费者服务为中心转型

随着国家医保谈判药品"双通道"管理机制的完善和定点零售药店纳入门诊统筹等政策的实施，零售药店将不断提升对接医保信息平台、电子处方流转平台等信息化建设水平，健全药品储存和配送体系，配备专业人才对患者进行用药指导。同时，零售药店也会积极拓展服务范围，开展健康体检、慢病自测、药事服务与慢病管理，对特药疾病患者提供咨询服务和跟踪回访，逐步从以商品销售为中心向以消费者服务为中心转型。

医药电商：在规范管理的基础上多样化发展

随着药品网络销售持续规范，未来线上药品销售市场规模将不断增长。零售连锁企业将加强医药电商业务拓展，逐步扩大药店服务内容和辐射半径，将线上线下服务进一步融合；互联网平台企业将强化自营、在线销售和全渠道布局优势，整合医疗和家庭健康需求，不断推进医药健康服务能力建设。

药品批发企业：加快"渠道下沉、城乡联动"

未来药品批发企业将持续完善县乡村三级药品供应与配送网络，加快"渠道下沉、城乡联动"一体化发展，提升药品供应"最后一公里"服务能力。同时，批发企业还将发挥渠道优势，利用数字技术赋能，帮助工业企业进行药品上市推广、仓储和运输管理、品牌营销等；通过提供信息系统、组织药师培训等，助力零售药店优化品类结构并提升药事服务能力；通过开展院内物流管理，帮助医院提高药品耗材等精细化管理水平。

医药物流企业：智慧医药供应链逐步健全

医药物流企业将积极应用互联网、5G、大数据、云计算等现代信息技术及先进物流设备，建设供应链订单智能管控体系、无人化视觉电子监管采集追溯平台等数字化、智能化平台，实现订单药品全流程自动化管理和药品出入库自动化操作，推进与上下游医药企业信息互联互通，提升医药供应链协同能力，加快供应链服务转型和创新，推动健全智慧医药供应链体系。

技能训练　模拟药店终端市场营销实训

【实训目的】

1. 能对药店终端市场进行研判并寻找目标客户。

2. 能掌握药店拜访技巧，向相关采购和销售人员说明药品卖点及优势，使药店负责人产生兴趣进而使药品进入药店销售。

【实训内容】

1. 药店终端市场调查与预测　综合分析本市零售药店的规模、销售实力及分布情况，根据模拟销售药品的特征，准确寻找目标客户

2. 药店拜访　应用药店拜访的基本技巧，向目标客户演示产品、介绍产品。基于拜访模拟演练，结合访前准备计划进行角色扮演练习，模拟销售药品的场景。

3. 商务谈判　自拟谈判主题，进行模拟谈判。学会倾听，学会善问，学会巧答。学会适当时候给对方制造僵局，学会打破对方制造的僵局。学会给对方作出适当的让步，学会如何获得对方的让步。最后达成共识，取得销售成果。

【实训要求】

1. 实训结束后撰写实训感悟：写一篇不少于1000字的实训感悟。要求结合拜访过程，总结成功之处，提出不足之处，进而提高拜访能力。

2. 评价标准包括模拟演练过程中学生的分析问题及解决问题的能力。

目标检测

答案解析

一、单选题

1. 建立、维持和促进与顾客和其他商业伙伴之间的关系，以实现参与各方的目标，从而形成一种兼顾各方利益的长期关系是（　　）

　　A. 直复营销　　　　　B. 服务营销　　　　　C. 关系营销　　　　　D. 体验营销

2. 消费者从某一特定产品或服务中获得的利益总和，称作（　　）

　　A. 顾客成本　　　　　B. 顾客价值　　　　　C. 顾客感知价值　　　　D. 顾客关系

3. 拥有或使用某一种商品或服务的顾客价值与顾客成本之间的差异，称作（　　）

　　A. 顾客感知价值　　　B. 顾客成本　　　　　C. 顾客价值　　　　　D. 顾客关系

4. 关系营销的核心是（　　）

　　A. 开拓市场　　　　　B. 增加服务　　　　　C. 实现利润　　　　　D. 留住顾客

5. 下列不属于药品流通终端划分类别的是（　　）

　　A. 第一终端　　　　　B. 第二终端　　　　　C. 第三终端　　　　　D. 第四终端

6. 以下不属有效终端市场的作用的是（　　）

　　A. 盈利作用　　　　　B. 垄断作用　　　　　C. 促销作用　　　　　D. 拦截作用

7. 下列不属于药店终端促销的是（　　）

    A. 倾销　　　　　　　　B. 现场促销　　　　　　C. 公关促销　　　　　　D. 控销

8. 双方的目标和愿景高度一致，双方可能有相互的股权关系或成立合资企业。是属于（　　）顾客关系水平

    A. 普通买卖　　　　　　B. 战略联盟　　　　　　C. 供应关系　　　　　　D. 合作伙伴

二、多选题

1. 内部关系营销的内容包括（　　）

    A. 充分激励员工　　　　　　　　　　　　B. 重视员工的个人发展

    C. 创造良好沟通氛围　　　　　　　　　　D. 增加市场份额

2. 医院终端市场营销模式包括（　　）

    A. 全面代理模式　　　　　　　　　　　　B. 半代理模式

    C. 直接销售进入医院　　　　　　　　　　D. 医院"药房托管"模式

3. 核心终端市场的特征包括（　　）

    A. 延伸空间一致　　　　　　　　　　　　B. 顾客战略一致

    C. 服务能力匹配　　　　　　　　　　　　D. 形象追求一致

4. 下列属于药品流通"第三终端"的是（　　）

    A. 社区卫生服务中心　　　　　　　　　　B. 乡镇卫生院

    C. 县级中医医院　　　　　　　　　　　　D. 民营医院

5. 核心终端市场与企业的长期发展相同之处有（　　）

    A. 名称相似　　　　　　　　　　　　　　B. 顾客战略一致

    C. 服务能力匹配　　　　　　　　　　　　D. 形象追求一致

三、问答题

1. 如何在内部关系营销中体现出对员工的尊重？

2. 分析顾客关系水平中供应关系和战略联盟有什么不同？

3. 结合实际分析，顾客关系管理的基础是什么？

4. 药品流通中为什么要建立有效终端市场，有什么作用？

5. 简述网上药店在药品流通中的现状和未来发展趋势。

书网融合······

知识回顾　　　　　微课　　　　　习题

（盛常富）

学习目标

知识目标

1. 掌握药品电子商务、药品网络营销的概念；药品网络消费者购买行为。

2. 熟悉药品电子商务的相关法律法规；药品网络消费者购买行为的影响因素。

3. 了解药品网络营销的现状及发展。

能力目标

1. 学会运用概念分析实际药品电子商务的运营模式。

2. 能够运用药品电子商务的相关法规进行实际案例分析。

3. 能够结合实际案例进行药品网络营销消费者行为分析，并提出对策建议。

素质目标

1. 培养学生求实务新、勤劳踏实的实干精神；能够脚踏实地、埋头苦干、任劳任怨坚守岗位。

2. 培养学生创新思考、理论联系实际、独立解决问题的能力。

案例导入

案例：某网上药店提供多渠道购买服务及交易问询。PC 端方面，垂直 B2C 和平台 B2C 发展基本均衡，平台 B2C 合作以电商为主；移动端方面，基于 APP、H5、微商城进行营销推广。老百姓网上药店未来将以同步发展自有品牌产品和对线上资源进行整合营销为主要方向，合作开启"医药+团购"模式。

讨论：该药店的运营采用了哪些电子商务模式？

任务一　药品电子商务

一、药品电子商务概述

药品电子商务（medicine electronic commerce，MEC），指药品生产者、药品经营者、医疗机构、医药信息服务提供商、保险公司、银行等药品交易活动的参与者，通过互联网络系统以电子数据信息交换的方式进行并完成的交易和服务活动。

医药电商相关科普知识

电商模式		部分广告形式		点击及转化	
B2B（business to business）	企业对企业	RM（rich media）	富媒体，如视频、flash广告	UV（unique vister）	独立访客
B2C（business to customer）	企业对个人	SEM（search engine marketing）	搜索引擎营销	PV（page view）	网站被浏览的总次数
O2O（online to off-line）	线上对线下的团购模式	SEO（search engine optimization）	搜索引擎优化	CR转化率（conversion rate）	网站访问访客中，转化的访客占全部访客的比例

二、药品电子商务的模式

（一）药品电子商务模式的分类

现有的药品电子商务，根据用户类型和流通渠道划分，可分为B2B、B2C、O2O三种类型，这三种类型商业模式各不相同，从不同角度助力药品流通行业降本增效。B2B平台连接上游供应链和下游终端的"桥梁作用"开始彰显；B2C模式凭借药品种类丰富、药品平价、下沉地区药品可及性等优势，能够更好地满足社会需求；随着处方药网售放开的政策利好，O2O送药上门模式的渗透率提升，解决了购药"最后一公里"的难题。

1. B2B模式　指为医药终端提供药品采购、配送等服务的电商平台。其商业模式为：上游药企直接到终端销售机构，打破传统多层级批发模式。以提供零售药店上游渠道服务为特色。

2. B2C模式　指提供医药产品购买服务的在线平台。其商业模式为：面对终端消费者，与零售药店形成竞争关系。

3. O2O模式　指提供从零售药店到消费者的医药配送服务。其商业模式为：依托零售药店，通过抽成，分走部分销售利润。以零售药店到消费者的配送服务为特色。

三种电子商务在商业模式、自身特点和核心价值方面的区别见表8-2。

表8-2　三种类型医药电商商业模式及核心价值区别

电商类型	商业模式	自身特点	核心价值
B2B	定义：为医药终端提供药品采购、配送等服务的电商平台	市场规模：大	提高交易效率
	商业模式：上游药企直到终端销售机构，打破传统多层级批发模式	面向群体：药店、诊所等销售机构	实现现代化的医药分销，提高销售终端与药企之间的沟通、交易效率
		服务链条：集中度高，供需传导机制顺畅，服务链条长	
B2C	定义：提供医药产品购买服务的在线平台，类似于淘宝模式	市场规模：中	价格公开透明
	商业模式：面对终端消费者，与零售药店形成竞争关系	面向群体：终端消费者	卖方直接面对最终消费者，买方通过平台在线比价，扩大消费者选择种类
		服务链条：服务不断延伸，逐渐形成用户黏性	

续表

电商类型	商业模式	自身特点	核心价值
O2O	定义：提供零售药店到消费者的医药配送服务	市场规模：相对较小	实现配送最后一公里
	商业模式：依托零售药店，通过抽成分走部分销售利润	面向群体：终端消费者	线上线下有机结合，实现药品区域内的专业化即时配送，解决消费者急需
		服务链条：从药店到消费者，市场不断下沉	

（二）B2B 电子商务模式

1. B2B 电子商务模式的含义　是企业对企业的电子商务模式。指进行电子商务交易的供需双方都是商家（企业、公司），他们使用了互联网的技术或各种商务网络平台，完成商务交易的过程。这种模式将企业的内部网，通过 B2B 网站与客户紧密结合起来，通过网络的快速反应，为客户提供更好的服务，从而促进企业的业务发展。

B2B 模式是电子商务中历史最长、发展最完善的商业模式，能迅速地带来利润和回报。该模式的利润来源于相对低廉的信息成本带来的各种费用的下降，以及供应链和价值链整合的好处。其贸易金额是消费者直接购买的 10 倍。企业间的电子商务成为电子商务领域的重头。

2. B2B 电子商务模式的优点　B2B 电子商务模式主要有降低采购成本、降低库存成本、节省周转时间、扩大市场机会等优势。

3. 常见的 B2B 运营模式　主要有垂直 B2B（上游和下游，可以形成销货关系）、水平 B2B（将行业中相近的交易过程集中）、自建 B2B（行业龙头运用自身优势串联整条产业链）、关联行业的 B2B（整合综合 B2B 模式和垂直 B2B 模式的跨行业医药电商平台）。B2B 的主要盈利模式是交易费模式、广告费模式、会员费模式、数据分析模式、供应链模式等。

📱 **拓展阅读** --

B2B 常见的几种盈利模式

1. 交易费模式　通过收取交易双方的交易手续费来获取利润。在 B2B 电子商务平台上，卖方会将自己的商品或服务发布到平台上，买方可以通过平台与卖方进行交易。当交易成功时，平台会按照一定比例收取交易金额的手续费。这种模式可以根据交易金额的多少来确定手续费的收取比例，从而实现收益增长的目标。

2. 广告费模式　通过向平台上的企业或品牌公司等展示广告来获取利润。平台可以根据企业的需求和目标用户的特点，将广告按照一定形式展示给目标用户。企业可以根据展示效果来付费，例如按照点击量、曝光量或转化率等指标进行付费。这种模式可以根据广告的展示效果来确定广告费用，从而提高广告收益。

3. 会员费模式　通过向企业或个人提供高级会员服务来获取利润。B2B 电子商务平台可以根据会员等级提供不同的增值服务，例如优先购买、专属产品、定制服务等。企业或个人可以根据自身需求和预期收益来选择会员等级，并支付一定的会员费用。这种模式可以通过提供高级会员服务来增加收益，同时也提高了用户忠诚度。

4. 数据分析模式　数据分析模式是指通过对交易数据进行分析，并将分析结果提供给企业或品牌公司等获取利润。B2B 电子商务平台可以根据交易数据来了解用户需求、购买偏好、行为习惯等信息，将分析结果提供给企业或品牌公司，帮助其进行精准营销和产品优化。企业或品牌公司可以根据数据分析结果来制定营销策略，提高销售效率和市场份额。

5. 供应链模式 通过整合供应链资源，提供一站式采购服务来获取利润。B2B 电子商务平台可以与供应商建立合作关系，整合不同供应商的产品或服务，并提供给企业用户。企业用户可以通过平台进行一站式采购，方便快捷地满足采购需求。平台可以通过采购服务提供商或供应商向企业用户收取一定的服务费用，从而实现盈利。

4. B2B 商业模式典型案例

（1）案例名称 某通医药电子商务交易平台。

（2）企业介绍 某通医药电子商务交易平台是某通医药集团旗下以医药批发、现代医药物流为主的大型 B2B 医药交易网站，为医药行业提供商品采购、物流配送等服务。2000 年，某通成立了电子商务公司，获得《互联网药品交易服务资格证书》（B2B 模式）。某通在全国范围内已成立并运营 21 家公司，专门为中小连锁、单体药店、诊所等客户提供 B2B 电商业务服务，平台实行采销一体，责、权、利到人的经营模式。

（3）企业现状 某通医药电子商务交易平台在销产品主要分为西药、中药、医疗器械、计生用品和其他生活产品五大类，销售板块包括活动专区、展销会、特供和热卖推荐四大板块。主要提供医药批发 B2B 服务，庞大的数据库成为强劲的竞争优势。截至 2023 年 10 月底，某通面向单体药店、诊所等客户的数字化分销业务规模不断扩大，电商平台 2023 年自营交易规模已达 84.93 亿元；目前平台拥有注册用户 40 万余人、活跃用户 35 万余人，覆盖全国 99% 的行政区域，成为国内领先的院外数智化交易服务平台。

（4）商业模式 药九九 B2B 电商平台通过数字化和信息化管理，建立平台数字化营销体系和品牌工业旗舰店运营，实现工业企业参与平台营销及供应链价值体系构建；通过 15 万 + 会员客户和 3000 + 地推团队，建立平台线上线下一体化推广与运营能力，实现终端市场深度覆盖和精准触达；平台提供特有的"Bb/BC 仓配一体化"物流服务、"一站式"交易服务以及供应链金融服务，以提升客户体验，促进公司由传统医药分销业务向数字化医药分销业务快速转型。

（三）B2C 电子商务模式

1. B2C 电子商务模式的含义 "商对客"模式，即商家通过互联网电子商务交易平台直接面向消费者销售产品和服务的模式。如去网上药店买药，该网上药店（商家）通过网上交易平台直接面向消费者销售药品、提供服务（产品信息咨询、问病荐药服务等）的模式是 B2C 电子商务模式。

2. B2C 电子商务模式的优点 B2C 电子商务模式下，其商品信息都在互联网上，理论上只需要在全球任何一个角落有一台连上网的电脑，就可以进行商品或服务的销售。这让其拥有很多传统商业无法比拟的优势。主要表现有以下 6 点。

（1）全新时空优势 全天 24 小时营业，无销售时间限制，购物销售时间由消费者自己决定。且随着物流行业的飞速发展，产品从商家传递到消费者手中的时间越来越短，更多地吸引了消费者选择 B2C 模式的购物。对于国际品牌产品的购买，更可以借助 B2C 模式，以更少的成本将产品接入到互联网全球的任何一个角落。这种全时空的优势，可更大程度、更大范围地满足消费者的需求。

（2）全方位展示产品或服务的优势 B2C 模式可以借助网络媒体的多种性能，全方位展示产品或服务的外观、形状、品质和性能等所有内容，有助于消费者全面完全地理解产品或服务后再购买。另外，互联网的界面是无限大的，因此 B2C 模式可以进行海量产品的展示，让消费者能有更多的选择。

（3）便捷的商品查找和比较优势　互联网全面具体、时效性强、成本低的特点吸引了大量消费者的进入，但海量信息却让消费者头疼，如何让消费者简单获得所需要的产品或服务，B2C 模式的多电商平台智能化比价系统应需而生。该系统的出现，可以让消费者更加理性地判断商品价格的合理性，对商品的整体效果进行评价。同时，之前购买过该产品消费者的评价与意见也能为后续消费者的购物提供相对客观的参考依据。

（4）深入了解客户群体的优势　B2C 模式的在线即时互动式沟通，使得购买产品或服务的消费者更易表达自己的评价。一方面，这种评价能使商家们更深入了解用户内在需求和潜在需求。如通过数据采掘技术，商家通过分析消费者的日常购买行为数据，就能对消费者进行用户画像，更清楚了解客户群体的具体需求、对产品或服务的满意程度等，以便商家更好地改进和升级产品或服务；另一方面，这种与零售商的即时互动沟通，能很好地促进商家和消费者之间的密切关系。

（5）相对较低的成本优势　B2C 模式的商家是一个虚拟的中介机构，其运营不会产生传统的店面、装修、货架等实物成本，它的成本主要在于网站的建立、软硬配件的购置、网络使用、平台使用和人力成本，与传统商业的成本相比相对低廉。且互联网的双向信息沟通交流功能，也为商家在广告宣传、市场调研、交易等方面节约了费用。因此 B2C 模式低成本的门槛优势，吸引了越来越多的企业进入。

（6）存货相对较少的优势　尽可能消除库存和尽可能展示产品在传统商业中是一对矛盾体，但 B2C 模式商家无需大量进货，只需做好与生产厂家、消费者的网络链接，买卖双方保持快捷方便的信息传递即可，极大地降低了企业的库存成本。且在交易过程中，商家可以在接到用户订单后再向生产厂家订货，采用预购、订购方式，更能最大限度地控制库存、减少流通成本。

3. 常见 B2C 运营企业的类型　一般而言，B2C 电子商务网站由为顾客提供在线购物场所的商场网站、为客户所购商品进行配送的配送系统、负责顾客身份确认及货款结算的银行及认证系统三个基本部分组成。其运营企业的类型主要有以下几种。

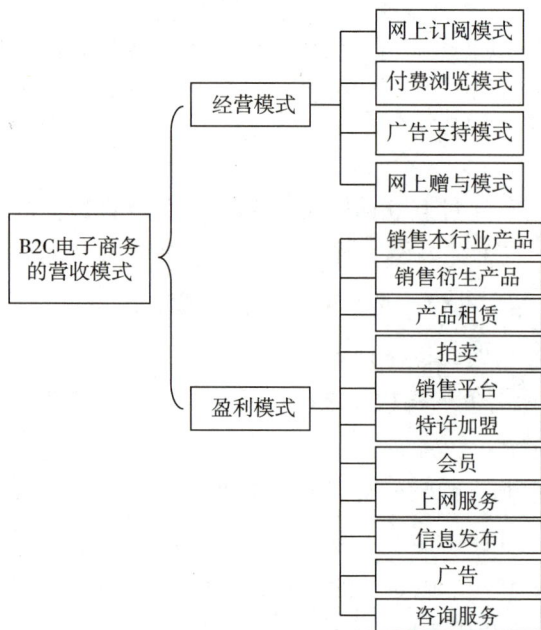

图 8-1　B2C 电子商务的营收模式

（1）经营离线商店的零售商　企业有实实在在的商店或商场，网上的零售只是作为企业开拓市场的一条渠道，并不依靠网上的销售生存，如沃尔玛。

（2）没有离线商店的虚拟零售企业　网上销售是他们唯一的销售方式，他们依靠网上销售生存。

（3）商品制造商　商品的制造商采取网上直销的方式销售商品，给顾客带来价格优势及个性化定制，减少库存积压。

（4）网络交易服务公司　专门为多家商品销售企业开展网上售货服务，需要广泛地吸收会员，实际是个交易商城，中介的平台。

4. B2C 的营收模式　B2C 的营收模式以网上订阅、付费浏览、广告支付、网上赠与等为主要经营模式，在盈利方式上，有销售本行业产品及衍生产品、产品租赁、拍卖、信息发布、广告、咨询服务等多种方式。详见图 8-1。

5. B2C 商业模式典型案例

（1）案例名称　AL 健康。

（2）企业介绍　AL 健康是 AL 集团在大健康战略布局中的旗舰平台，2016 年启动医药电商自营业务，之后向线上医疗服务倾斜，不断推陈出新，包括推出健康险业务及打通 18 个城市的线上医保支付等。

（3）企业现状　AL 健康业务主要包括医药自营、医药电商平台及医疗健康和数字化服务业务。其中，B2C 的自营（1P）业务及数字营销业务确认为医药自营业务条目，将 B2C 的线上平台（3P）业务确认为医药电商平台业务，将在线问诊、消费医疗及追溯业务归纳到医疗健康服务与数字基建条目。其中，数字基建业务以 2016 年起建立的"码上放心"追溯平台为主，通过为药品、疫苗等医疗用品赋予追溯码，实现对医疗健康产品生产、流通、使用全生命周期的追溯。详见图 8 - 2。

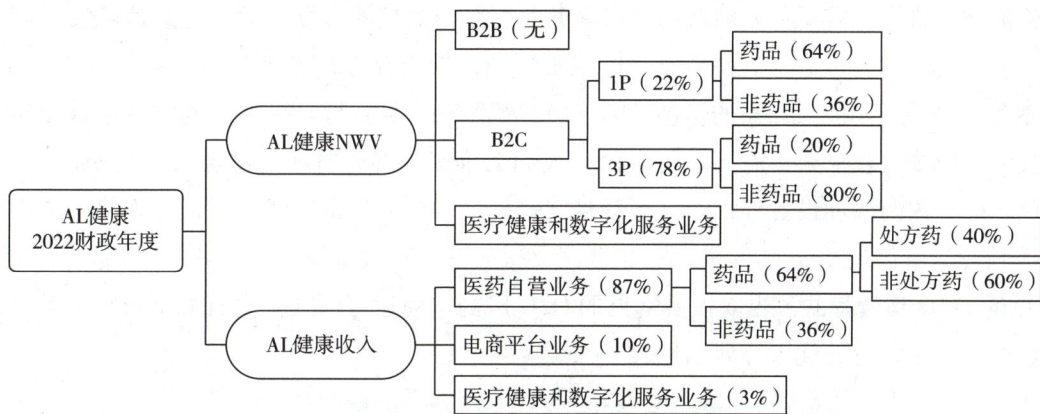

图 8 - 2　AL 健康 2022 财年的总营收及收入拆分测算

（4）商业模式阿里健康采用三种运营模式　自营（1P）、线上平台（3P）和全渠道运营（O2O）。本部分仅解析 B2C 的自营（1P）和线上平台（3P）模式。

1）自营业务模式　AL 健康的医药自营业务侧重于慢病用药和处方药，AL 健康可以利用 AL 集团丰富的用户流量有效扩大用户群和品牌影响力。例如，Z 用户可以通过主页或搜索功能轻松访问 AL 健康服务。AL 健康还与 AL 旗下生活服务类平台积极合作，布局本地生活终端服务。

2）平台业务模式　AL 健康的电商平台类目全方位满足消费者大健康产品需求，截至目前，其运营类目包括从 AL 集团收购的医疗器械及保健用品、成人计生、隐形眼镜、保健食品、特医食品以及医疗及健康服务类目，同时继续提供滋补保健品相关类目的代运营服务。

（四）O2O 电子商务模式

1. O2O 电子商务模式的含义　O2O 电子商务即 ONLINE 线上网店 OFFLINE 线下消费，商家通过免费开网店将商家信息、商品信息等展现给消费者，消费者在线上进行筛选服务并支付，线下进行消费验证和消费体验。该模式的主要特点是商家和消费者都通过 O2O 电子商务满足了双方的需求。中国服务业电子商务领域每年有数十万亿交易额，市场上还没有强大的竞争对手，该领域属于蓝海市场。

2. O2O 电子商务模式的优缺点

（1）O2O 的优点　O2O 业务连接线上平台与线下药房，可以更好地满足用户紧急用药需求。针对用户的不同需求，O2O 业务提供当日达、次日达、30 分钟、7×24 小时快速等多项服务。O2O 服务业领域覆盖面广、企业数量庞大、地域性强，很难在电视、互联网门户（新浪、搜狐）做广告，而 O2O

电子商务模式完全可以满足这个市场需要。一方面，对本地商家来说，通过网店传播得更快、更远、更广，可以瞬间聚集强大的消费能力，也解决了团购商品在线营销不能常态化、实时化的问题，商家可以根据店面运营情况，实时发布最新的团购、打折、免费等服务优惠活动，来提高销售量。另一方面，对消费者来说，通过线上筛选服务，线下比较、体验后有选择地进行消费。不仅满足了消费者个性化的需求，也节省了消费者因在线支付而没有去消费的费用。还避免了定制类实体商品与消费者预定不符，一旦质量低于预期，甚至极为低劣，消费者就会处于非常被动的境地。再者，对服务提供商来说，O2O模式可带来大规模高黏度的消费者，进而能争取到更多的商家资源。

（2）O2O的缺点 O2O的机会很多，但这对企业的线下拓展能力、资金、资源、技术（销售前中后的技术支持）等要求也会非常高，其缺点具体表现为：一是服务质量控制困难，线下服务的质量难以控制，如果出现服务质量差的情况，会对品牌形象造成损害；二是市场竞争激烈，由于线上销售的便利，市场竞争非常激烈，需要不断创新和升级服务才能获得更多的市场份额；三是信息安全问题，需要消费者提供个人信息和支付信息，如果安全措施不到位，就会存在信息泄露的风险；四是不可预测性，O2O模式不可预测性，不能对商家的营销效果进行准确的统计和追踪评估；五是消费验证复杂，到店验证和消费验证的模式比较复杂，需要采用多种方式如二维码扫描、打印优惠券等，但都有各自的弊端，且终端多种多样，需要增加设备等；六是运营难度较高，需要一家家签署协议，且如果模式太复杂，很难持续运营下去。

3. 常见的 O2O 运营模式 当前，最常见的 O2O 医药电商运营模式主要有如下五种，其对应的代表电商、商业模式以及各自的优劣势展示见表 8 – 3。

表 8 – 3 常见的 O2O 运营模式对照表

模式名称	商业模式	优势	劣势
全产业链 O2O	将药企、药店、消费者联通	价值、品牌建设、配送速度等具有优势	资金压力大、工程量大、扩张速度慢
医药 B2C + O2O	仅为自己的连锁药店搭建平台	进货成本、物流配送、医保结算、处方药销售、品牌建设等具有优势	需要有覆盖面较广的实体店
自建物流平台 O2O	重资产模式，与线下连锁药店合作，自建物流团队	发货灵活、物流配送标准化，易提升服务质量；线下合作药店也可节约配送成本	资金压力大；无法把控药品质量；无法把控药店库存，有下单断货和积压库存的风险
依托连锁店物流 O2O	轻资产模式，订单由线下连锁店自己配送	节约物流配送成本，易进行规模扩张，快速完成全国布局；在速度和质量上占优势	难以把控配送服务的质量，药店需要 O2O 平台帮助其培训配送员
抢单模式 O2O	轻资产模式，由打车 APP 派生而来	资金压力小	药店对小单缺乏抢单积极性；消费者的急性需求无法得到满足

4. O2O 商业模式典型案例

（1）案例名称 DD 快药。

（2）企业介绍 DD 快药是一款基于 O2O 的医药健康类互联网产品，协助药店提供便民服务需求的第三方信息展示平台。

（3）商业模式 在这个追求生活品质的时代，DD 快药以用户为中心，以健康为导向，提供了一种全新的购药体验，让健康更加便捷。DD 快药不仅首创"网订店送""网订店取"的线上线下一体化运营模式，解决了用户"急、懒、夜、专、私"的健康用药痛点，更基于线下自营药房、线上医药平台、自有配送团队以及自建的专业医师药师团队，围绕终端用户的消费场景，建立起"在线问诊"＋"网订店送"的健康新生态，提供涵盖"急需用药、慢病复诊、未病养护、家庭健康"在内的健康全场景服务。通过自营智慧药房、自建专业药品配送团队，DD 快药可以为用户提供核心区域 7×24 小时营业、1 分钟找到医生、28 分钟送药到家的医药服务。

三、我国药品电子商务发展的趋势

（一）我国医药电商政策环境趋势

1. 我国采用集中式监管，政策尚在逐步完善中 从医药电商政策对比看，我国跟海外的医药监管政策方面存在一定的差异。我国采取集中监管的方式，国家药品监督管理局负责整体的监督管理工作，包括实施法规的制定、行政许可的审批、日常监管等，地方监管部门负责各地的具体监管工作，其他部门进行配合。而美国采用多元化监管的方式，即强调政府、市场、社会之间的相互协作。英国采用政府与行业协会保持长期协作，良性互动的方式进行监管。各国监管模式的差异与各国现行医药体制有关，见表 8-4 中外医药电商政策对比。

表 8-4 中外医药电商政策对比表

项目	美国	英国	中国
主要立法	1. 国会出台《2008 瑞恩·海特网上药房消费者保护法案》 2. 部分州也进一步完善了立法，出台了适合本州的更为严格的规定	除了电商相关法律外，具体到网上售药服务，有《药品法》《药剂师法》，对药品的销售、供应和广告、药剂师的服务等进行规定	由人大制定基本的法律，国务院下属国家食品药品监督管理局负责具体行政法规的制定
监管方式	1. 采取政府监管和合作监管相结合的方式。FDA 为主管机构，负责执行《联邦食品、药品和化妆品法案》，FTC 对网上药店宣传进行监管，海关和美邮监管管制药品进口和国内药品邮寄，各州药房委员会监管药师及药房是否合规 2. 在合作监管方面，国内 NABP 制定网上药房认证计划（VIPPS），认证条件严格，国际方面 FDA&FTC 联合打击跨国违法网站售药行为	1. 政府和行业协作相结合。英国药品与健康产品管理局（MHRA）监管网上药店销售和供应行为，打击销售假劣药品的网上药店，并与政府及行业自律机构合作对药品广告进行监管 2. 英国皇家药学会（RPSGB）通过制定伦理准则、标准指南及实行相关计划来指导和规范网上药店和药剂师的服务，广告监管行业协会（含 ASA、PAGB 等）机构负责对广告总体及 OTC、处方药广告等进行监管	集中式监管。国家药品监督管理局负责行政许可资格审核、监督管理等工作。地方人民政府负责各地方监督管理工作 其他相关部门根据《互联网信息服务管理办法》对互联网信息进行监管
能否医保支付	能	能	上海、广东、江苏等多个省市互联网医院都已开通医保在线结算功能，线上脱卡支付，药品配送到家
能否销售处方药	能	能	否
电商销售品类	处方药、OTC、健康品	普通销售目录药、药房药、处方药	医疗器械、保健品、OTC

2. 医药电商政策逐步开发，将进入发展快车道 自 2017 年以来，医药电商相关政策颁布频率提高，中国医药电商政策呈逐步放开的趋势。从最初的禁止网上售卖药品到 2022 年《药品网络销售监督管理办法》（国家市场监督管理总局令第 58 号），"落实药品经营企业责任，明确药品网络销售平台责任，对处方药网络销售实行实名制，先方后药，按规进行处方审核调配"等，在药品推广、院内市场、院外市场药品网络销售等上-中-下游领域不断推动中国医药电商发展，行业将进入发展快车道。中国医药电商领域相关法律法规和部分互联网医院医保支付流程见表 8-5 及表 8-6。

表 8 – 5　中国医药电商领域相关法律法规

颁布时间	法律法规	带来的影响
2017 年	关于在公立医疗机构药品采购中推行两票制的实施意见（试行）	上游 – 药品推广：推行两票制，压缩药品流通环节，降低药价，促使医药供应商寻求拥有高效供应链能力的销售及市场推广渠道
2017 年	关于全面推开公立医院综合改革工作的通知	中游 – 院内市场：药占比降至 30%，药品"零加成"的改革使医院盈利下降，加大流通企业回款压力，药品销售更多向院外转移
2018 年	关于促进"互联网 + 医疗健康"发展的意见	下游 – 药品网络销售：探索医疗卫生机构处方信息与药品零售消费信息互联互通、实时共享，促进药品网络销售
2019 年	药品管理法	下游 – 药品网络销售：网售处方药部分解禁
2020 年	关于推动药品集中带量采购工作常态化制度化开展的意见	中游 – 医药电商：促使制药厂商等的分销战略向线上转移，为医药电商带来未中标品种红利
2020 年	关于深入推进"互联网 + 医疗健康""五个一"服务行动的通知	下游 – 药品网络销售：积极鼓励发展互联网健康医疗服务，大力推进电子处方流转、药品网络销售等服务
2021 年	关于建立完善国家医保谈判药品"双通道"管理机制的指导意见	下游 – 院外市场：通过定点医疗机构和定点零售药店两个渠道，满足谈判药品供应保障、临床使用等方面的合理需求，并同步纳入医保支付的机制
2021 年	关于服务"六稳""六保"进一步做好"放管服"改革有关工作的意见	下游 – 药品网络销售：在确保电子处方来源真实可靠的前提下，允许通过网络销售，除国家实行特殊管理的药品及处方药
2021 年	"十四五"时期促进药品流通行业高质量发展的指导意见	中游 – 医药电商：到 2025 年，药品流通行业培育 100 家左右智能化、特色化、平台化的药品供应链服务企业
2022 年	药品网络销售监督管理办法（国家市场监督管理总局令第 58 号）	下游 – 药品网络销售：落实药品经营企业责任，明确药品网络销售平台责任，对处方药网络销售实行实名制，先方后药，按规进行处方审核调配

表 8 – 6　部分互联网医院医保支付流程

地区	媒介	适用人群	业务流程
上海	微信公众号、APP	常见病、慢病复诊患者	①实名认证；②在线复诊；③上传病历、描述病情、用药现况；④医生开具处方；⑤药师审核；⑥医保结算、自费支付；⑦医院进行药品配送
广东	微信公众号	常见病、特定慢病复诊患者	①在线建档；②发起需方申请；③自付挂号费；④医生开具处方；⑤药师审核；⑥医保结算、自费支付；⑦医院进行药品配送
江苏	APP	常见病、慢病复诊患者	①开通医保线上交付，绑定就诊卡；②预约挂号，选择问诊方式；③在线复诊；④医生开具处方；⑤选择取药方式；⑥医保结算、自费支付；⑦药品配送
浙江	APP	心血管内科、内分泌科等 10 个科室复诊患者	①实名注册；②在线复诊；③描述健康状况、提交就诊资料；④医生开具处方；⑤选择取药方式；⑥医保结算、自费支付；⑦医院药师审核、调配处方；⑧药品配送
武汉	微信公众号	10 大重症慢病复诊患者	①提交身份及医保信息；②在线复诊；③上传、填写病历及用药需求；④选择药店、配送方式；⑤医生问诊；⑥开具处方；⑦处方统筹分配到定点药店；⑧药店审核信息；⑨患者支付自付费用；⑩医保经办机构与药店结算；⑪药品配送

（二）我国医药电商正从稚嫩走向成熟，呈现繁荣多元特征与整合规范趋势

医药行业作为保障国计民生的基础性行业，必须严格遵循国家相关政策，医药电商也不例外，其发展历程受政策影响明显。2001 年药品招标采购催生了医药电商 B2B 的平台思路，2011 年之前行业处于探索时期，大量厂商涌入并尝试布局。2012—2015 年市场进入成长期，政策不断开放，更多医药企业通过互联网渠道进行推广与销售。2015 年后行业进入深化发展期，商业模式逐渐成型，两票制、带量采购等政策不断为 B2B 电商加码，促使药品流通的线上线下融合加快，市场进一步形成差异化竞争格局。2025 年后预计进入应用成熟期，行业形成进入壁垒，行业巨头集中化趋势明显。中国医药电商的发展历程见图 8 – 3。

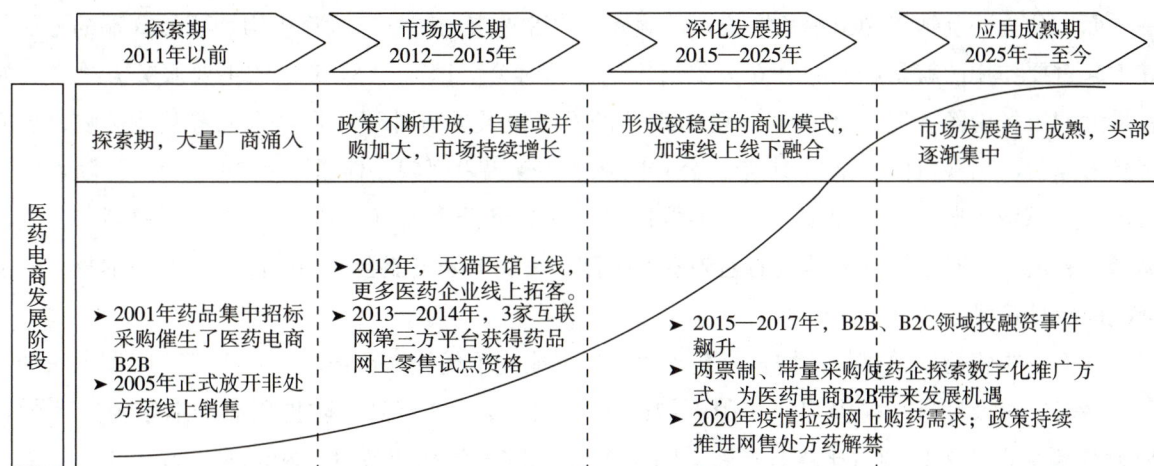

图 8 - 3　中国医药电商的发展历程

（三）我国医药电商的运营模式主力集中在 B2C

B2C 分为自营式和平台式，B2C 的主力在平台式 B2C。在产业层面，线上医药平台拥有用户认知、流量入口、数字消费等优势，且逐步形成了"以患者为中心"的服务生态。2020—2022 年，药品线上销售风生水起，第四终端异军突起。国家统计局数据显示，2022 年全国网上零售额达 13.79 万亿元，同比增长 4%。某经济研究所数据显示，2022 年线上医药销售额为 2924 亿元，同比增长 34.1%。据 Sandalwood 中国电商监测数据，2023 年上半年，中国药品零售电商市场依然保持高速增长，规模达到 326 亿元，同比增长 29%；其中，中成药同比增长 34%，西药增长 26%。

（四）B2B 是我国医药电商交易主体，且受国家调控影响巨大

我国医药电商的 B2B 业务在 2021 年市场规模突破两千亿元，市场处于新一轮探索期。2016—2021 年间，医药电商 B2B 市场增长迅速，2019 年 B2B 模式交易规模突破千亿元。2020 年之后受疫情影响，电商购药成为首选，医药电商 B2B 乘势而起，实现高速增长，2021 年市场规模达到 2072 亿元。在市场成长性方面，目前医药电商 B2B 服务的对象多为药店、诊所、民营医院等。医药流通行业促进了流通行业集中度提升，电商 B2B 将迎来高质量发展。此外，院外市场发展迅速，采购量大幅增加，医药电商 B2B 市场规模将进一步扩大。因此可以预见，在政策与市场不断完善的综合作用下，中国医药电商 B2B 市场规模 2025 年预计达到 3758 亿元，发展空间巨大。见图 8 - 4。

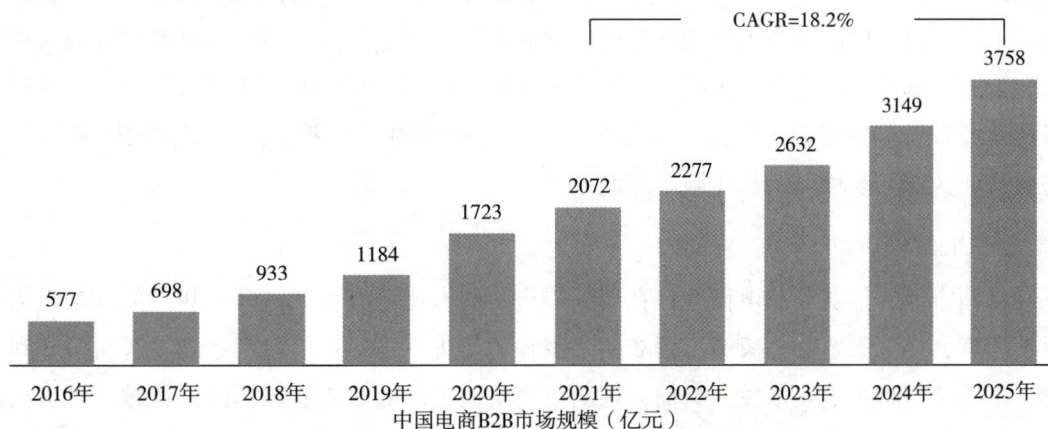

注释：报告所列规模历史数据和预测数据均取整数位（特殊情况：差值小于1时精确至小数点后一位），已包含四舍五入的情况；增长率的计算均基于精确的数值进行计算。

图 8 - 4　2016—2025 年中国医药电商 B2B 市场规模

一方面，公立医院销售额出现负增长，份额逐渐向院外市场转移。医疗机构是药品 B 端的主要销售方，其中起重要作用的就是广大的公立医院销售端，同时公立医院也是 B2B 的主要服务方之一，始终占据着最大的市场份额。但在 2020 年，随着疫情的发生以及处方外流、带量采购等政策影响，公立医院销售额增速首次出现负值。至 2021 年，公立医院销售额仍未回归，体量不及 2018 年。伴随着对公立医院市场医疗总费用增长率（原则上增速不得超过 10%）和药占比（不高于 30%）的控制，公立医院销售额增长趋缓，一时之间处方外流的趋势逐渐明显，医院未来可能会更加回归医疗业务本身，药品销售逐渐流向院外市场。

另一方面，零售药店数量保持增长，差异化布局形成竞争优势。疫情之下，零售药店作为医药物资供给网点最多、可及性最强的窗口，作用更加凸显。在防疫相关药品、防护用品和消杀类产品的带动下，2020 年零售药店销售额占比略有上涨，同时 2016—2021 年药店数量不断增加，2021 年增长率达到 6.3%。随着处方外流等政策的持续推进，药店将凭借其全渠道覆盖、专业的药诊服务、完善的会员管理体系、便利的布点网络等优势，积极布局以承接政策红利，迎来更大的发展机遇。

国家不断出台相关政策以规范药品流通市场发展，在处方外流等的推动作用下，医院内药房的利润逐渐降低，日趋回归成本中心这一定位，处方外流或将在政策的大力推进下成为长期趋势，提供巨大的市场增量空间。零售药店将通过处方流转平台助力处方的互联互通，进而承接重大利好。目前，益药、微医、微问诊等的处方流转平台已经进行深入布局，医院开具电子处方后，处方可以依托处方流转平台直至药店，从而打通处方外流渠道。在这一巨大的市场机遇面前，零售药店应尽早布局以承接处方外流红利。

四、药品电子商务的特点

医药电商主要在政策、商品、客服和支付 4 个方面区别于传统电商。

（一）严格监管

在政策方面，医药电商属于政策严格监管的行业，政府在资格审查、药品审查和物流监督环节上对医药电商企业保持高标准要求，行业政策敏感性高。

（二）专业客服

在客服方面，更强调专业性，一方面专业化的客服能够为购买者提供有力的信息咨询服务，提升购买的体验；另一方面，也能够为平台的长期健康发展提供基础保障。对于医药电商的客服人员，除具有相关销售知识和电脑操作技能外，需要对消费者提出的有关用药方面的问题提供详尽的药品信息、不良反应、服药禁忌以及药品保管等信息咨询服务。此外，对于向消费者提供专家咨询服务的专家从业人员，还需要从业执照、职称、工作年限等限制条件。

（三）潜在空间大

在发展空间方面，目前药品电商销售在药品零售中的占比还有较大提升空间，部分是因为处方药未开放等政策因素，而更重要的是决策流程和购买流程需要进一步优化。特别是随着医药分开和电子病历等的推进，医药销售将会真正暴发。目前，医药电商所销售的商品主要包括医疗器械、计生用品、医药和保健品四大类。其中药品类别由于在政策上处方药销售暂未开放，而处方药占比巨大，所以医药电商在商品规模上仍有较大市场空间。

（四）或促生新型支付

在医保支付方面，医保结算无法与医药电商进行挂钩，会限制部分消费者的药品线上消费，未来或将有更为畅通的支付形式产生。目前，医保结算仅授权于个别线下实体药店，未来随着政策的放宽，医药电商将结合医保结算，产生不同于传统电商的新型支付形式。

任务二　药品网络营销与消费者分析

PPT

一、药品网络营销概述 📱 微课1

（一）网络营销

1. 网络营销的概念　网络营销是依托网络工具和网上资源开展的市场营销活动，是将传统的营销原理和互联网特有的互动能力相结合的营销方式，是企业传统市场营销在网络时代的延伸和发展。它包括网上针对网络虚拟市场开展的营销活动、在网上开展的服务于传统有形市场的营销活动，以及在线下以传统手段开展的服务于网络虚拟市场的营销活动三种形式。

2. 网络营销的特点

（1）网络营销具有传播范围广、速度快、无时间地域限制、内容详尽、形象生动、双向交流、反馈迅速、无店面租金成本等特点。

（2）网络营销是一种"点对点营销"。网络营销中，商家与顾客之间的沟通互动是双向的，商家对顾客能很好地实现点对点交流，且借助互联网信息技术，可以清晰记录顾客的浏览和消费数据、交流信息、关注要点等，在点对点的双向互动中，很好地保持长期交易关系，实现保持老顾客、吸引新顾客的目标。

（3）网络营销是一种"整合营销"。传统营销组合单向链是"市场调研（probing）—市场定位战略（positioning）—4P营销策略（产品策略 production、价格策略 price、渠道策略 place、促销策略 promotion）—反向营销控制（reverse marketing control）"，在网络营销中，其营销过程还强调从顾客需求角度分析网络消费者购买大数据，从顾客的需求和期望（customer）、购物费用（cost）、购买方便性（convenience）和顾客交流信息（communi‐eation）的4C角度对传统营销组合进行补充和完善。因此，网络营销是更关注顾客需求与满足的整合营销。

（4）网络营销是一种"软营销"。互联网的互动、实时特性，让广告"软化"进入顾客的关注信息里，让顾客主动搜寻相关产品信息。如微信公众号中推送的各种软文信息、热播电视剧中原班人马的软广告、淘宝网站根据顾客之前搜寻信息相关产品的推送等，都充分体现了网络营销的"软"性特点。

3. 网络营销常见的几种方式　随着互联网影响的进一步扩大，人们对网络营销理解得进一步加深，越来越多网络营销推广成功案例出现，人们已经开始意识到网络营销的诸多优点，并越来越多地通过网络进行营销推广。

（1）搜索引擎营销　即 SEM（search engine marketing）网络整合营销。即通过开通搜索引擎竞价，让用户搜索关键词，并点击搜索引擎上的关键词创意链接进入网站或网页进一步了解其所需要的信息，然后通过拨打网站上的客服电话、与在线客服沟通或直接提交页面上的表单等来实现自己的目的。

（2）搜索引擎优化　即 SEO（search engine optimization），指的是在了解搜索引擎自然排名机制的基础上，使用网站内或网站外的优化手段，使网站内搜索引擎的关键词排名提高，从而获得流量，进而产生直接销售或建立网络品牌。

（3）软文营销　软文广告顾名思义，它是相对于硬性广告而言，由企业的市场策划人员或广告公司的文案人员来负责撰写的"文字广告"。与硬广告相比，软文之所以叫做软文，精妙之处就在于一个"软"字，好似绵里藏针，收而不露，克敌于无形。

（4）自媒体营销　自媒体又称个人媒体或者公民媒体，自媒体平台包括个人博客、微博、微信、贴吧等。有的平台会为企业量身定制，根据企业实际情况，提供行之有效的自媒体解决方案，提升企业公信力的同时，帮助企业运维自媒体内容。

（二）药品网络营销

1. 药品网络营销的概念　药品网络营销是医药企业依托网络工具和网上资源开展的关于药品市场营销活动，是将传统营销的原理和互联网特有的互动能力相结合的药品营销方式。和普通商品网络营销相比，其特殊性在于销售的产品和服务是关乎人民身体健康和生命安全的药品。

2. 我国药品网络营销未来发展趋势　随着我国药品网络营销的不断深入发展，未来将表现出以下发展趋势：①药品行业细分程度将不断提高；②药品网站将提供更加专业和深入的服务，其盈利模式也将多元化；③药品行业网站将不断融入最新的互联网信息技术；④药品行业网站间的兼并重组现象将会愈演愈烈。

二、药品网络消费者分析　ⓔ 微课2

药品网络营销的目标消费者主要是两类群体：医生和患者。一方面，由于中国医疗体制的原因，医药企业60%～70%的药品是处方药，经由医院医生处方销售；另一方面，药品的终端消费者是患者，也是真正的使用者，这是药品网络营销最重要的目标群体。随着近些年患者对自身疾病和所用药品信息关注度的不断提升，铺天盖地的OTC类药品广告、种类繁多的处方药，患者内心的需求是借助医药学专业知识辨别各种药品的实际功效，网络营销中全方面信息的展示和双向互动交流功能，能很好地满足患者查询、咨询的需求，将赢得越来越多患者的信息获取认可，进而改变购药习惯。

通过深入分析药品网络消费者的群体特征、购买动机、购买过程和影响因素，可以更切实地了解消费者需求。

（一）药品网络消费者的群体特征

1. 年轻、个性　目前网络用户多以年轻用户为主，学历水平相对较高。这类人群拥有独立的见解和想法，思想和喜好独特，个性化需求越发明显。因此，药品网络营销的企业应加强对该类群体对药品的需求调研，挖掘其独特需求和潜在需求，针对性地提供产品和服务，能很好地满足这类群体的个性化需求。

2. 冷静、理性　由于网络用户以大城市、高学历年轻人为主，不会轻易受到舆论的影响，对产品尤其是药品会运用专业知识、网络查询技术等进行理性的分析与判断。因此药品网络营销的企业应尽可能多提供一些资料和数据，佐证企业产品的治疗和疗效，增强消费者对产品和品牌的信任。

3. 时尚、猎奇　年轻的网络用户爱好广泛，喜欢新鲜事物，对多方面未知领域都保持着强烈的求知欲望和永不疲倦的好奇心。因此，在国家政策允许的情况下，医药企业的药品网络广告可以尽可能选择消费者登录频率较高的网站、APP或微信公众平台等发布。

4. 好胜、缺乏耐心 由于网络用户以年轻人为主，他们搜索信息时会追求信息全面性、专业性、准确性的同时，更追求信息获取的便捷性，因此，若药品网络信息的获取不直接、链接传输慢，可能会让大部分缺乏耐心的消费者关闭链接窗口，起不到网络广告宣传的效果。

药品网络用户的这些特点，对于企业产品的网络营销决策、实施都非常重要。医药企业想通过网络营销方式吸引顾客，保持持续竞争力，就须对目标区域的网络用户进行深入分析，了解他们的特点，制定相应的对策。

（二）药品网络消费者的购买动机

购买动机是指消费者为满足一定的消费需求而引起购买行为的愿望或者意念，是推动人们购买活动的内部驱动力。药品网络消费者的购买动机可以分为两大类：需求动机和心理动机。

1. 需求动机 是由需求而引起的购买动机，在虚拟的网络空间中，人们参与网络营销的需求主要表现为以下两个方面。

（1）兴趣需要 人们出于好奇和能获得成功的满足感而对网络活动产生兴趣。

（2）聚集交流需求 网络给予相似经历的消费者聚集一起、相互交流买卖信息和经验的机会。如一些医药企业会主动建立一些病友交流的社区论坛、BBS，既方便病友相互交流聚集、交流传播药品使用经验，又促进了企业与患者之间的情感交流、促进药品销售。

2. 心理动机 是由于人们的认知、情感、意志等心理因素而引起的购买动机。主要体现在理智动机、感情动机和惠顾动机三方面。

（1）理智动机 具有客观、周密和控制性的特点。这种购买动机是消费者在反复比较在线商城商品后产生的，如价值较高的高档药品、保健品、医疗器械等产品的购买过程，消费者往往表现为货比三家后选择性价比高的产品购买。

（2）感情动机 是由于人们的情绪和感情所引起的购买动机。这种动机分为两种类型：一种是由于人们喜欢、满意、快乐、好奇而引起的购买动机，具有冲动、不稳定的特点；第二种是由于人们的道德感、美感、群体感而引起的购买动机，具有稳定性和深刻性的特点。

（3）惠顾动机 是建立在理智经验和感情之上，对特定的药品网站、广告、医药产品产生特殊信任和偏好，从而产生重复、习惯性地前往访问并购买产品的一种动机。由惠顾动机产生的购买行为，一般是网络消费者在作出购买决策时心中已首选确定了购买目标，并在购买时克服和排除其他同类产品的吸引和干扰，按原计划确定的购买目标实施购买行动。具有惠顾动机的网络消费者，往往是某一站点忠实的浏览者，因此，医药企业应注重对老顾客的惠顾和其带领新顾客进入时的回报。

（三）药品网络消费者的购买过程

电子商务的热潮使得网络购物成为一种新型的药品个人消费模式，消费者在虚拟的网络购物环境中浏览、搜索、分析相关药品信息，最后作出决策和购后评价。因此，药品网络消费者的购买过程分为如下五个阶段：确认需求──信息搜集──比较分析──购买决策──购后评价。

1. 确认需求 网络购买过程的第一步是激发需求，当消费者的需求被激发且被确认时，就会产生购买该药品的欲望。作为医药企业，在展示药品相关信息时，要从消费者角度思考、激发该产品与消费者相关的现实需求和潜在需求，设计相应的促销手段去吸引更多消费者浏览网页、点击查询相关信息、激发并确认需求。

2. 搜集信息 当需求被激发和确认后，对该产品信息的全面搜集是消费者购买行为的第二步。信息搜集的渠道主要有自身信息来源（亲朋好友的信息来源）、经验来源（自己曾经的切身经历或使用经验）、商业信息（促销广告信息、产品介绍等信息来源）以及公众来源（媒体报道、社会评价等信息来源）。这些不同信息的全面搜集，会直接影响到第三步消费者信息分析比较的结果。

从信息来源的可信度评价，对消费者而言，经验来源的信息可信度最高，其次是自身信息来源和公众来源，商业信息来源的可信度最低。因此，互联网双向互动交流功能中，消费者问题咨询、商家问题解答、消费者评价等信息都是药品网络消费者信息搜集的一方面，对消费者最终产生购买行为的影响程度较高。

3. 比较分析　搜集的海量信息中，消费者会在第三步进行信息拣选和评价分析，因为消费者会结合自身购买能力和实际需求进行信息与产品的匹配，主要会从产品功能、性能、可信度、款式、价格、售后服务等多方面进行分析和评估。

消费者对产品信息评估会使用到的内心天秤是"顾客让渡价值"。顾客让渡价值是指顾客总价值和顾客总成本之间的差额。顾客让渡价值越高，顾客满意度越高，反之，顾客让渡价值越低，顾客满意度越低。其公式可以表述如下：

$$顾客让渡价值 = 顾客总价值 - 顾客总成本$$

$$顾客总价值 = 产品价值 + 服务价值 + 形象价值 + 人员价值$$

$$顾客总成本 = 货币成本 + 时间成本 + 体力成本 + 精力成本$$

顾客最希望购买到"物美价廉"的产品，即以最低成本获得最大价值，因此当顾客让渡价值高时，他就会产生"满意"，反之，则"不满意"。企业应加强对顾客让渡价值的理论与实践研究，从而提升企业在市场中的竞争实力。

根据顾客让渡价值的分析，我们可以看出，药品网络营销的企业应在提供的信息中展现出更高的顾客获得总价值、更低的顾客付出总成本，由此将赢取消费者更高的顾客让渡价值，顾客内心评价越高、越容易作出购买决策。

4. 购买决策　评价分析后，消费者就会开始考虑购买决策的问题了，这是消费者购买过程的第四步。一般而言，药品网络消费者在决策购买某商品时，都具备了以下三个条件：对药品经销商或药品生产企业有信任感、对产品有好感、对网络支付环境和方式有安全感。分析网络购物消费者与传统购买消费者心理时发现，网络购买者在进行购买决策时往往表现出更理性、受外界影响小、决策速度更快等特点。

药品网络消费者的购买决策内容主要包括5W1H，即who（购买者、谁购买）、what（购买对象、购买什么）、why（购买目的、为什么购买）、when（购买时间、何时购买）、where（购买地点、何地购买）和how（购买方式、如何购买）。

课堂互动

2023 年保健品市场电商销售数据

2023 年，提升免疫力的保健产品热度飙升，益生菌销量同比增长 84%，蛋白质/氨基酸相关商品销量同比大涨 94%，乳铁蛋白相关商品销量同比增长 347%。其中有 1/3 的消费者是 30 岁以下的年轻人，成为我国膳食营养补充剂的消费主力，带动了行业从产品端、渠道端和需求端发生全面变革。

　　T公司发布2023年一季报显示，公司实现营收31.08亿元，同比增长36.30%；归属净利润10.30亿元，同比增长55.27%，单季盈利10.30亿元，创下公司的历史新高。B公司也迎来了开门红，其2023年一季报显示，公司实现的营收和归属净利润分别约为2.32亿元、4478.32万元，同比分别增长58.73%、43.99%，环比亦有明显涨幅。K公司发布2023年一季报显示，公司实现营业收入21.31亿元，同比增长25.27%；实现归属于上市公司股东的净利28,420.97万元，同比增长175.17%。报告期内，公司自我保健产品业务实现营收11.15亿元，同比增长52.33%，其中：非处方药业务实现营收9.67亿元，同比增长55.6%，健康消费品业务实现营收1.48亿元，同比增长33.9%。

　　随着国民健康意识提升带来了增强免疫力等品类产品市场需求增长。主要品牌中，综合保健的T品牌和主打益生菌的L品牌均实现较大幅度增长。今年第一季度业绩确实受到短期需求激增影响，在持续性方面，膳食营养补充剂人群渗透率在过去几年有明显提升，2022年第四季度渗透率更是大幅攀升。2023年，国民健康消费意愿和需求已经上升至新高度，营养保健食品消费人群年龄阶层不断扩大，中青年人群对于营养保健食品的消费需求亦在快速上升，市场需求旺盛。B公司在2022年第四季度实现营业收入2.06亿元，其中维生素C品类、蛋白粉、益生菌等相关保健食品销量大增，一定程度上为公司带来较好的经营业绩。紫檀数据（Sandalwood）显示，一季度线上保健品板块保持强势，T品牌、B品牌旗下产品增长强劲，较去年同期分别同比增长54%、106%和494%。2023年3月，辅酶Q10、蛋白粉的销售仍处于高位，令T品公司、J公司和G公司受益。

答案解析

　　思考：请结合所学内容分析，上述案例中会影响医药保健品网络消费者购买决策内容的5W1H分别是什么？

　　5. 购后反应　购买商品后，消费者的购后反应过程开始产生。

　　（1）未收到所购买的药品　消费者会评估商家的服务态度、物流速度等方面，开始对商家服务方面的评估。

　　（2）收到药品未使用前　会从药品的包装、完整性、专业性、赠品等方面开始对商家专业服务的评估。

　　（3）使用药品后　会对药品的疗效、毒副作用、性能、售后服务等方面进行产品本身的评估。

　　消费者的购后反应只有"满意"和"不满意"两种，介于其间的"无所谓、勉强可以"等其实属于"不满意"的范畴。消费者只有在"满意"的购后反应后才会产生"重复购买"和"推荐他人"的购后行为，而"不满意"的购后反应则往往会出现"抱怨""投诉""诉讼""负面宣传"等影响企业品牌形象、社会评价的负面行为，且网络营销的宣传范围和传播速度更快，影响更甚。因此，药品网络营销企业更应该注重对消费者的购后反馈和售后服务。

　　（四）影响药品网络消费者行为的主要因素

　　药品网络消费者行为的影响因素主要有产品特性、产品价格、购物便捷性和支付环境安全性，其中购物支付环境安全性的要求越来越高。

　　1. 产品特性　目前，药品的网络体验性较弱，而医疗器械的网络体验参与性要求较高，不宜在网上销售。

　　2. 产品价格　网络营销的公开性、广泛比较性、透明性和平等性等特性在价格方面体现得淋漓尽致，制约了现实市场中企业通过价格来获得高额垄断利润的可能。在药品网络营销的平台上，企业会设置"价格讨论区"，与顾客面对面议价；或通过电子邮件、其他平台竞价等方式进行议价。以此提高消费者议价能力、提升选择权，交易过程更直接有效，消费者购物体验会更深刻。

3. 购物便捷性 是网络营销区别于传统营销的最大特点，主要体现在时间上的便捷性和商品挑选范围的便捷性。尤其在多个药品采购平台上，消费者或采购企业能随时随地、足不出户、货比三家地进行精心挑选到品质最好、价格最合适、最适用的产品。对于便捷性而言，越发挑剔的消费者会从打开网站链接的复杂性、界面的整洁性、信息获取的直接性等方面进行考量，因此，企业应该设计更易操作的网络界面。

4. 支付环境安全性 从目前的信息技术的发展进程中来看，我国信息技术的发展还不够完善。相应的网络技术水平、速度以及相应的网络安全管理都有待提高。在互联网电子商务的平台上，主要的交易方式就是网银支付或者其他支付平台进行支付，由于我国网络信息技术设施没有得到完善的发展，致使利用网上支付的方式很容易成为黑客攻击的对象，患者的支付信息得不到相应的安全保障。只有网络信息技术设施得到相应完善的发展，才可以从根本上解决医药电子商务平台交易的安全问题和患者在线支付的安全问题，进一步地提升药品零售在互联网中的快速发展。

技能训练　认知和体验药品网络营销

【实训目的】

1. 通过本次实训，认知什么是药品网络营销，理解与传统药品营销的区别与联系。
2. 运用 5W1H 感受药店网络营销所提供的主要服务，如果存在问题，请提出你的思考和建议。

【实训内容】

任务1 医药网络营销岗位认知。用"网络营销""网络推广""微博营销"等关键词进行网络搜索，了解与医药网络营销有关的岗位数量、岗位名称、职业素质与能力要求，完成以下对照表，并形成自己对医药网络营销的岗位认知。

职位名称	北京	上海	深圳	广州	武汉

【思考】

（1）哪些城市对于医药网络营销人才的岗位需求较多，原因何在？

（2）医药网络营销人员应该掌握哪些知识？具备哪些技能？

（3）结合自身实际，如果未来你要在本岗位工作，你应从哪些方面着手准备？

任务2 医药网络营销工作流程的认知。搜索关键词"医药网络营销岗位工作流程"或"医药网络营销策划"，了解目前医药网络营销公司提供的服务和岗位工作流程，并总结归纳医药网络营销岗位的工作流程。

公司名称	网址	岗位工作	服务项目	工作流程	流程优化建议

【思考】

（1）医药网络营销公司提供的服务项目主要集中在哪些方面？

（2）哪一家网络营销公司的工作流程最优，为什么？

（3）对其他公司的工作流程优化，有什么建议？

任务3　浏览医药网络营销的平台网站，从顾客角度，运用5W1H原则，解析和比较不同平台的医药网络营销策略。

（1）进入A平台，购买自己喜欢的三件药品，其中每件药品必须要有不同数量，然后选择一种适合自己的付款方式，并记下订单号。点击客服咨询，询问药品信息和用药注意事项。

（2）进入B平台，购买自己喜欢的三件药品，其中每件药品必须要有不同数量，然后选择一种适合自己的付款方式，并记下订单号。点击客服咨询，询问药品信息和用药注意事项。

（3）进行两个平台同件产品价格和专业咨询服务的对比。

目标检测

答案解析

一、单选题

1. 药品生产者、经营者与个人消费者之间，通过信息网络系统以电子数据信息交换的方式进行并完成各种商务活动和相关服务活动的方式，被称为（　　）

A. 传统商务　　　　　B. B2B 电子商务　　　　C. EDI 电子商务　　　　D. 药品电子商务

2. 分别从药店、医院和普通消费者的药品零售或健康咨询，应属于（　　）模式

A. B2G　　　　　　　B. B2C　　　　　　　　C. B2B　　　　　　　　D. C2C

3. 互联网药品交易服务企业的类型不包括（　　）

A. 药品连锁零售企业　　　　　　　　　　B. 医疗机构

C. 药品生产和批发企业　　　　　　　　　D. 医药宣传媒体

4. 互联网药品信息服务资格证书，有效期为（　　）年

A. 1 年　　　　　　　B. 3 年　　　　　　　　C. 5 年　　　　　　　　D. 6 年

5. 企业建立药品电子商务试点网站必须具备多项条件，下面哪项是错误的（　　）

A. 关键岗位工作人员具有一定的药品专业知识，且有执业药师负责网上咨询

B. 直接参与药品经营，可以从药品差价中获得利益

C. 有能力对上网企业所提供资料的真实性进行审查，并对审查失责负责

D. 完整保存交易记录

二、多选题

1. 互联网药品购销模式（　　）

　　A. 网上药品订货会、补货会（药交会）　　B. 药品机制招投标采购（医疗机构、代理机构）

　　C. 社区服务交易　　D. 药店连锁经营

2. 互联网药品交易服务企业类型有（　　）

　　A. 独立的第三方企业（第三方中介）　　B. 药品生产企业

　　C. 药品零售连锁企业　　D. 药品批发企业

3. 对医药电子商务的监管应注意（　　）

　　A. 合法性问题　　B. 合理性问题

　　C. 质量保证问题　　D. 支付安全问题

4. 网上药店申请过程，涉及下列哪些机构（　　）

　　A. 工商局、食品药品监督管理局

　　B. 中国金融认证中心

　　C. 中国国际互联网信息中心、电信局或信息产业部门

　　D. 公安机关和交通部

5. 以下属于医药电子商务特点的是（　　）

　　A. 标的物交易过程全部或部分在网络环境下王处，但交易主体必须通过权威机构认证

　　B. 可方便地实现匿名随意购买药品

　　C. 交易双方必须具备符合法律法规要求的资质

　　D. 交易范围、行为与方式均必须完全符合相关法律法规要求

三、问答题

1. 请举例说明医药电子商务有哪几种服务模式?

2. 简述医药产品网络消费者的心理特点。

3. 请说明传统商务与医药电子商务是如何相互影响和相互促进的。

书网融合……

| 知识回顾 | 微课1 | 微课2 | 习题 |

（付晓娟）

项目九　药品流通服务人员策略

📖 学习目标

知识目标

1. 掌握药品流通服务内部营销；药品流通服务有形展示策略。
2. 熟悉药品流通服务人员的职责、内部管理及药品流通服务人员的培训。
3. 了解关键流通活动过程及流通服务作业系统。

能力目标

1. 学会药品流通服务过程的管理与控制方法。
2. 能对药品流通服务人员进行内部管理。
3. 能对药品流通进行有形展示管理。

素质目标

1. 具有良好的服务意识，能积极履行药品流通服务人员的职责。
2. 具有敬业奉献精神，并在药品流通服务中体现出良好的风度与修养。
3. 具有较强的团结合作能力，秉承终身学习的理念，持续激发创新创造力。

▶▶ 案例导入

案例："医养结合"就是把专业的医疗技术检查、先进设备与康复训练、日常学习、日常饮食、生活养老等相融合，以医疗为保障，以康复为支撑，边医边养、综合治疗。推进医养结合是优化老年健康和养老服务供给的重要举措，是积极应对人口老龄化、增强老年人获得感和满意度的重要途径。

2022年7月21日，国家卫生健康委等11个部门印发《关于进一步推进医养结合发展的指导意见》，其中提到要加快推进医疗卫生与养老服务紧缺人才培养，将老年医学、护理、康复、全科等医学人才，养老护理员、养老院院长、老年社会工作者等养老服务与管理人才纳入相关培养项目。鼓励普通高校、职业院校增设健康和养老相关专业和课程，扩大招生规模，适应行业需求。大力开展医养结合领域培训，发挥有关职业技能等级证书作用，进一步拓宽院校培养与机构培训相结合的人才培养培训路径。鼓励为相关院校教师实践和学生实习提供医养结合服务岗位。强化服务监管，多部门协同推进机制，动员社会力量广泛参与，以养老服务为基础，以医疗卫生服务为支撑，推动医养有机衔接，完善和落实各项政策措施。

讨论：在我国深入实施健康中国战略，聚力打造医养健康产业之际，如何实现药品流通过程的高质量服务？

任务一 药品流通服务人员参与策略

PPT

一、药品流通服务人员及内部营销

（一）药品流通服务人员

1. 药品流通服务人员的职责 药品流通服务人员作为药品流通与营销领域中至关重要的一环，承担着确保药品安全、有效、及时地流通至患者手中的重要使命。其工作涉及药品从进货、储存、配送到售后服务的全过程，要求其具备高度的责任心、专业知识和良好的沟通协调能力。

（1）遵守药品相关法律法规 药品流通服务人员要持续学习、熟悉并遵守国家关于药品流通的相关法规和标准，确保药品流通的合法性和合规性，防范法律风险。要配合相关部门进行药品监管工作，确保药品流通环节的安全。

（2）市场信息收集与分析 药品流通服务人员应具有灵敏的市场信息收集和分析能力，持续关注行业动态，收集竞争对手、政策法规、市场需求等方面的信息，为公司的战略决策提供数据支持。通过分析市场信息，评估药品的市场潜力，为公司新药的引进和推广提供建议。

（3）药品采购管理 药品流通服务人员负责根据市场需求和库存情况，与药品供应商进行沟通和谈判，确保药品的及时采购和供应。同时，对药品进行分类、存储和管理，确保药品的质量和安全。

（4）药品验收管理 药品流通服务人员负责接收并仔细验收入库的药品，核对药品的品名、规格、数量、批号、有效期、生产厂家、批准文号等关键信息，确保药品来源合法、质量合格。

（5）药品的储存管理 根据药品的特性和储存要求，药品流通服务人员需合理安排药品存储位置，确保药品存放环境温湿度适宜，避免污染和混淆。应定期对库存药品进行效期检查，实施近效期药品预警机制，确保先产先出、近期先出，避免药品过期浪费。对过期、损坏或不符合质量要求的药品进行妥善处理，防止其流入市场。

（6）药品库存盘点管理 药品流通服务人员应分析历史销售数据，预测未来销售趋势，根据销售预测和实际需求调整库存量，制订科学合理的采购计划，优化库存结构，保持合理的库存周转率，减少资金占用。对即将缺货的药品进行预警，及时通知采购部门补充库存，保障供应。

（7）药品配送与物流管理 药品流通服务人员应组织和协调药品的配送工作，选择合适的物流方式（如快递、冷链运输等），确保药品安全、及时送达客户手中。对药品的运输过程进行监控，利用物流信息系统跟踪订单配送状态，及时向客户反馈物流信息，处理配送过程中的异常情况，确保药品在运输过程中符合相关法规和标准。

（8）药品的销售与推广 药品流通服务人员负责药品的销售工作，通过各种渠道推广药品，提高药品的市场占有率。应与医疗机构、药店等合作，建立稳定的销售渠道。

（9）客户服务与沟通 药品流通服务人员应与客户保持良好的沟通，需定期回访客户，了解客户的用药需求、满意度及反馈意见，及时解决客户问题，持续优化服务质量，提升客户满意度。举办或参与药品知识讲座、健康咨询等活动，增强客户对公司及产品的信任和忠诚度。

（10）员工培训与技能创新 药品流通服务人员应进行药品流通相关法规、政策、标准的培训。应关注药品流通领域的最新技术和趋势，如物联网、大数据、人工智能等，积极探索其在药品流通中的应用，以提升工作效率和服务质量，降低运营成本。

2. 药品流通服务人员的服务利润链　就永续经营的理念，服务人员必须建立良好正确的服务精神与服务心态。一个良好的服务，可以造就络绎不绝的消费人群，一个不好的服务会成为经营者最大的危机。强迫性与欺骗性的服务是无法取得顾客的好感，只有用诚信、尊重、关心的服务才是永远真实的。

员工应具有主动服务的意识。主动服务意识是指人与人之间在交往的过程中，所体现的个人为别人提供热情、周到、主动的服务欲望和意愿。主动服务意识是发自服务人员内心的，它是服务人员的一种良好习惯。服务意识的主动与否，直接影响到每位员工、顾客和企业的利益。

服务中的服务礼仪是顾客对企业最直观的感受，服务礼仪是各服务行业人员必备的素质和基本条件。出于对客人的尊重与友好，在服务中要注重仪表、仪容、仪态和语言、操作的规范，服务人员发自内心热忱地向客人提供主动、周到的服务，从而表现出服务人员的良好风度与素养。

由于服务的无形性特征，顾客往往将对于企业服务质量的评价与企业服务组织的工作人员进行挂钩，因此要建立一支服务质量优异的员工队伍。创造优质的企业环境，提升企业的内部服务质量，提高员工满意度，建立员工对企业的忠诚，发展扩大员工的生产力，才能进一步实现员工为顾客服务的热忱，从而使得企业获得收益。如图 9-1 所示，服务利润链对此做出了很好的说明。

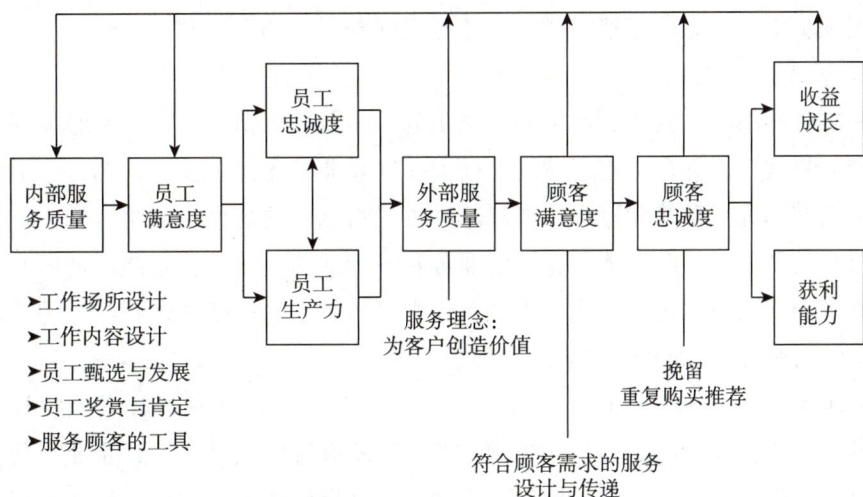

图 9-1　服务利润链

3. 药品流通服务人员及顾客对服务企业的影响　服务人员是企业服务品质的传达者。面对服务业不断采取多样化的经营，服务人员只有保障自身的服务品质，才能体现企业对顾客的重视。服务品质不只是表面上的语言、动作，更包含了在顾客看不见的地方，真心实意地为顾客去着想。

服务人员是企业业绩的促销者。除了顾客本身的消费意愿，服务人员技巧的促销运用，诱导顾客的消费意识，也能提高企业业绩。

服务人员是企业与顾客之间的维持者。从顾客的问题反馈，透过服务人员的亲切服务，寻求解决，以维持双向的沟通，如此方能在服务行业中长久生存并屹立不摇。

顾客评价一个服务机构的服务质量是好是坏，一般是根据自己的期望和实际感知的服务做比较进行判断。大多服务需要顾客参与到服务过程中，与员工进行面对面的接触，因此，服务质量可分为"技术质量"和"功能质量"两类。前者是指服务过程的产出，即顾客通过服务所得到的东西，如大饭店的房间、餐厅的一顿餐饮、搬家公司的搬运服务等；而后者是指顾客如何得到这种服务，功能质量包括员工的态度、员工的行为、员工间的关系、与顾客有接触经验员工的重要性、服务人员的外观、服务对于顾客的可及性、服务人员对于服务的态度。

通常，顾客能比较客观地评价服务结果的技术质量。但在有些情况下，如医疗服务、咨询服务等技术或专业性比较强的服务，服务没有特定的结果，或者顾客无法判断服务产出的好坏，顾客不清楚自己得到的最终服务结果质量如何，就只有根据服务过程来判断服务质量了。服务过程质量不仅与服务地点、时间、服务程序、服务行为方式以及服务态度、服务方法有关，而且与顾客的个性、行为、态度等因素有关。通常，顾客对功能性质量的评估是一种比较主观的判断。

（二）内部营销

药品流通企业的营销不仅施之于顾客，而且要针对内部员工。内部营销被用来向企业员工推销服务理念与正确的价值观。企业可以通过内部营销，使"顾客至上"观念深入员工的心中，从而使服务提供者更好地履行自己的职责。

1. 内部营销的内容构成　菲利浦·科特勒曾指出："内部营销是指成功地雇佣、训练和尽可能激励员工很好地为顾客服务的工作。"内部营销起源于这样一个观念，即把员工看作是企业最初的内部市场。内部营销是将营销管理的思想和技术运用到企业内部，在内部开展一系列积极的、营销式的、协同的活动来激励员工，实现员工的满意，使他们的工作体现出服务意识和客户导向，最终实现外部客户满意的目标。

内部营销是一项管理战略，其核心是培养对员工的顾客服务意识，把产品和服务通过营销活动推向外部市场之前，应先将其对内部员工进行营销。任何一家企业事先都应该意识到，企业中存在着一个内部员工市场，内部营销作为一种管理过程，能以两种方式将企业的各种功能结合起来。首先，内部营销能保证企业所有级别的员工，理解并体验企业的业务及各种活动；其次，它能保证所有员工准备并得到足够的激励，以服务导向的方式进行工作。内部营销强调的是企业在成功达到与外部市场有关的目标之前，必须有效地组织与其员工之间的内部交换过程。

2. 内部营销的目标　内部营销的核心目标是争取到自动自发又具有顾客意识的员工。从策略层次上看，内部营销的目标是：通过制定科学的管理方法、升降有序的人事政策、企业文化的方针指向、明确的规划程序，创造一种内部环境，来激发员工主动为顾客提供服务的意识。从战术层次上看，内部营销的目标是：向员工推销服务、支援服务、宣传并激励营销工作。

3. 内部营销的管理过程　内部营销意味着两种类型的管理过程：态度管理和沟通管理。

首先，员工对顾客意识和服务观念的态度和动机需要进行管理。其次，经理、接待员和支持人员需要大量的信息，以使其能执行作为领导或经理或是内部和外部顾客的服务提供者的任务。内部营销的内容可以概括为两个层面：企业对员工的营销和企业各部门之间的营销。

（1）企业对员工的营销　这又包含两个方面：一是企业向员工营销自身的价值观，使员工对本企业的价值观形成共识，认同本企业的组织文化，认同本企业的组织目标，并使个人目标和组织目标达到更好的结合；二是向员工营销企业自身的产品和服务，借助营销理论在企业内部的应用，来探索使员工满意的方法和手段。可以想象，连自己的员工都不愿意使用的产品和服务，是不大可能在外部市场取得成功的。

（2）企业各部门之间的营销　外部客户的满意，不仅是和客户接触的前台员工以及为他们提供支持、支撑的后台员工共同努力的结果，也是企业内部各部门密切合作、共同努力的结果。因此，部门之间的相互了解和高效、优质配合，是使最终客户感受到满意的重要前提。从这个意义上说，企业内部的各个部门，无论是职能部门还是业务部门、支撑部门，都必须积极地向其他部门营销自己，增进其他部门对自身的了解，增强部门之间合作与配合的效率、效果，降低发生部门冲突的可能性。只有企业组织结构的各个层级的每个部门都这样做，才能使组织真正成为一个高效运作的整体。

4. 内部营销的特点和作用

（1）内部营销通常不是孤立进行的，而是与创新服务质量、改善服务和扩大业务的计划结合进行的。

（2）内部营销是有组织的行为，但也伴随着许多个别的、自发的创造性行为。

（3）内部营销成功的关键是沟通。

（4）内部营销对建立差异化竞争优势起到关键作用。

（5）内部营销对减少机构内各职能部门之间的矛盾有重要的作用。

（6）内部营销是一个探索的过程，它引导员工形成自己的见解。

（7）内部营销是一种渐进的改革，它逐渐地消除机构内部上下、左右之间的隔阂。它对营销与生产之间的平衡起到重要作用。

（8）内部营销有利于发扬创新精神。

（9）内部营销取得更大成功的条件是员工高度的责任感、合作精神和比较开放的管理。

在服务营销中，有两句格言经常被引用，其一是："你希望员工怎样对待顾客，你就怎样对待员工"；其二是："如果你不直接为顾客服务，那么你最好为那些直接为顾客提供服务的人提供优质服务。"

借助内部营销的手段，能够吸引并留住优秀的员工，在企业文化、发展规划、管理方法、人事制度、业务培训、工作环境、福利待遇等方面满足员工的需求，使员工主动工作，确立"以企业为荣，以服务为乐"的态度，乐意为服务工作付出更多的心血与精力，将"为顾客服务"化为员工的第一本能，使企业的整体服务水准和服务质量都大大提升。

二、药品流通服务人员的内部管理

（一）内部市场调研

提高员工满意度的前提，是了解员工的情感和需求。只有真正了解员工的情感和需求，才能实施对员工的有效管理。可以借鉴外部营销调研的成熟方法和技巧应用于内部营销，如实地观察法、一对一访谈、专题讨论、问卷调查等，用于建立员工档案，了解员工的基本情况、技能特长及情绪、信仰、价值观等，对企业的态度、对管理者的评价和期望、对内部服务质量的要求、对企业产品和服务的看法及建议等。内部市场调研的目标市场，不仅包括现有在职员工，甚至可以包括潜在的员工和离职的员工，这样才能真正了解职业市场的劳动力供求趋势、人才分布结构、薪资福利水平、期望的工作类型、职业发展方向及人才流动趋势等总体情况。

（二）内部市场细分

细分的前提是差异性和专业性，因为每位员工在受教育程度、人生经历上的不一致，导致了工作能力、心理和性格上存在着差别，需要把现代营销的市场细分理论应用于内部营销，把企业的内部市场像外部市场营销一样进行细分，认真了解员工的工作能力、心理类型和性格，根据员工不同的需要及情感特征，将其分为不同的群体，实施不同的管理方法、有针对性的激励方式和沟通策略，安排适合员工个性和专长的工作岗位，采取不同的营销组合，这样才能留住员工、保持员工满意、提升员工忠诚度并充分调动每位员工的主动性，使之为实现企业的目标而积极服务。

（三）招聘和培训

不同的企业需要招聘不同类型的人才。企业与员工之间的相互匹配，是开展内部营销的先决条件，包括：企业文化与员工价值观、人格特性的匹配，企业发展方向与员工个人职业生涯发展方向的匹配，企业职位与员工能力、兴趣的匹配等，其中最重要的是企业文化与员工价值观的匹配。对服务型企业而言，最重要的是具有服务意识、客户导向和头脑敏锐的人才。对业务的胜任和精通十分重要，客户导向甚至可能比业务上的精通更重要。因此，在聘用人才的时候，除了要考察其教育背景、技术技能等常规项目之外，应重点考察应聘人员的内在素质和客户导向的程度，以保证吸收的员工易于同企业核心价值观相融合，从而降低新员工与组织的磨合成本。

培训是指医药企业为开展业务及培育人才的需要，采取各种方法对员工进行有目的、有计划地培养和训练的管理活动。其目标是使员工不断地更新知识，开拓技能，改进员工的动机、态度和行为，使员工更好地胜任现职工作或负担更高级别的职务，从而促进企业效率的提高和企业目标的实现。常见的培训方法有：讲座、工作轮换、自学指导、案例讨论、角色扮演、团队建设等。

（四）激励与惩罚

当员工的工作取得成绩时，如：员工的行为优于企业所要求的行为标准；员工的行为始终符合企业所要求的行为标准；员工取得进步；员工面对挑剔的顾客保持冷静；员工采取灵活措施帮助顾客，管理人员就应该对员工给予及时的、公开的、程度不同的表扬乃至奖励，这无论是对员工本人、其他员工、还是顾客都将产生激励作用和效应。

当员工的工作出现差错时，管理人员应采取谨慎的态度对待，员工这时的心态是很敏感的，一旦处理不当，可能会适得其反，因为这种敏感的心态极其容易转化为敌对的情绪，所以管理人员应注意：要换位思考，考虑员工的感受，相信员工有纠错的能力；要冷静地处理，私下批评出差错的员工；避免向差错的员工发脾气，或讽刺、挖苦、侮辱、歧视、威胁；要公平地对待每一位员工；要及时对所有出差错做出处理；避免采取过分严厉的惩罚措施；要指出差错的危害、期望改正的结果、说明惩罚的目的；要迅速对所有违反规则的行为做出相应的处理。

（五）尊重

随着社会的发展，员工的要求会不断地提高，会更多地朝着求得社会认同和尊重这个方向努力。服务企业的管理人员应该在与员工的交往中注意自己的言行，处处体现出对员工的尊重，比如及时表扬出色完成工作的员工；记住下属的名字；尽量避免当众指责员工；为员工提供清洁良好的工作环境、条件、设备；注意礼貌用语；认真倾听并尽力去理解员工的看法等。一旦员工感觉不到被上司或同事尊重时，往往就会在为顾客提供服务的过程中表现出来。

（六）授权

授权是指企业赋予员工相应的权利和自主性，使其能控制与工作相关的情况和做决定的过程。首先需要向员工明确企业的核心价值观是什么，让其知道企业最希望员工表现的行为特征是什么，在什么权限范围内可以自主做出决定。正确运用授权有助于增强员工的工作适应性和满意度。

（七）沟通

有效的沟通可以实现员工对企业目标的高度理解、支持和拥护。有效沟通的关键取决于渠道的有效性和信息发送者与接收者之间的理解。沟通渠道既包括自上而下的内部传播渠道如内刊、简报、墙报等媒介以及教育日、员工大会等活动，也包括自下而上的信息传递渠道如建议书、热线电话、信箱等媒介以及总经理座谈会等活动，还有员工横向沟通的职工委员会等平台，通过坚持平等原则，在形式上注重隐私和互动，打破了沟通的障碍，构建起有效的立体沟通体系。

📖 拓展阅读

企业的创新服务

某餐饮企业的成功运营，在于它把顾客的幸福和员工的幸福作为赚钱的前提，把声誉放在第一位。该企业的口碑来源于用户体验，而用户体验是靠产品和服务堆积起来的，正是该企业的员工将同其他餐饮企业没有太大差别的产品以独特的服务呈现给他们的顾客，才享誉盛名。

是什么使得该企业的员工涌现源源不断的创新？授权！授权是对员工信任的唯一标志。海底捞的服务员，有权给任何一桌客人免单。对了，是服务员不是经理，是免单也不是免一两个菜品。这种授权，如何不让员工有主人翁的感觉？

聪明的管理者能让员工的大脑为他工作。该企业创始人曾说"创新在我司不是刻意推行的，我们只是努力创造让员工愿意工作的环境，结果创新就不断涌出来了。"现在被诸多餐饮店抄袭的眼镜布、头绳、塑料手机套等举措，出自一些服务生的创新想法。并且，这一个个点子，就如此复制到了每一家店面。这种尊重，如何不让员工有成就感？

当员工不仅仅是机械地执行上级的命令，他就是一个管理者了。按照这个定义，该企业的员工都是管理者，该企业是一个由一万名管理者组成的公司。

三、药品流通服务人员的培训

员工培训是指企业采用各种方式对员工进行有目的、有计划的培养和训练的管理活动。其目的是开展业务的需要，使员工不断地更新知识和开拓技能，改进动机、态度和行为，从而使员工更好地胜任现职工作或担负更高级别的职务，最终促进企业目标的实现。员工培训大体上可以分为三种类型：对员工进行企业文化（价值观）培训、对员工进行职业技能培训、对员工进行人际交往培训。

（一）讲座

由主讲人向学员传授某方面的知识、技巧，或改善某种能力、心态的一种公开、半公开的学习形式。一般来说讲座可分为学术类、论坛类、名人类、文化类、热点类等。讲座的培训对象可以是企业内的任何一位员工，时间一般不宜太长，讲座地点应安静、宽敞，不易受到外界的干扰。

（二）工作轮换

工作轮换亦称作轮岗，就是将员工轮换到另一个同等水平、技术要求接近的工作职位上去工作。员工长期从事同一职位的工作，特别是那些从事常规性工作的员工，时间长了会觉得工作很枯燥，缺乏变化和挑战。员工也不希望自己只掌握一种工作技能，而是希望能够掌握更多不同的工作技能以提高对环境的适应能力。

美国橡胶和轮胎公司在新员工工作轮换培训方面做得很成功。该公司工作轮换培训的主要特点是：工作轮换与培训对象的经历、受教育程度、职业爱好相匹配；培训时间跨度为 6~15 个月，每个培训对象工作轮换的具体时间取决于该对象学习的速度和效果；工作轮换开始前有三个星期是新员工导向培训，其中有一个项目是与高层管理者讨论他们的职业兴趣，然后选择一些专业部门，分配安排六项任务，一项任务通常为期一个月；培训对象选择分配的某个专业工作为自己的职业开端。

（三）师带徒

"师带徒"是一种最传统的在职培训方式。经验丰富的师傅常常会通过询问或要求演示，来了解新员工是否懂得某一操作技能，如果答案是否定的，他就会先口头传授告诉培训对象应该做什么，应该怎样做。接着，培训者会亲手示范，一边操作一边讲解动作或操作要领。在培训者认为已经将某一操作技能的要领完全告知并示范给培训对象后，会要求培训对象练习或跟着做。最后，培训者检查培训对象的学习成果，并决定是否需要重新开始第一传授环节。同时可以考核培训者，使其提升工作的责任心。

（四）自学指导

该方法是要求受训员工自己在规定的业余时间内完成规定的受训内容（命题要确定、资料要提供），并在指定的时间提交读书笔记、心得体会、论文、个人规划、资料汇编、建议书、新培训计划等。

（五）角色扮演

该方法是由一名受训员工在培训师设计的工作情境中扮演其中的某个角色，其他受训员工与培训师充当观众并事后进行适当点评。由于该方法信息传递多向化，反馈效果好、实践性强、费用低，多用于人际关系能力和一线员工的训练。例如，接听电话的演示（文秘、销售），接听时要求响两声、规范用语、人不在时可问对方是否需要留言、话毕在对方挂机后放电话。

（六）案例研究

该方法是通过向受训员工提供员工或组织如何处理棘手问题的书面描述，让学员分析和评价案例，提出解决问题的建议和方案的一种培训方法。培训费用低，反馈效果好，可以有效地提高受训员工分析和解决问题的能力。

（七）团队建设

通过团队建设，在企业各阶层之间建立良好的内部关系，加强各部门间的沟通合作，提高信息在整个企业内部的沟通速度，使整个企业内部都面向市场，提高团队成员的士气、满足感和成就感，有利于充分发挥各个阶层的积极性和创造性。

拓展阅读

员工培训——开启职业提升之路

某医药集团股份有限公司成立于1999年2月，截至2024年6月，门店数量16151家，该公司积极拓展院边店、DTP、门慢门特等药房，服务队伍为顾客提供处方审核、健康监测、咨询指导、用药提醒、患者用药教育等专业化药事服务。

该医药集团深知，企业的未来离不开员工的成长与发展。因此，员工培训不仅是提升团队能力的手段，更体现了公司对员工未来的投资与承诺。该医药集团培训理念的核心，在于与公司的长远战略紧密结合，并且关照员工个人职业发展。该医药集团设定了明确的培训目标，通过健全的机制、优秀的讲师队伍、全面的课程体系和完善的评估系统，坚持以实际工作为导向，确保培训内容和讲授的知识直接应用于工作实践中，强化了集中训练和岗位实践的相互配合，同时平衡了内部资源和外部知识的整合。公司通过完善的培训机制建立起一个全员参与、知识共享、持续学习、理念更新的培训环境。

该医药集团为新员工设计了一套包括线上自学、线下集训和岗位实践的培训体系，让新员工迅速融入公司的大家庭。在岗员工能通过星级认证培养体系和总部专业力项目不断提升自身技能。针对管理者，则进行针对性的培训项目，以确保他们的能力与公司战略同步，快速发展。

培训渠道方面，该公司员工可以通过内部软件或 APP 进行学习。该医药集团还建立了完善的培训制度，包括内训师管理办法、会议与培训纪律要求、规章制度培训及考核操作指引等。重视员工的长期职业生涯规划，致力于提高人员保留率，以减少招聘成本，保持团队的稳定性和经验积累。这种以人为本的管理理念，让该公司在行业中树立了良好的口碑。

任务二 药品流通服务有形展示策略

PPT

一、药品流通服务有形展示的意义和类型

（一）药品流通服务有形展示的概述

药品流通服务有形展示是指在服务市场营销管理范畴内，一切可传达服务特色及优点，暗示企业提供服务的产品能力，能让顾客产生期待或记忆的有形组成部分。具体而言就是医药企业中与提供药品流通服务有关的实体设施、人员及沟通工具等的展现。

（二）药品流通服务有形展示的作用

有形展示的作用包括通过感官刺激，让顾客感受到服务给自己带来的利益；引导顾客对服务产品产生合理的期望，以避免因顾客期望过高而难以满足所造成的负面影响；影响顾客对服务产品的第一印象；促使顾客对服务质量产生"优质"的感觉；帮助顾客识别和改变对服务企业及其产品的形象；协助培训服务员工，使员工掌握服务知识和技能，指导员工的服务行为，为顾客提供优质的服务。

（三）药品流通服务有形展示的类型

1. 根据有形展示能否被顾客拥有分类

（1）边缘展示 是指顾客在购买过程中能够实际拥有的展示。比如在宾馆的客房里通常有很多包括旅游指南、住宿须知、服务指南以及笔、纸之类的边缘展示，这些代表服务的物的设计，都是以顾客心中的需要为出发点，它们无疑是企业核心服务强有力的补充。

（2）核心展示 核心展示与边缘展示不同，在购买和享用服务的过程中不能为顾客所拥有。但核心展示却比边缘展示更重要，因为在大多数情况下，只有这些核心展示符合顾客需求时，顾客才会做出购买决定。例如，药品的名称、主要成分、适应证、包装、价格等，都是顾客在购买这些服务时首先要考虑的核心展示。

2. 根据有形展示的构成要素分类

（1）实体环境展示

1）背景因素 指消费者不会立即意识到的环境因素，例如温度、通风、气味、声音、整洁等因素。如果服务环境中缺乏消费者需要的某种背景因素，或某种背景因素使消费者觉得不舒服，他们才会意识到服务环境中的问题。消费者通常假定服务场所的背景环境应该完美无缺。因此，一般说来，良好的背

景环境并不能促使消费者购买；然而，较差的背景环境却会使消费者退却。

2）设计因素　指刺激消费者视觉的环境因素。与背景因素相比，设计因素对消费者感觉的影响就比较明显，设计精美的服务环境更能促使消费者购买。设计因素又可分为艺术设计因素（如药品的包装设计、品牌形象设计、药店环境设计等）和功能设计因素（如药品的功效等）两类。服务设施内外设计状况也都可能会对消费者的感觉产生重大影响。

3）社交因素　指服务环境中的顾客和服务人员。服务环境中的顾客和服务人员的人数、外表和行为都会影响消费者的购买决策。服务人员代表服务企业，服务人员的仪态仪表是服务企业极为重要的实体环境。服务人员衣着整洁、训练有素、令人愉快，消费者才会相信他们能够提供优质服务。

📖 **拓展阅读**

药店员工仪容仪表要求

1. 仪容自然整洁　上岗前应当做好自身的清洁工作。发型应自然大方，女员工应将头发整齐束起，男员工不留过长的头发，不留大鬓角及胡须。女员工可适度化淡妆，但香水味道不可过浓，不留长指甲。

2. 仪表端庄大方　员工要按规定着装，保持服装干净、穿戴工整、工牌端正，所佩戴饰物不应过于夸张，需体现端庄大方。

3. 仪态自然得体　员工站立时应挺胸抬头、两眼平视前方，在营业场所内走动时需保持稳健的步伐，目光平视，头正且微抬，两臂自然摆动，身体平稳。

在为顾客服务过程中应表现训练有素，动作幅度不宜过大。应始终面带微笑，给顾客以大方、亲切、健康、朝气蓬勃之感。禁止在顾客面前出现伸懒腰、打哈欠、挖耳抠鼻、扎堆聊天、嬉戏打闹等行为。

（2）信息沟通展示　信息沟通是另一种服务展示形式，这些来自企业本身以及其他引人注意的沟通信息通过多种媒体传播、展示服务。从赞扬性的评论到广告，从顾客口头传播到企业标记，这些不同形式的信息沟通都传送了有关服务的线索，影响着企业的营销策略。

1）服务有形化　让服务更加实实在在而不那么抽象的办法之一就是在信息交流过程中强调与服务相联系的有形物，从而把与服务相联系的有形物推至信息沟通策略的前沿。麦当劳公司针对儿童的"快乐餐"计划的成功，正是运用了创造有形物这一技巧。麦当劳把汉堡包和法国炸制品放进一种被特别设计的盒子里，盒面有游戏、迷宫等图案，也有罗纳彼·麦克唐纳德自己的画像，这样麦当劳把目标顾客的娱乐和饮食联系起来，令这些目标顾客高兴。麦当劳的例子证明了使用有形因素能使服务更容易被感觉，因而更真实。

2）信息有形化　信息有形化的一种方法是鼓励对企业有利的口头传播。如果顾客经常选错服务提供者，那么他特别容易接受其他顾客提供的可靠的口头信息，并据此做出购买决定。因此，顾客在选择保健医生、律师、汽车机械师或者大学教授的选修课之前，总要先询问他人的看法。

（3）价格展示　在药品流通服务行业，正确的定价特别重要，因为服务是无形的，服务的不可见性使可见性因素对于顾客做出购买决定起重要作用。价格是对服务水平和质量的可见性展示。价格成为消费者判断服务水平和质量的重要依据。营销人员把价格定得过低会使顾客怀疑企业的专业知识和技能，降低顾客感觉中的服务价值；营销人员把价格定得过高则给顾客以价值高估，不关心顾客，或者

"宰客"的形象。

3. 根据有形展示的性质分类

（1）与服务工作有关的有形展示　在服务过程中使用的各种服务工具、服务设备和服务结果都会在一定程度上影响顾客对服务质量的感知。例如，快递公司的货车、广告公司的广告设计作品。

（2）与服务人员有关的有形展示　服务人员的一举一动、一言一行以及与服务人员有关的各种有形展示（外貌、服装、服务技能）都在无形间影响着企业的服务质量。

二、药品流通服务有形展示的管理

服务的有形化就是使服务的内涵尽可能地附着在某些实物上，服务有形化的典型例子是银行信用卡。虽然信用卡本身没有什么价值，但它显然代表着银行为顾客所提供的各种服务，以至于只要"一卡在手，便可世界通行"。

除了使服务有形化之外，服务企业还应考虑如何使服务更容易地为顾客所把握。通常有两个原则需要遵循：一是把服务同易于让顾客接受的有形物体联系起来，有形展示越容易理解，则服务就越容易为顾客所接受；二是把重点放在发展和维护企业同顾客的关系上。服务提供者的作用很重要，他们直接与顾客打交道，不仅其衣着打扮、言谈举止影响着顾客对服务质量的认知和评价，他们之间的关系将直接决定顾客同整个企业关系的融洽程度。

（一）药品流通服务有形展示管理的执行

药品流通服务有形展示管理不仅仅是营销部门的工作，每个部门的员工都有责任传送有关药品流通服务的适当线索。以下列出的行动问题清单对有形展示管理的执行有很大的帮助。

1. 有一种高效的方法来进行服务展示管理吗？
2. 是否积极地进行服务展示管理？
3. 对细节进行了很好的管理吗？
4. 将服务展示管理和市场营销计划结合起来了吗？
5. 企业管理层通过调查来指导我们的服务展示管理了吗？
6. 我们将服务展示管理的主人翁姿态扩展到整个组织范围了吗？
7. 我们在服务展示管理过程中富有创新精神吗？
8. 我们对第一印象的管理怎么样？
9. 我们对员工的仪表进行投资了吗？
10. 我们对员工进行服务展示管理了吗？

（二）药品流通服务有形展示策略

1. 强化品牌形象的展示意识　品牌能够帮助顾客识别和挑选医药企业，顾客对品牌越熟悉，就越会感到安全、可靠，产生好感，而且一般总是认为知名医药企业对服务和信誉是有承诺保障的。

2. 采用多样化有形展示手段提升营销服务质量　为了适应市场发展需求，提升营销服务质量，企业可以采用多样化的有形展示手段，比如，利用音频、视频、文字以及图像等不同的展示方法，让消费者深入了解产品，并在此过程当中提升服务体验。运用各类灯光、背景墙等工具，营造轻松、温馨的良好服务环境，使顾客在消费过程中增加对产品与服务的认同感，无形中为企业塑造了良好的形象。

3. 正确运用价格的展示作用　顾客往往会通过药品流通服务的价格来判断服务的质量和水平。制订合理正确的价格不仅能收获稳定的收益，而且也能传送适当的信息。比如，不同星级的酒店所具有的服务标准有所差异，所以相应的服务价格也会有所不同。相较于低星级酒店，高星级酒店无论从安全保护、环境氛围，还是在服务模式以及工作人员服务水平、态度方面，均更具吸引力，因此拥有很多的客户群体，这些消费者愿意为高质量的服务付费，从而让顾客从有形的价格展示当中，掌握企业的服务质量。

4. 重视药品流通服务人员的形象展示 顾客对服务品质的感知很大程度受到服务人员在服务现场言行举止的影响，因此应注意员工着装、仪容仪表、精神风貌等方面的规范，以展示企业认真、踏实、专注、专业的风貌。

5. 加强信息沟通增强服务营销有形展示效果 企业应加强产品广告的宣传，增加媒体广告的投放资金，借助媒体渠道，获得大力宣传，提高产品的知名度，从媒体赞扬性评论到户外广告，从顾客口头传播到企业网站宣传手册，从服务理念口号到服务宗旨的表述，让更多的顾客通过各类相关的传播途径获得产品的信息，为以后的品牌形象树立奠定良好的基础。

📱 **拓展阅读** ──────────────────────────────────

通过有形展示打造品牌形象

　　某医院体检中心在内部层面，依托专家，提供了体检检验单结果的解释，更为进一步的中医调理治疗提供了后续的实力平台。走入体检中心会感受到中医氛围，宽敞的过道，大量的座椅方便体检顾客排队等候，在过道两边适当地点缀名医名句的图谱、四季养生的药膳功效简介，大堂里还巧妙地布置了中医养生保健展示橱柜。

　　在流程上，每一份体检套餐都已经包含了一份营养早餐，顾客们在享用早餐的同时可以在整洁明亮的大堂里稍作休息停留，看看大屏幕里播放的养生专栏节目，欣赏一下养生保健橱柜内的展示品。

　　在外部层面，通过媒体的辅助作用，比如成为某电视栏目的形象代言人，从而吸引大批慕名而来的群众，赢得广大顾客的良好赞誉。

任务三　药品流通服务过程设计策略

PPT

一、关键流通活动过程及流通服务作业系统

（一）关键流通活动过程

　　服务过程是指与服务生产、交易和消费有关的程序、任务、日程、结构、活动和日常工作。顾客所获得的利益不仅来自服务本身，同时也来自服务的传送过程。药品流通由生产领域向消费领域转移的整个过程中涉及到以下关键活动。

　　1. 顾客服务 顾客服务主要体现了一种以客户满意为导向的价值观，担负着所有流通活动的力量。

　　2. 市场需求预测 市场需求预测是在营销调研的基础上，运用科学的理论和方法，对未来一定时期的市场需求量及影响需求诸多因素进行分析研究，寻找市场需求发展变化的规律，为营销管理人员提供未来市场需求的预测性信息。

　　3. 库存管理 库存管理是生产、计划和控制的基础。根据外界对库存的要求，企业订购的特点，

预测、计划和执行一种补充库存的行为，并对这种行为进行控制，重点在于确定如何订货、订购多少、何时订货。库存多，占用资金多，利息负担加重。但是如果过分降低库存，则会出现断档。

4. 流通通讯　整个药品流通过程和企业顾客之间，通讯起到了极其重要的作用。

5. 订单管理　订单管理是客户关系管理的有效延伸，能更好地把个性化、差异化服务有机地融入到客户管理中去，能推动经济效益和客户满意度的提升。订单供货的目的，是品牌能让客户自由选择，货源安排做到公开透明，产品能更加适应和满足消费者的需要。整体的订单管理体系，也能更好地预测到利润情况，在适当的时机采取有利于整体发展的结算体系，及时安排促销手段来平衡企业间的供应关系，变被动为主动。

6. 包装　是指为在流通过程中保护产品，方便储运，促进销售，按一定的技术方法所用的容器、材料和辅助物等的总体名称。尤其在国际配送中，对包装的坚固性有更加严格的要求。

7. 服务支持　可以帮助客户服务人员更有效率、更快捷、更准确地解决用户的服务咨询，同时能根据客户的背景资料和可能的需求向用户提供合适的产品和服务建议。包括客户关怀；纠纷、次货和订单跟踪；现场服务管理；记录发生过的问题及其解决方案；维修行为日程安排及调度；服务协议及合同；服务请求管理等。

8. 仓储管理　是指对仓库和仓库中储存的物资进行管理。由于现代仓储的作用不仅是保管，更多是物资流转中心，对仓储管理的重点也不再仅仅着眼于物资保管的安全性，更多关注的是如何运用现代技术，如信息技术、自动化技术来提高仓储运作的速度和效益。

9. 采购　是指企业在一定的条件下从供应市场获取产品或服务作为企业资源，以保证企业生产及经营活动正常开展的一项企业经营活动。采购是一种经济活动，一方面，通过采购获取了资源，保证了企业正常生产的顺利进行，这是采购的效益；另一方面，在采购过程中，也会发生各种费用，这就是采购成本。我们要追求采购经济效益的最大化，就是不断降低采购成本，以最小的成本去获取最大的效益。

10. 运输　运输活动涉及物品移动的管理，包括选择运输方法，选择专门的路径，遵守各种地方的运输法规，了解国内和国际的运输需求等。

（二）流通服务作业系统

1. 按过程形态分类

（1）线性作业　是指各项作业或活动按一定顺序进行，服务是依据这个顺序而产出的。在服务业，自助式餐厅就是这种作业顺序的标准形态。在自助式餐厅，顾客依顺序做阶段式地移动。线性作业的各种不同构成要素之间的相互关系，往往使整体作业会受到连接不足的限制，甚至因此造成停顿现象，比如自助餐厅的结账员动作迟缓，但这也是一种具有弹性的过程，过程中的工作项目，可经由专门化、例行化而加快绩效速率。线性作业过程最适合用于较标准化性质的服务业，并且有大量的持续性需求。

（2）订单生产　订单生产过程是利用活动的不同组合及顺序提供各式各样的服务。这种类型的服务可以为顾客特别设计订制，以符合不同顾客的需要，并提供预订服务。比如餐馆的生产过程即属于订单生产过程。虽然这种过程形态具有弹性的优势，但仍然存在时间不易安排、资本密集不易取代劳动密集、系统产能不易估算的缺陷。

（3）间歇性作业　是指做一件算一件，各服务项目独立计算，也可以称为经常性重复的服务。比如，各种新服务设施的建造、一次促销宣传活动、一台电脑的系统装置或制作一部大型影片等，都可说是间歇性作业。这类项目的工作浩繁，对管理阶层而言，作业管理是复杂而艰巨的，这类项目最有助于项目管理技术的转移及关键途径分析方法的应用。

2. 从接触的角度分类 按照服务制造过程中和顾客接触的程度来分类，可以分为高接触型、中接触型与低接触型。高接触型服务，比如娱乐场所、教育、餐饮业、公共交通等；中接触型服务，比如银行、律师、房产中介等；低接触型服务，比如邮电业、信息中心等。

高接触度服务业比较难以控制，因为在服务制造的过程中，顾客会全程参与，往往成为服务过程中的一种投入，甚至会扰乱过程。在高接触度服务业中，顾客也会妨碍到需求时效，同时其服务系统在应付各种需求上，较难均衡其产能。因为与顾客的高度接触，所以高接触度服务业工作人员的态度，会对顾客的服务印象造成极大影响。高接触度服务业中的生产日程较不容易编制。高接触度服务业在与顾客全程接触的过程中，因为要满足顾客的不同需求，所以比较难以合理化，比如用技术取代人力。将服务系统中的高接触度构成要素和低接触度构成要素予以分开管理将较为有利，同时，可因此而激励员工们在各种不同功能中尽量专门化，因为各种功能需要的技能并不相同。

二、药品流通服务过程的管理与控制

（一）服务过程管理与控制的重要意义

1. 有利于增强服务企业的竞争力 在与顾客面对面的服务过程中，顾客不仅在意其得到的服务，而且还会关心企业是如何提供服务的。后者常常成为顾客选择服务企业的重要标准。在激烈的服务市场竞争中，"如何提供服务"将可以帮助那些同质化或异质化小的服务企业与竞争对手加以区别，树立企业形象，使企业脱颖而出，从而获得竞争的胜利。

2. 有利于提高整体服务质量和顾客满意度 由于服务过程中顾客的参与性，这给服务企业的质量控制带来了很多难以预料的随机因素。更为严重的是，有些顾客一旦对服务的某一方面不满，甚至可能会对整个服务乃至于服务企业予以全盘否定，即所谓"100 − 1 = 0"效应。而加强服务过程管理却能够有利于尽可能地减少、防范服务出差错，向顾客提供更大的消费利益和消费价值，进而极大地提高顾客感觉中的整体服务质量和满意度。

3. 有利于树立服务企业的市场形象和品牌效应 通过加强服务过程的管理提高了顾客感觉中的整体服务质量，将有助于树立服务企业的良好市场形象，培养顾客的品牌忠诚度。即便服务过程中出现了个别意料之外的次要问题，也不至于引发顾客的不满，顾客往往会予以谅解。

（二）顾客的服务过程参与

顾客往往可以通过与服务人员关系的质量来判断服务质量，并从中获得满足。显然，服务人员的自我态度、训练的质量与其对服务的知识水平，对于顾客的需求满足与否影响甚大。在高接触度的服务行业，顾客会参与服务的绝大部分甚至全部的药品流通服务过程，顾客的要求往往会直接影响服务员工行为，而影响到服务质量和服务作业系统的产能，因此服务作业系统的设计必须考虑到顾客的反应与影响。所以提高服务业的劳动生产率是在传统的提高制造业劳动生产率的三种基本方式（改善人员素质、投资高效的资本设备、将人工操作的工作方式自动化）基础上，再加上第四种方式，即改变顾客与服务人员之间的互动方式。

（三）服务作业系统的内部冲突

服务作业系统的内部冲突往往也会影响到服务作业系统的产能，这些内部冲突通常源于服务作业系统的构造。例如，服务作业系统的经营由多地点作业形态的一些子单位组成，这些单位往往分散于不同的地理位置，并且具有高度的独立性（包括选址、产能规划、营销、作业、人事、培训、采购、财务、广告等），在中央作业系统与子单位、子单位与子单位等不同职能部门之间往往会造成不同程度的冲突。

造成冲突的主要原因有：动机不同、着眼点不同、收益取向不同、时间取向不同、对新服务的适应程度认同不同等。而克服这些冲突的方法有：成立专门机构经常性地整合各职能部门的观点并解决各职能部门间的冲突、各职能部门的员工经常进行流动轮换工作岗位、将职能部门的功能转移、编制服务规范手册供员工遵照执行、起用新员工、加强内部营销支持创新、建立成本基准评估制度、在工作现场层次培养营销导向等。

技能训练　模拟药品流通服务人员培训

【实训目的】

通过策划和撰写培训方案及课件，使学生熟练掌握各种培训方式的特点，根据实际情况采用相应的培训策略，提高企业的综合业绩。

【实训内容】

某医药企业销售人员培训方案示例

一、培训目标

培训的目标主要包括树立正确的药品流通质量管理观念，提高专业知识、岗位技能、职业素养，加强自我管理，增强企业文化认同感，培养以及提高团队协作能力和执行力等。

二、培训内容

销售人员培训计划中的主要问题应随销售人员的构成、行业类型和相关的环境因素而变化。针对一线销售人员的培训一般应集中在以下几方面。

1. 销售技能和推销技巧　推销能力、谈判技巧、重点客户识别、潜在客户识别、访问前的准备事项、接近客户的方法、展示和介绍产品的方法、顾客服务、应对反对意见等客户异议、达成交易和后续工作、市场销售预测等等。

2. 产品知识　本企业所有的产品线、品牌、产品属性、用途、可变性、使用材料、包装、损坏的原因及其简易维护和修理方法等，还包括了解竞争产品在价格、剂型、功能及兼容性等方面的知识。

3. 市场与产业知识　了解企业所属行业与宏观经济的关系以及随宏观经济环境的变化如何及时调整销售技巧等等。同时了解不同类型客户的采购政策、购买模式、习惯偏好和服务要求等。

4. 竞争知识　了解竞争对手的产品、客户政策和服务等情况，比较本企业与竞争对手在竞争中的优势和劣势等。

5. 企业知识　企业的历史、规模和所取得的成就；企业政策，例如企业的报酬制度、哪些是企业许可的行为和企业禁止的行为；企业规定的广告、产品运输费用、产品付款条件、违约条件等内容。

6. 时间和销售区域管理知识　销售人员怎样有效作出计划，减少时间的浪费，提高工作效率；销售地图的正确利用、销售区域的开拓和巩固等。

三、培训方式

可供选择的培训方式有：课堂培训、现场培训、在线培训、轮岗培训、会议培训、工作坊等。

四、培训方法

可供选择的培训方法有：演讲法、个案研讨法、视听技术法、角色扮演法、行为模仿法、模拟法、户外活动训练法等。

五、师资配备

1. 企业内部培训专家　企业内部专职的培训人员，他们负责管理和协调企业的销售管理部门以及建立销售机构的培训和开发计划。

2. 企业销售人员　一般选择企业高级销售代表。

3. 销售经理　了解销售人员的弱点并非常了解行业和产品特点，效果较好。

4. 外部培训专家　可以是销售培训的专业顾问，也可以是著名商学院销售学科方面的资深讲师。

六、培训考核

考核由以下几种方式组成。

1. 考试　每门培训学完后，要对所学内容进行考试，考试时间90分钟，重点考查培训对象结合本企业、本部门工作实际分析问题、解决问题的能力。

2. 论文　每位培训对象写一篇不少于2000字的论文。要求结合实际，有观点，能提出问题，有解决问题的措施。于×月×日前交培训部。

3. 考勤　凡请假2次以上，考核不予通过。

七、培训要求

1. 该部门要从企业人才建设的战略高度重视这次培训活动，科学合理安排，保证培训对象的时间。

2. 无特殊、重大情况不允许请假，如需请假须经本部门经理—培训经理—总经理批准。

3. 不得迟到、早退，不许携带家属参加培训。

4. 积极参加培训活动，尊重培训师。

5. 培训过程中请把手机调至静音或关闭手机。

八、培训经费

培训教员的课酬、交通、餐饮等费用××万元。

【实训要求】

根据本项目所学内容及实训内容的方案示例，撰写新入职药品流通服务人员培训方案并制作相应的培训课件，方案中要包括以下内容：①企业简介；②培训需求分析；③培训目的；④培训对象；⑤培训内容；⑥培训师资团队组建；⑦培训教材；⑧培训安排，含培训工作时间表及经费预算；⑨培训反馈与考核等，也可附上相应的培训考核试题。

目标检测

答案解析

一、单选题

1. （　）是一种最传统的在职培训方式

　A. "师带徒"　　　　　　B. 案例研究　　　　　　C. 团队建设　　　　　　D. 讲座

2. 由于服务的（　　）特征，顾客往往将对于企业服务质量的评价与企业服务组织的工作人员进行挂钩，因此要建立一支服务质量优异的员工队伍

  A. 不可储存　　　　　　B. 无形性　　　　　　C. 差异性　　　　　　D. 不可分性

3. 顾客对服务结果的（　　）是比较主观的判断

  A. 功能性质量　　　　　B. 技术质量　　　　　C. 服务质量　　　　　D. 服务产出

4. 企业向员工营销自身的（　　），使员工对本企业的价值观形成共识，认同本企业的组织文化，认同本企业的组织目标，并使个人目标和组织目标达到更好的结合

  A. 产品　　　　　　　　B. 服务　　　　　　　C. 价值观　　　　　　D. 态度

5. 服务的最显著特点是具有无形性，它给服务营销带来的影响是（　　）

  A. 服务质量控制的难度较大　　　　　　　　B. 服务不容易向顾客展示或沟通

  C. 供求矛盾大　　　　　　　　　　　　　　D. 顾客参与服务过程

6. 以下属于有形展示中的设计因素的是（　　）

  A. 服务人员的仪容仪表　　　　　　　　　　B. 价格

  C. 公司标记　　　　　　　　　　　　　　　D. 服务环境的舒适

7. 鼓励对公司进行有力的口头传播属于（　　）

  A. 服务有形化　　　　　B. 价格有形化　　　　C. 信息有形化　　　　D. 设计有形化

8. 以下属于低接触型的服务的是（　　）

  A. 教育　　　　　　　　B. 交通　　　　　　　C. 信息中心　　　　　D. 律师

9. （　　）是指企业在一定的条件下从供应市场获取产品或服务作为企业资源，以保证企业生产及经营活动正常开展的一项企业经营活动

  A. 采购　　　　　　　　B. 运输　　　　　　　C. 订单管理　　　　　D. 包装

10. （　　）是利用活动的不同组合及顺序提供各式各样的服务

  A. 线性作业　　　　　　B. 间歇性作业　　　　C. 高接触服务　　　　D. 订单生产

二、多选题

1. 内部营销意味着（　　）和（　　）两种类型的管理过程

  A. 态度管理　　　　　　B. 人力资源管理　　　C. 沟通管理　　　　　D. 企业管理

2. 从战术层次上看，内部营销的目标是（　　）

  A. 向员工推销服务　　　　　　　　　　　　B. 支援服务

  C. 宣传营销工作　　　　　　　　　　　　　D. 激励营销工作

3. 员工培训大体上可以分为（　　）三种类型

  A. 对员工进行企业文化（价值观）培训　　　B. 对员工进行职业技能培训

  C. 对员工进行生活技能培训　　　　　　　　D. 对员工进行人际交往培训

4. 根据有形展示的构成要素分类，可分为（　　）

  A. 商品展示　　　　　　　　　　　　　　　B. 实体环境展示

  C. 信息沟通展示　　　　　　　　　　　　　D. 价格展示

5. 提高服务业的劳动生产率的方式有（　　）

  A. 改善人员素质　　　　　　　　　　　　　B. 投资高效的资本设备

  C. 将人工操作的工作方式自动化　　　　　　D. 改变顾客与服务人员之间的互动方式

三、问答题

1. 如何体现出对员工的尊重？

2. 企业内部沟通渠道都有哪些？

3. 讲述当员工工作出现了差错，管理人员应该采取怎样的处理方法。

4. 药品流通服务有形展示策略都有哪些？

5. 简述服务过程管理与控制的重要意义。

书网融合……

知识回顾

习题

（唐　蓉）

项目十　药品流通市场营销战略

学习目标

知识目标

1. 掌握药品流通市场竞争的基本战略；药品流通业务构成及发展战略；药品流通服务顾客关系管理战略；药品流通企业形象战略。

2. 熟悉竞争的基本模式及顾客关系管理。

3. 了解企业形象及其构成。

能力目标

1. 能够通过药品流通企业形象战略，提升企业整体形象和经营管理水平。

2. 促进企业经济效益和社会效益的提高。

3. 学会药品流通市场顾客关系管理。

素质目标

1. 具有较强的集体意识和团队合作精神，能够进行有效的人际沟通和协作。

2. 崇德向善、诚实守信、爱岗敬业，具有良好的药品流通市场营销职业道德和职业素养。

案例导入

案例：某牌感冒药上市仅 180 天销售额就突破 1.6 亿元，在当时拥挤的感冒药市场上分割了 15% 的份额，登上了行业第二品牌的地位，在中国大陆营销传播史上堪称奇迹，该药品凭此定位进入了三强品牌之列。最好的营销战略就是创造好的产品，满足了消费者的个性化需求就是占领了市场。该药品创造了一个好产品，是个了不起的创意，其看似简单地只把感冒药分成白片和黑片，并把感冒药中的镇静剂"扑尔敏"放在黑片中，其他什么也没做；实则不简单，它不仅在品牌的外观上与竞争品牌形成很大的差别，更重要的是它与消费者的生活形态相符合，达到了引发联想的强烈传播效果。由此可见营销战略在药品营销过程中发挥了非常重要的作用。

讨论：药品流通市场营销战略有哪些？该品牌的成功的关键是应用了药品流通市场营销战略中的哪种战略？

任务一　药品流通市场竞争战略

PPT

药品流通市场环境竞争异常激烈，如何在竞争中求发展，是每个企业都在思考的问题。根据迈克尔·波特教授的竞争战略理论，企业的利润将取决于：同行业之间的竞争，行业与替代行业的竞争，供应方与客户的讨价还价以及潜在竞争者共同作用的结果。

一、竞争的基本模式和选择

（一）竞争顾客忠诚度

随着全球经济的飞速发展，行业竞争强度加剧，顾客忠诚成为竞争目标。市场的变化正使得争取新顾客的成本越来越高，因而留住老顾客将越来越有吸引力。忠诚的顾客会给企业带来与日俱增的财富，忠诚的顾客倾向购买其所信赖的企业提供的服务产品，培育和保持这些顾客的忠诚直接关系到企业的生存和发展。

（二）竞争市场份额

企业可以通过服务多样化，扩大其服务范围的方式来竞争市场份额，还可以通过扩大其所服务的细分市场来增加其市场份额。

（三）竞争顾客范围

竞争顾客范围关键在于企业辐射区域，企业要知道可吸引多大区域内顾客。竞争顾客范围战略还要考虑营销成本，考虑分销渠道的选择，要建立一个辐射区域，企业营销部门必须创建顾客心中的服务地点。

（四）竞争地理区域

竞争地理区域就是在地理区域方面快速扩展，使企业的服务或产品满足顾客需求。企业的竞争模式如何确定，要根据企业所处环境与企业本身的具体情况而定，没有一成不变的格式。

二、药品流通市场竞争的基本战略

药品流通市场竞争的基本战略有三种：低成本战略、差异化战略、集中化战略。企业必须从这三种战略中选择一种，作为其主导战略。要么把成本控制到比竞争者更低的程度；要么在企业产品和服务中形成与众不同的特色，让顾客感觉到你提供了比其他竞争者更多的价值；要么企业致力于服务于某一特定的细分市场、某一特定的产品种类或某一特定的地理范围。这三种战略架构上差异很大，成功地实施它们需要不同的资源和技能，并且要结合药品流通企业的特点进行选择运用。

（一）低成本战略

低成本战略是指企业通过现有途径降低成本，使企业的全部成本低于竞争对手的成本，甚至是同行业最低的成本，从而获得竞争优势的一种战略。

该战略的核心内容是在较长时期内保持药品流通市场领先地位，并以此获得比竞争对手更高的市场占有率，同时使企业的盈利水平处于同行业平均水平之上。运用这一战略时，成本是关键要素。低成本战略的基本定位应当是向顾客提供低价优质的药品。低成本战略由成本分析、成本控制、评估和持续改进三个要素构成。成本分析主要包括分析技术、分析市场、分析管理能力和市场开拓能力。成本控制主要包括选择合适的地点、适度规模经营、控制负债规模、研究物流、市场开发和设计、运输设施和材料费用、管理费用等。评估和持续改进主要包括建立目标成本控制体系，考核目标成本完成情况，评价目标成本控制绩效以及进一步优化改进。

药品流通企业处于低成本地位上，可以抵挡现有竞争对手的对抗；面对强有力的购买商要求降低产品价格的压力，处于低成本地位的企业在进行交易时握有更大的主动权，可以抵御购买商讨价还价的能力；当强有力的供应商抬高企业所需资源的价格时，处于低成本地位的企业可以有更大的灵活性来解决困境；在与代用品竞争时，低成本比本行业中的其他企业处于更有利的地位。但其缺点是处于低成本地位的企业由于技术进步降低了企业资源的效用，并且使之丧失对市场变化的敏锐洞察力。

（二）差异化战略

差异化战略是指企业向顾客提供的产品或服务与其他竞争者相比独具特色，别具一格，从而使企业建立起独特竞争优势的一种战略。

该战略的基本定位是药品流通企业向不同的顾客提供差异化的药品及服务。包括产品的不断创新，服务手段和服务水平的不断创新，以及为满足顾客的特殊需求向顾客提供量身定制的服务。

药品流通企业采用差异化战略能够建立起顾客对产品或服务的忠诚度；顾客对商标的信赖和忠诚形成了强有力的行业进入障碍，增加了新加入者进入该行业的难度；差异化战略产生的高边际效益，增强了企业对供应商讨价还价的能力；使购买商缺乏与之可以比较的产品选择，降低购买商对价格的敏感度；建立起顾客对产品的信赖，使替代品无法在性能上与之匹敌。但其缺点是可能使企业面临实行低成本战略企业的威胁，并且受到模仿者的威胁。

（三）集中化战略

集中化战略是指将企业的经营活动集中于某一特定的购买群体，产品线的某一部分或某一地域性市场，通过为这个小市场的购买者提供比竞争对手更好更有效率的服务来建立竞争优势的一种战略。该战略的核心内容是把营销的目标集中在特定的细分市场上，为特定的顾客提供特定的产品及服务。

药品流通企业采用集中化战略是企业在特定细分市场上实施低成本或差异化战略，能有效抵御行业五种竞争力量的优势，此外由于集中化战略避开了在大市场内与竞争对手的直接竞争，所以对于一些力量还不足以与实力雄厚的大公司抗衡的中小企业来说，集中化战略可以增强它们相对的竞争优势。即使对大企业来说，采用集中化竞争战略也能避免与竞争对手正面冲突。但其缺点是可能会使竞争对手进入本企业选定的细分市场，并采取优于本企业的更集中化的战略，或者因细分市场非常具有吸引力，以至于各个竞争厂商蜂拥而入，瓜分细分市场的利润。

药品流通市场竞争地域的全球化和竞争手段的信息化，使得偏重某个功能或环节的传统竞争思维，既难以形成和保持竞争优势，也无法适应竞争目标的转变。关注药品流通活动全过程，协调不同环节之间的流通活动，提高药品流通运行效率，构建流通体系和供应链的整体优势，将成为药品流通市场竞争的重点。

三、药品流通市场其他竞争战略

（一）市场领导者的竞争战略

市场领导者指在药品流通行业竞争中制定竞争规则，影响全行业产品开发设计、营销组合、竞争激烈程度，并且具有绝对市场份额的企业。领导者企业通常采用三种战略保持地位：扩大总需求、保持市场份额和扩大市场份额。大多数行业都有一个或几个企业处于市场领导者的地位，他们在产品市场上占有最大的市场占有率，而且在价格变化、新产品的市场投放、销售区域、促销强度等方面在该行业中起领导作用。

（二）市场挑战者的竞争战略

在行业中处于第二、第三地位，并且有能力有意向对市场领导者构成威胁的行业成员。挑战者往往采用的竞争战略有正面进攻，侧翼进攻，包围进攻、绕道进攻、游击进攻等战略。在市场上地位仅次于领先者，市场占有率比领先者小。

（三）市场追随者的竞争战略

市场追随者是指在战略上模仿领导者，在营销组合上有能力学习领导者并且表示不对领导者构成任何威胁的行业成员。可供追随者选择的竞争战略有三种类型：追随、有距离的追随和有选择的追随。

除了以上介绍的战略，还有快速反应战略、最优竞争战略、定点超越战略、综合竞争战略等可供企业选择。药品流通企业面对复杂多变的外部环境，现实的市场竞争给药品流通企业提供的竞争战略的选择并不能简单地直接采用，需要对通用竞争战略的适用情况进行扩展，以便企业有更多的适合自己的选择。各种战略的有效性取决于企业外部环境中存在的机遇和威胁，以及企业自身独特的资源和核心竞争力，究竟选择哪一种战略，取决于企业的长处和竞争者的短处，选择一种与企业的竞争能力和环境相匹配的战略至关重要。

任务二　药品流通业务构成和发展战略

PPT

一、药品流通业务构成战略

药品流通业务构成战略又称药品流通投资组合战略，是选择对药品流通企业的长远发展最有利的业务领域和业务组合，以确定药品流通企业的投资方向的战略。

药品流通过程是由不同的流通环节所组成，流通环节是指药品由生产企业向消费领域转移过程中不同交换主体间的经济联系组合方式及相关业务活动职业组合方式的综合。在具体的业务活动中，流通环节有两种表现形式：第一种表现形式是由不同药品流通主体之间的交换活动所构成的流通环节。第二种表现形式是由药品交换过程中为实现药品流通职能而从事的相关业务活动构成。业务构成战略的制订是通过对药品流通企业的现行各项业务进行分类、评估，根据经营业绩的优劣决定取舍，对业绩好、有发展前景的业务追加投入，对亏损的业务按性质决定维持或淘汰，从而使企业的有限资源得到合理的配置。药品流通业务构成战略主要由两部分组成，第一是识别战略业务，第二是分析、评估战略业务。

（一）识别战略业务

药品流通投资组合战略在实施计划时，首先要把所有业务分成若干"战略业务单位"（SBU）。企业的战略业务单位可能包括一个或几个部门，或者是某部门的某类产品、某种产品或品牌。战略业务单位应具有以下特征：是单独的业务或一组有关的业务；有不同的任务；有其竞争者；有负责的经理；掌握一定的资源；能从战略计划中得到好处；可以独立计划其他业务。

（二）分析、评估战略业务

分析、评估战略业务方法有波士顿咨询集团法和通用电器公司法。

1. 波士顿咨询集团法　波士顿咨询集团是美国一家著名管理咨询公司，该公司建议企业用"市场增长率——市场占有率矩阵"对各业务单位进行评估，简称"BCG法"。该法利用两阶矩阵，共分4个战略决策区，将一个公司的业务分成四种类型：明星型、金牛型、问题型和狗型。

（1）明星型业务　市场增长率和相对市场占有率都高的单位。这类业务单位由于市场增长迅速，企业必须投入巨资以支持其发展。当其市场增长率降低时，这类业务单位就由"现金使用者"变为"现金提供者"，即由"明星"变成"金牛"。对于明星型业务药品流通企业应重点发展。

（2）金牛型业务　市场增长率低、相对市场占有率高的业务单位。由于市场已经成熟，企业不必大量投资来扩展市场规模，同时作为市场中的领导者，这类业务单位能为企业提供较多现金，可用来支持其他业务单位的生存与发展。所谓"金牛"是产品金牛，类似我们常说的"摇钱树"。这类业务单位的多少，是企业实力强弱的标志。对于金牛型业务药品流通企业一般应维持现金牛的领导地位。

（3）问题型业务　市场增长率高但相对市场占有率低的业务单位。这类业务单位属于前途命运未卜的，对这类业务单位是大量投入使之转为明星类，还是精简合并以至断然淘汰，管理者应慎重考虑并及时作出决策。对于问题型业务药品流通企业应区别对待择优发展。

（4）狗型业务　市场增长率和相对市场占有率都低的业务单位。这类单位有可能自给自足，也有可能亏损，但不可能成为大量现金的源泉，不应追加投入。对于狗型业务药品流通企业应放弃。

波士顿咨询集团法可以帮助管理者分析一个公司的投资业务组合是否合理。如果一个公司没有金牛型业务，说明它当前的发展中缺乏现金来源；如果没有明星型业务，说明在未来的发展中缺乏希望。在明确了各项业务单位在公司中的不同地位后，就需要确定其战略目标。对有发展前途的问题型业务和持续向上发展的明星型业务，常选择发展战略，即大量投资，扩大战略业务单位的市场份额；对强大稳定的金牛型业务，常选择维持战略，即投资维持现状，保持业务单位现有的市场份额；对处境不佳的金牛型业务及没有发展前途的问题型业务和狗型业务，常选择收获战略，即在短期内尽可能地得到最大限度的现金收入；对无利可图的问题型业务和狗型业务，常选择放弃战略，即出售和清理，将资源转移到更有利的领域。

2. 通用电器公司法　又称为"战略业务规划网格"，简称"GE法"。这种方法认为，评估业务单位应重点考虑两方面因素：一方面是行业吸引力；另一方面业务单位的业务实力，即竞争能力。对于药品流通行业，我们只关注业务单位的业务实力，企业的战略业务单位的业务力量越强，则这种业务就是越好的业务。

业务单位的业务实力主要由下列因素构成：相对市场占有率、价格竞争力、产品质量、顾客了解度、推销效率、地理优势。其影响规律为相对市场占有率越大，业务实力越强；价格竞争力越强，业务实力越强；产品质量较竞争者越高，业务实力越强；对顾客了解程度越深，业务实力越强；推销效率越高，业务实力越强；生产和市场的地理位置优势越大，业务实力越强。药品流通企业应根据自身特点，并结合业务实力的构成因素，选择合适的战略发展方向。

二、药品流通业务发展战略

药品流通企业除对现有业务进行评估和规划外，还应对未来的业务发展方向作出战略规划，即制定企业的业务发展战略。药品流通企业的业务发展战略主要有三类：密集型增长战略、一体化增长战略、多元化增长战略。

（一）密集型增长战略

密集型增长战略是指企业将资源力量集中在现有的一个或几个业务上促使其继续发展。药品流通企业的现有产品和现有市场如果还有营利潜力，可采用密集型增长战略。这一战略主要有以下三种形式。

1. 市场渗透　通过各种营销措施，如增加广告、增加销售网点、加强人员推销以及降价等，吸引更多的顾客，增加现有产品在现有市场上的销售量。

2. 市场开发　努力使现有产品打入新的市场，如从地方市场扩展到全国市场、从国内市场扩展到国外市场等。

3. 产品开发　在现有市场上通过改进原有产品或增加新产品，来达到增加销售的目的。

（二）一体化增长战略

一体化增长战略是指药品流通企业以自己的资源如药品、仓库、资金、信息、市场等来联合或控制竞争中的某些外在因素或环节，促进其业务的发展，巩固竞争优势。如果企业增长潜力大，或实行一体化后可提高效率，提高营利能力和控制能力，则可采取一体化增长战略。具体形式有以下两种。

1. 纵向一体化　主要是指药品流通企业对货源的掌握和对服务环节的控制。

2. 横向一体化　主要是指相互间有竞争关系的药品流通企业的联合。药品流通企业通过收购、兼并竞争者的同种类型的企业，或者在国内外与其他同类企业合资经营，可以迅速扩大经营规模，增加市场份额，提高企业竞争力。

（三）多元化增长战略

多元化增长战略是指药品流通企业尽量增加产品种类，跨行业生产经营多种产品和业务，扩大企业的生产范围和市场范围，使企业的特长充分发挥，使企业的人力、物力、财力等资源得到充分利用，从而提高经营效益。

任务三　药品流通顾客关系管理战略

PPT

一、顾客关系管理战略概述

（一）顾客关系管理

顾客关系管理（Customer Relationship Management，CRM），是一种旨在改善企业与客户之间关系的新型管理机制，它实施于企业的市场营销、销售、服务与技术支持等与客户相关的领域。

顾客关系管理是伴随着因特网和电子商务的大潮进入中国的。最早发展顾客关系管理的国家是美国，在1980年初便有所谓的"接触管理"专门收集客户与公司联系的所有信息。到1990年则演变成包括电话服务中心支持资料分析的客户关怀。从管理科学的角度来考察，顾客关系管理源于市场营销理论；从解决方案的角度考察，顾客关系管理，是将市场营销的科学管理理念通过信息技术的手段集成在软件上面，得以在全球大规模地普及和应用。

在传统的管理理念以及现行的财务制度中，只有厂房、设备、现金、股票、债券等是资产。随着科技的发展，开始把技术、人才视为企业的资产，对技术以及人才加以百般重视。然而，这种划分资产的理念，是一种闭环式的，而不是开放式的。无论是传统的固定资产和流动资产论，还是新出现的人才和技术资产论，都是企业能够得以实现价值的部分条件，而不是完全条件，其缺少的部分就是产品实现其价值的最后阶段，同时也是最重要的阶段，在这个阶段的主导者就是顾客。

在以产品为中心的商业模式向以顾客为中心的商业模式转变的情况下，众多的企业开始将顾客视为其重要的资产，不断地采取多种方式对企业的顾客实施关怀，以提高顾客对本企业的满意程度和忠诚度。我们看到，世界上越来越多的企业在提出这样的理念，例如："想顾客所想""顾客就是上帝""顾客的利益至高无上""顾客永远是对的"等等。

（二）顾客关系管理内容

1. 搜集资料　顾客的信息众多而变化多端，必须多方搜集顾客信息，为建立好顾客关系做好准备。因为顾客管理的复杂程度高，顾客资料的搜集就显得尤为重要。公司要求销售人员与顾客接触时，要做的第一件事就是搜集相关信息。

（1）搜集顾客资料　充分了解药品流通市场的顾客资料，销售人员才能了解顾客的基本需求，才可以确定基本的销售策略。针对公司的重点顾客，搜集的顾客资料应包括以下几个方面：顾客组织结构；各种形式的通讯方式；区分出顾客采购产品的采购部门、支持部门及其主要决策者；顾客的业务情况；顾客所在部门的基本情况等。其目的是与合适顾客和关键顾客建立更紧密的关系，根据顾客信息制订顾客服务方案，满足顾客个性化需求，提高顾客价值。自己收集、信息交换、购买是收集顾客信息的常用方法。

（2）搜集项目资料　药品流通企业对重点顾客管理所投入的资源是有限的，千万不能把有限的时间、费用和精力投入到一个错误顾客身上，所以要了解顾客项目的情况，包括顾客要不要买，什么时候买，预算是多少，采购流程是怎样的等等。项目资料包括以下内容：客户最近的采购计划、通过这个项目要解决什么问题、决策人和影响者、采购时间表、采购预算、采购流程等。

（3）搜集竞争对手资料　药品流通企业需要经常搜集竞争对手的产品和服务信息，以比较公司产品和服务与竞争对手之间的差别，有针对性地引导顾客需求。竞争对手的信息主要包括以下几方面：对手产品在顾客处的使用情况；顾客对其产品的满意度；竞争对手销售代表的名字；销售的特点；该销售代表与顾客的关系等。

2. 分析处理资料　药品流通企业对搜集的大量顾客信息进行分析，做好信息交流与反馈管理。顾客信息分析不能仅仅停留在对顾客信息的数据分析上，更重要的是对顾客的态度、能力、信用、社会关系的评价。对顾客信息进行分析需要寻找共同点，但进行差异化分析更重要，因为它能够帮助企业准确地把握合适顾客和关键顾客。信息交流的主要功能是实现双方的互相联系、互相影响。从实质上说，顾客关系管理过程就是与顾客交流信息的过程。实现有效的信息交流是建立和保持企业与顾客良好关系的途径。

顾客反馈对于衡量企业承诺目标实现的程度、及时发现在为顾客服务过程中的问题等方面具有重要的作用。投诉是顾客反馈的主要途径，如何正确处理顾客的意见和投诉，对于消除顾客不满，维护顾客利益，赢得顾客信任都是十分重要的。

3. 建立良好的顾客关系　药品流通企业对搜集的大量顾客信息，经过分析处理后可以预测消费者有多大可能去购买产品，以及利用这些信息给产品和服务以精确定位，有针对性地制作营销计划，从而达到说服消费者去购买产品的目的。通过对搜集信息进行分析，各个部门都对顾客的资料有详细全面的了解，可以给予顾客更加个性化的服务支持和营销设计，使"一对一的顾客关系管理"成为可能。

根据数据库中顾客信息特征，有针对性地判定营销策略、促销手段，提高营销效率，帮助公司决定制造适销的产品以及使产品制定合适的价格；可以以所有可能的方式研究数据，按地区、国家、顾客大小、产品、销售人员甚至按邮编，从而比较出不同市场销售业绩，找出数字背后的原因，挖掘出市场潜力。

（三）顾客关系管理实施的主要步骤

1. 确立业务计划　企业在考虑部署"顾客关系管理"方案之前，首先确定利用这一新系统实现的具体的生意目标，例如提高顾客满意度、缩短产品销售周期以及增加合同的成交率等。即企业应了解这一系统的价值。

2. 建立顾客关系管理员工队伍　为成功地实现顾客关系管理方案，管理者还须对企业业务进行统筹考虑，并建立一支有效的员工队伍。每一准备使用这一销售系统方案的部门均需选出一名代表加入该员工队伍。

3. 评估销售、服务过程　在评估一个顾客关系管理方案的可行性之前，使用者需多花费一些时间，详细规划和分析自身具体业务流程。为此，需广泛地征求员工意见，了解他们对销售、服务过程的理解和需求。此外，还要确保企业高层管理人员的参与，以确立最佳方案。

4. 明确实际需求　充分了解企业的业务运作情况后，接下来需从销售和服务人员的角度出发，确定其所需功能，并令最终使用者寻找出对其有益的及其所希望使用的功能。就产品的销售而言，企业中存在着两大用户群：销售管理人员和销售人员。其中，销售管理人员感兴趣于市场预测、销售渠道管理以及销售报告的提交；而销售人员则希望迅速生成精确的销售额和销售建议、产品目录以及客户资料等。

5. 选择供应商　确保所选择的供应商对你的企业所要解决的问题有充分的理解。了解其方案可以提供的功能及应如何使用其顾客关系管理方案。确保该供应商所提交的每一软、硬设施都具有详尽的文字说明。

6. 开发与部署　顾客关系管理方案的设计，需要企业与供应商双方面的共同努力。为使这一方案得以迅速实现，企业应先部署那些当前最为需要的功能，然后再分阶段不断向其中添加新功能。应优先考虑使用这一系统的员工的需求，并针对某一用户群对这一系统进行测试。另外，企业还应针对其顾客关系管理方案确立相应的培训计划。

📖 **拓展阅读**

顾客关系营销的层次

并非所有的顾客都采用同一的营销策略和营销投入，企业应区分对不同细分市场和不同顾客的关系营销层次。科特勒划分了5种不同的层次。

1. 基本型　销售人员出售商品，但把产品销售出去就不再与顾客接触。

2. 反应型　销售人员出售商品，并鼓励顾客有问题或不满打电话给公司。

3. 可靠型　销售人员主动打电话询问产品使用情况，并向顾客征集改进产品的建议。

4. 主动型　销售人员经常与顾客联系，讨论改进产品用途或新产品开发建议。

5. 合伙型　公司与顾客一直相处在一起，找到顾客的消费方式或引导顾客消费的途径。

企业在外界市场不确定性影响下，应根据成本权益平衡分析，确定关系对象和关系层次，运用一定的营销手段建立顾客价值约束，形成不同质量的顾客关系，并不断进行反馈和完善。

二、药品流通服务顾客关系管理战略

药品流通服务顾客关系管理战略是以顾客及其需求为行动导向，为了优化长期价值而选择和管理顾客的营销战略。它是以顾客为中心的新型商务模式，是现代信息技术、应用系统、方法和手段的整合，为顾客提供多种交流的渠道，体现了以顾客为核心的现代管理理念。

（一）加强顾客服务战略

1. 保证顾客的货源　对销售量较大的顾客，应优先满足其对产品的数量及质量的要求，是药品流通服务顾客关系管理的首要任务。尤其是在销售上存在淡旺季的药品，顾客管理部要随时了解大顾客的销售与库存情况，及时与顾客就市场发展趋势、合理的库存量及顾客在销售旺季的需货量进行商讨，在销售旺季到来之前，协调好生产及运输等部门，保证重点顾客在旺季的货源需求，避免出现因货物断档导致顾客不满情况。

2. 定期拜访顾客　安排销售人员对顾客定期拜访，以利于销售人员及时发现顾客问题并提出建议。顾客的问题体现市场的需求，无论是生产、运输或顾客行政费用上的顾虑和抱怨，谈及问题是寻求答案的标志，如果解决这些问题，则有助于增加顾客信任和拓展销售机会。安排企业高层主管对顾客的拜访工作，为公司高层提供准确的信息、协助安排合理的日程，以使公司高层有目的、有计划地拜访重点客户。

3. 重视顾客对营销人员的意见　经常征求顾客对营销人员的意见，及时调整营销人员，保证渠道畅通。市场营销人员是企业的代表，市场营销人员工作的好坏，是决定企业与客户关系的重要因素。顾客管理部应对负责处理顾客之间业务的市场营销人员进行监督与考核，对工作不力的人员进行及时调整。

4. 组织顾客与企业座谈会　每年组织一次企业高层主管与重点顾客之间的座谈会，听取顾客对企业产品、服务、营销、产品开发等方面的意见和建议，对未来市场的预测，对企业下一步的发展计划进行研讨。

（二）服务补救战略

服务补救是指药品流通企业在对顾客提供服务过程中出现失败或错误的情况下，对顾客的不满和抱怨当即做出的补救性反应。

药品流通企业处理产品投诉是向顾客提供售后服务重要环节，包括重点客户经理、销售内勤、区域经理、生产部、销售副总在处理顾客投诉时要担当起各自的角色。产品投诉由客户服务部负责，顾客管理部密切协调，客户投诉必须以认真、迅速及专业的方式来处理，以最好地满足顾客的需求。

任务四　药品流通企业形象战略

PPT

企业形象作为一种管理思想，融入企业运行的各个层面，以形象建设带动企业内、外因素的提升，以企业内、外因素的提升进行企业内外形象建设，是现代企业发展中的一个重要里程碑，对于企业的未来具有重要战略意义。

一、药品流通企业形象及其构成

（一）企业形象

企业形象（CIS），即一个企业区别于其他企业的标志和特征，是企业在社会公众心目中占据的特定位置和确立的形象。

药品流通企业形象，是社会公众对药品流通企业的药品、服务、广告、经营作风、员工行为、标志等组织行为的综合性评价。是社会公众通过亲身体验、宣传媒介等的传播，以及经过自己理性思考而形成的认识。

（二）企业形象构成

企业形象是个整体系统，由三个子系统组成：理念识别系统、行为识别系统、视觉识别系统。它不仅能够全面提升企业整体形象和经营管理水平，促进企业经济效益和社会效益的提高，而且，优秀的企业形象能够直接促进产品的销售。

药品流通企业的理念识别系统、行为识别系统和视觉识别系统构成一个有机整体，它们相互作用，相互贯穿，成为塑造药品流通企业形象的三大支柱，它们虽然有着不同的内涵，发挥着不同的作用，但最终目标是一致的，即体现着药品流通企业的主体性和同一性，使药品流通企业形象如同一棵有根有茎有叶的树，统一而刚劲有力。

1. 理念识别系统　是指确立企业自己的经营理念，企业对目前和将来一定时期的经营方向、经营思想、经营作风、进取精神、风险意识和营销状态进行总体规划和界定。理念识别系统主要有以下两个方面：一是企业制度和组织结构层，包括各种管理制度、规章制度、生产经营过程中的交往方式、生产方式、生活方式和行为准则；二是企业精神文化层，包括企业及员工的概念、心理和意识形态等。理念识别是企业识别系统的核心，对外它是企业识别的尺度，对内是企业内在的凝聚力。

2. 行为识别系统　行为识别系统直接反映企业理念的个性和特殊性，是企业实践经营理念与创造企业文化的准则，对企业运作方式所作的统一规划而形成的动态识别系统。通过对内、对外一系列的实践活动将企业理念的精神实质推展到企业内部的每一个角落，汇集起员工的巨大精神力量。员工教育、规范制度和管理提升是建立有效的行为识别系统的关键环节，其中员工教育是将企业理念贯穿于行为的基础；制度和规范是建立行为识别系统的有力工具；卓越的管理是行为识别系统顺利实施的保证。行为识别系统主要有三个层次：第一层是企业中的个体行为，包括员工的修养、专业技能、态度和动机等；第二层是整个企业的行为，包括决策行为、权力结构、沟通机制、组织发展和变革机制等；第三层是企业对外的公共关系、流通政策、公益活动等与环境间的互动行为。

行为识别系统通过企业内部的制度、管理与教育训练，使员工行为规范化。企业在处理对内、对外关系的活动中，体现出一定的准则和规范，并以实实在在的行动体现出企业的理念精神和经营价值观。通过有利于社会大众和消费者认知、识别企业有特色的活动，塑造企业的动态形象，并与理念识别、视觉识别相互交融，树起企业良好的整体形象。

3. 视觉识别系统　视觉识别是以标志、标准字、标准色为核心展开的完整的、系统的视觉表达体系。将上述的企业理念、企业文化、服务内容、企业规范等抽象概念转换为具体符号，塑造出独特的企业形象。通过产品造型、办公用品、企业环境、交通工具、服装服饰、广告媒体、招牌、包装系统、陈列展示等来呈现企业形象。

药品流通企业视觉识别系统是一种将药品流通企业的经营理念、价值观，通过静态的、具体化的、视觉化的传播方式，有组织、有计划、正确地、准确地、快捷地传达出来，从而使药品流通企业的精神、思想、经营方针等主体性内容以视觉的方式得到外化，使社会公众能一目了然地掌握药品流通企业的信息，并产生认同感达到识别的目的。

药品流通企业标志是视觉识别系统的核心，它构成药品流通企业形象的基本特征，体现药品流通企业的内在素质。药品流通企业标志不仅是调动所有视觉要素的主导力量，也是整合所有视觉要素的中心，更是社会大众认同药品流通企业品牌的代表。因此，药品流通企业标志，在整个视觉识别系统中具有重要的意义。

拓展阅读

药品流通企业标志特征

1. 识别性　是药品流通企业标志的基本功能。借助独具个性的标志，来区别本药品流通企业及其服务的识别力，是现代药品流通企业市场竞争的利器。

2. 领导性　药品流通企业标志是药品流通企业视觉传达要素的核心，也是药品流通企业开展信息传达的主导力量。标志的领导地位是药品流通企业经营理念和经营活动的集中表现，贯穿和应用于药品流通与营销的所有相关活动中。

3. 同一性　药品流通企业标志代表着药品流通企业的经营理念、文化特色、经营规模、经营的内容和特点，因而是药品流通企业精神的具体象征。

4. 时代性　现代药品流通企业面对发展迅速的社会，日新月异的生活和意识形态，不断的市场竞争形势，其标志形态必须具有鲜明的时代特征。

二、药品流通企业形象的主要战略

药品流通企业形象战略是运用视觉设计，将企业理念与本质规格化、视觉化、系统化，它以商标或标志的造型与色彩的设计作为表达核心，将企业的经营理念、管理思想以及生产经营战略，通过视觉的艺术再现技术，传播给企业职工和社会公众的系统谋划和动态管理过程。它能够全面提升企业整体形象和经营管理水平，促进企业经济效益和社会效益的提高，优秀的企业形象能够直接促进产品的销售。

（一）品牌战略

品牌战略是指对药品流通企业品牌的全过程的管理，以使品牌运营在整个药品流通企业运营中起到良好的驱动作用，不断提高药品流通企业的核心价值和品牌资产，为药品流通企业长久发展打下基础。品牌战略是关系到一个企业兴衰成败、长治久安的根本性决策，它是企业品牌经营的提纲和总领，是实现持续发展的前提与保证。

1. 品牌管理　品牌管理通常包括四个方面：①品牌精髓设计，根据顾客的信息、投资人和战略伙伴的关系、企业的结构、员工的构成、市场的状况、竞争格局等，设计品牌的精髓，并使之变得充实；②寻找品牌灵魂，通过对品牌理性和感性因素的认识和评估，寻找品牌与众不同的求异战略，升华出品牌的灵魂及独一无二的定位和宣传信息；③掌握品牌核心，品牌核心涉及企业社会责任、文化渊源、顾客心理和情绪因素。要根据目标，将品牌的核心因素一一列出来；④维护品牌发展，品牌形成容易但维持是个很艰难的过程，要对保护及爱护品牌进行培育。

2. 培育品牌文化　品牌文化是指通过赋予品牌深刻而丰富的文化内涵，建立鲜明的品牌定位，并充分利用各种强有效的内外部传播途径形成消费者对品牌在精神上的高度认同，创造品牌信仰，最终形成强烈的品牌忠诚。品牌只要有了一定的品牌文化，才可能全面地满足消费者的需要。

3. 品牌识别　品牌识别分为三个部分，分别是物质识别、精神识别、管理识别。品牌识别并不等同于品牌形象。识别是针对信息传播者而言的。传播者的任务是详细说明品牌的含义、目标和使命。形象则是对此诠释的结果，是对品牌含义的推断，是对符号的解释。从品牌管理角度来看，识别必须先于形象形成。在向公众描绘一个观点之前，必须已明确出要描绘什么。消费者如何在品牌传达的所有信息的综合中如品牌名称、视觉信号、产品、广告、赞助的活动、新闻发布等形成形象，形象则是诠释的结果。要提升品牌资产必须正确进行品牌识别。

4. 品牌危机 市场竞争日趋激烈和残酷，品牌形象的重要性也越显突出。公共关系作为药品流通企业形象建设的重要手段而因此成为企业营销策略中不可或缺的要素。部分药品流通企业因为不注意危机公关而导致品牌形象受损，企业破产。所以品牌危机管理尤为重要。药品流通企业进行品牌危机管理时要有强烈的危机防范意识，不能忽视微小的问题。遇到品牌危机时，要进行积极的危机公关，避免危机问题扩大化。

5. 品牌创新与延伸 就是把已树立起来的品牌，使用到其他产品上去。采用品牌创新延伸策略推出新产品，企业有可能从以下两个方面受益。第一，原有品牌的知名度有助于提高新产品市场认知率和减少新产品的市场导入费用。新产品推向市场的第一步就是要获得消费者的认知，形成品牌识别。如果新产品没有特别吸引消费者的优点或缺乏持续广告的强有力的支持，要在消费者的记忆中占据一席空间是非常困难的。尤其是在竞争激烈、产品趋于成熟的市场，产品本身的差异很小，新产品的市场开拓更为艰难。同时，市场上业已成名的品牌，常常会成为新产品进入的强大壁垒，构成竞争壁垒的原因在于品牌忠诚的存在。第二，借助品牌延伸，用著名品牌推出新产品，使后者的定位更为方便、容易。将产品进行定位，使之具有自己的特点和个性是产品取得竞争的重要手段。产品定位往往要与产品的某些具体特征相联系，如产品的独特功能、疗效等。对于新产品，要树立这样一种品牌形象是一个漫长的过程。如果企业拥有的成功品牌正好能准确地传达新产品定位所需要的信息，新产品定位就显得容易多了。

6. 品牌战略模式 品牌战略模式有多品牌战略、单一品牌战略、一牌一品战略、品牌同名战略、副品牌战略、品牌联合战略、品牌特许经营战略等等，药品流通企业可根据自身特点确定合适的品牌发展战略。

（二）责任战略

药品流通企业社会责任通常是指企业在创造利润、对股东利益负责的同时，还要承担对员工、消费者、社区和环境的社会责任，包括遵守生产安全、职业健康、商业道德、保护劳动者的合法权益、保护环境、节约资源、捐助社会公益、保护弱势群体等。药品流通企业社会责任不只对股东负责，强调对包括股东、消费者、员工、客户、社区、政府等在内的利益相关者的社会责任。药品流通企业的社会责任主要有：法律责任、教育责任、经济责任、环境责任。

1. 法律责任 是药品流通企业最基本的责任，即遵守国家的各项法律，不违背商业道德。高层次上是企业对环境保护、社区、社会公益事业的支持和捐助。

2. 经济责任 指药品流通企业为社会创造财富，提供物质产品，改善人民的生活水平。

3. 教育责任 主要指药品流通企业要教育职工在行为上符合社会公德，在生产方式上符合环保要求。

4. 环境责任 是企业为员工提供符合人权的劳动环境，并在生产过程要做到对环境的保护。

药品流通企业把社会责任理念植根于员工心中，化为素质和习惯，社会责任才会展现出强大的生命力。把社会责任化为企业价值观和实践，是提升企业核心竞争力的重要途径，是推动企业又好又快发展的强大动力。

📱 **拓展阅读** --

医药企业社会责任的特殊性

时下企业履行社会责任已不仅仅是一股潮流，更成为企业品牌和核心竞争力的重要组成部分和显著标志，是企业自身健康永续发展、基业长青的根本保证。

医药企业是一个具有相对特殊性的企业群体，其特殊性主要表现在企业提供的产品上。众所周知，药品是特殊的商品，是与人民群众的生命安危、身体健康息息相关的，好药治病，劣药致命。因此，作为药品生产、流通企业，因其产品在履行社会责任上的特性，和其他企业相比，既有共性，也有特性。医药企业除了应和其他企业一样切实履行企业的基本责任、法定责任和道义责任之外，还应更加注重产品的质量，怀着对生命的高度敬畏之心，生产良心药，销售放心药，不仅要把品质卓越、疗效确切、安全可靠的药品提供给患者，同时，也要把传播绿色健康的理念、提供满意的服务当作其社会责任的重要部分。

（三）服务质量战略

药品流通企业服务质量战略是指以质量为中心，以提供满意产品为企业理念，以顾客满意和顾客忠诚为目标，力求提高市场占有率和国际竞争力的关系企业长远性、全局性发展的谋划。

1. 提供高质量的服务 药品流通企业服务质量的高低关系到企业利润、成本、销售额，每个企业都为留住优质客户积极寻求高质量的服务。因此，药品流通企业为客户提供服务时最基本的就是要考虑到客户的感受和期望，从他们对服务和产品的评价转换到服务的质量上。

2. 提供高质量的产品 产品质量是药品流通企业为客户提供有力保障的关键武器，质量改进有时要求量上的飞跃，小的改进通常可以通过努力工作来实现，但大的改进要求有全新的措施和方法，要求更巧妙地工作。

药品流通企业形象战略具有内部激励功能和外部感召功能，有利于创建优秀的企业文化、提高企业凝聚力、增强产品的竞争力、强化企业对环境适应能力；有利于企业吸引优秀人才、增强股东投资信心；有利于赢得消费者的认同，稳定合作关系等。

目标检测

答案解析

一、单选题

1. 以下不属于药品流通市场基本竞争战略的是（ ）

　　A. 低成本战略　　　　　　　　　　　　B. 差异化战略

　　C. 集中化战略　　　　　　　　　　　　D. 市场领导者的竞争战略

2. 关于差异化战略说法不正确的是（ ）

　　A. 差异化战略企业不会面临实行低成本战略企业的威胁

　　B. 是指企业向顾客提供的产品或服务与其他竞争者相比独具特色，从而使企业建立起独特竞争优势的一种战略

　　C. 该战略的基本定位是药品流通企业向不同的顾客提供差异化的服务及药品

　　D. 药品流通企业采用差异化战略能够建立起顾客对产品或服务的忠诚度

3. 关于药品流通市场竞争说法不正确的是（ ）

　　A. 协调不同环节之间的流通活动　　　　B. 关注药品流通活动重要环节

　　C. 提高药品流通运行效率　　　　　　　D. 构建流通体系和供应链的整体优势

4. 集中化战略的核心是（　　）

    A. 把营销的目标集中在特定的细分市场上，为特定的顾客提供特定的服务及药品

    B. 是企业的经营活动集中于某一特定的购买群体

    C. 为小市场的购买者提供比竞争对手更好更有效率的服务

    D. 避免与竞争对手正面冲突

5. 以下不属于药品流通业务构成部分的是（　　）

    A. 识别战略业务　　　　　　　　　　B. 分析战略业务

    C. 评估战略业务　　　　　　　　　　D. 发展战略业务

6. 关于金牛型业务说法不正确的是（　　）

    A. 市场增长率低、相对市场占有率高的业务单位

    B. 由于市场已经成熟，企业不必大量投资来扩展市场规模

    C. 作为市场中的追随者，这类业务单位能为企业提供较多现金

    D. 可用来支持其他业务单位的生存与发展

7. 药品流通企业的增长战略不包括（　　）

    A. 密集型增长战略　　　　　　　　　B. 一体化增长战略

    C. 多元化增长战略　　　　　　　　　D. 竞争型增长战略

8. 药品流通企业形象的三大支柱不包括（　　）

    A. 理念识别系统　　　　　　　　　　B. 视觉识别系统

    C. 行为识别系统　　　　　　　　　　D. 产品识别系统

9. 关于药品流通企业服务质量战略说法不正确的是（　　）

    A. 是指以质量为中心

    B. 以提供满意服务为企业理念

    C. 以顾客满意和顾客忠诚为目标

    D. 力求提高市场占有率和国际竞争力的关系企业长远性、全局性发展的谋划

10. 以下不是品牌识别组成的是（　　）

    A. 物质识别　　　　B. 精神识别　　　　C. 文化识别　　　　D. 管理识别

二、多选题

1. 以下属于竞争基本模式的是（　　）

    A. 竞争顾客忠诚度　　　　　　　　　B. 竞争市场份额

    C. 竞争顾客范围　　　　　　　　　　D. 竞争地理区域

2. 低成本战略由（　　）构成

    A. 成本分析　　　　B. 成本控制　　　　C. 评估和持续改进　　　　D. 降低成本

3. 关于药品流通企业采用差异化战略说法正确的是（　　）

    A. 能够建立起顾客对产品或服务的忠诚度

    B. 顾客对商标的信赖和忠诚形成了强有力的行业进入障碍，增加了新加入者进入该行业的难度

    C. 差异化战略产生的高边际效益，增强了企业对供应商讨价还价的能力

    D. 使购买商缺乏与之可以比较的产品选择，降低购买商对价格的敏感度

4. 药品流通企业的社会责任主要有（　　）

    A. 法律责任　　　　　　B. 教育责任　　　　　　C. 经济责任　　　　　　D. 环境责任

5. 波士顿咨询集团法将公司的业务分成（　　）

    A. 明星型　　　　　　　B. 金牛型　　　　　　　C. 问题型　　　　　　　D. 狗型

三、问答题

1. 药品流通市场基本竞争战略有哪些？

2. 药品流通企业的增长战略主要有哪些？

3. 顾客关系管理内容有哪些？

4. 顾客关系管理实施的主要步骤有哪些？

5. 简述药品流通企业形象战略。

书网融合……

知识回顾

习题

（胡　鹏）

药品流通企业管理 ⓔ微课

PPT

📖 学习目标

知识目标

1. 掌握药品流通企业营销计划的含义及构成要素；药品流通企业营销组织的模式及基本类型；影响药品流通企业营销组织的因素。

2. 熟悉药品流通企业营销控制的基本程序；药品流通企业营销组织结构。

3. 了解药品流通企业营销控制的一般方法；药品流通企业营销组织的基本原则。

能力目标

会制订企业营销策略、判断营销控制偏差，并能依据医药市场环境对药品流通企业的营销策略、营销控制过程提出合理化建议。

素质目标

1. 遵守药品流通企业经营规范，履行药品流通企业诚实守信的职业道德准则。

2. 具有诚实守信、积极乐观、热心服务的品质与较强的团队合作精神。

3. 具有独立面对营销控制突发事件处理的抗压能力和解决问题的能力。

▶ 案例导入

案例："上线上云上平台"，医药流通的"成人礼"

2021 年发布的《商务部关于"十四五"时期促进药品流通行业高质量发展的指导意见》明确提出，发展现代绿色智慧供应链，推动药品流通供应链各环节智能化应用，构建技术领先、便捷高效、安全有序的现代智慧药品供应链服务体系，发展新业态、新模式，推进"互联网＋药品流通"改革。

具体而言，加快 5G 网络、大数据等技术应用，优化药品流通传统模式，实现要素、结构、流程、服务的迭代式升级；推动行业进行数字化改造与升级，促进企业"上线上云上平台"，深化市场营销、运营管理、仓储物流、产品服务等环节的数字化应用。这也意味着数字化医药流通走向新阶段。

数字化不仅能够帮助建立一个更提质高效的药品流通体系，还能推动从"以治疗为中心"向"以健康管理为中心"的理念转变。这也是医疗健康行业未来的发展趋势。随着国际国内医药产业链合作逐步深入，"互联网＋药品流通"体系不断完善，供应链服务持续创新，人工智能快速发展，药品流通行业还将迎来更大的发展空间。

讨论：在互联网医疗兴起以及医药电商业务快速增长的时代，药品流通企业如何适应市场发展的需要？

任务一　药品流通企业营销计划

一、药品流通企业营销计划的含义

药品流通企业营销计划是药品流通企业在对药品市场营销环境进行调研分析的基础上，根据企业总体战略规划的要求，所制订的各种营销目标及为实现这些目标所采取的方法手段、明确规定和营销方案。

（一）营销计划的作用

药品流通企业营销计划是公司计划的一个重要组成部分，是保证营销活动正常而高效运行必不可少的。为了保证企业营销活动顺利进行，企业需要制定完整的营销计划。在制定营销计划时既要明确企业的营销目标，又要提出为实现营销目标所采取的策略、措施和步骤。企业制定营销计划的主要作用如下。

第一，企业各部门和企业高层管理者可以依据营销计划预计未来的发展状况，明确发展目标，并采取相应的措施，分配好人力和物力，提高营销效率，节约营销成本，降低经营风险。

第二，营销计划对企业有关营销活动有具体安排，如描述将要执行的任务和行动，详细说明预期的经济效益，有助于企业内部各部门员工明确工作方向和职责，有目标、有计划、有步骤地去完成任务。

第三，企业各部门依据计划开展工作任务，有助于监测各种营销活动的行动和效果，有利于企业高层管理者协调各部门的关系，加强对营销活动的有效控制。

（二）营销计划的分类

药品市场环境复杂多变，因此，药品流通企业需要依据其产品、市场等特点来制定各种营销计划，以便适应不断变化的市场环境。一般来说营销计划有下述几种。

1. 总体营销计划和项目营销计划　按照营销计划对象的规模，可以分为总体营销计划和项目营销计划。药品流通企业总体营销计划是针对企业所有营销活动所制定的计划；项目营销计划是针对某个对象（如产品或服务等）制定的营销计划，常见的项目营销计划有新产品开发计划、品牌形象计划、市场推广计划、产品促销计划、公关计划、渠道拓展计划等。

2. 长期营销计划、中期营销计划和短期营销计划　按照时间长短，又可以分为长期营销计划、中期营销计划和短期营销计划。长期营销计划是企业制定长远的营销计划，包括长期营销目标、发展计划和竞争计划等，主要是确定企业未来发展方向和奋斗目标的纲领性计划，以及实现这些目标和计划的方法与手段，该计划与企业总体战略目标保持一致，一般分为五年计划、十年计划，甚至还有二十年计划；中期营销计划是指一些承上启下的营销计划，期限一般为 1～5 年；短期营销计划指企业对近期的营销活动制定具体的目标和行动措施等，短期计划的期限通常为一年，又称年度计划，包括年度营销目标、地区营销目标、产品营销目标等。随着药品市场的不断扩大，市场竞争日益激烈，药品流通企业想在复杂多变的营销环境中取得优势地位，一般应有长远的营销计划。

二、药品流通企业营销计划的构成要素

为保证营销计划的科学性，并做到切实可行，一个合理的营销计划一般包含的要素有：计划概要、

市场营销现状分析、机会与威胁分析、营销目标、营销策略（产品策略、价格策略、渠道策略、人员策略等）、营销方案执行、费用预算等。

1. 计划概要　　计划概要是一份计划书的开端，是整个市场营销计划精华所在。它是对营销计划中的目标、措施及策略等问题的简短摘要，目的是使高层管理当局在最短的时间内可以掌握、了解该计划的核心内容，并引起高层重视，从而获得该计划的通过。

2. 市场营销现状分析　　此部分要提供药品市场、产品、竞争、分销及宏观环境有关的背景资料，通过对环境因素进行深入分析，了解市场动态，从而为制订具体的营销目标、计划和策略提供材料背景，以便为具体执行计划做好充分准备。

（1）市场形势分析　　要分析进入的目标市场的基本情况，包括市场规模与成长及未来发展趋势等有关数据。近几年来不同地区或分市场的销售情况，并提供顾客需求和购买行为等方面的动态。

（2）产品情况分析　　要描述近几年市场中的产品种类、数量、价格、利润及竞争力等情况，分析自身产品的竞争优势、特征，以及产品组合情况，还要分析未来的销量情况，以及产生的成本、费用等。

（3）竞争形势分析　　要识别出其他药品流通企业，分析行业主要竞争者的规模、目标、市场占有率、产品优势、价格、营销策略等，以了解竞争者未来采取的营销策略、行为及其他资料等。

（4）分销情况分析　　要分析公司建立何种渠道销售产品，以及各条渠道的相对重要性。通过分析这些渠道的特征、建立渠道的难易程度、渠道控制问题等，来了解各个经销商以及他们的经销能力的变化。

（5）宏观环境分析　　除了分析上述市场环境因素外，还需要分析药品流通市场营销的其他宏观环境因素，如政治环境、经济环境、技术环境、社会文化环境、人口环境等客观环境的变化情况，并分析它们的现状及未来变化趋势，寻找未来的市场机会。

3. 机会与威胁分析　　在分析营销现状的基础上，要结合企业及相关产品的优势与劣势，找出主要的市场营销机会和面临的问题。分析营销环境，依据优势与劣势，扬长避短；分析竞争现状，找出我们的机会与威胁；分析企业原有市场存在的主要问题以及问题的关键原因，对企业营销问题进行诊断以确定目标和策略。

4. 营销目标分析　　营销目标是企业营销计划的核心内容，市场营销部门会在市场分析的基础上，围绕产品找出主要的机会和挑战，优势与劣势，通过对这些问题的决策产生出市场营销目标和营销战略。营销目标一定要注意与实际相符，需要用数量化指标来制定财务目标和营销目标。每一个药品流通企业都寻求一定的财务目标，如投资报酬率、净利润率和现金流量等。财务目标必须转化为营销目标，如销售总收入、市场份额等。在各定量目标之间应保持内在的一致性，必要时目标还需要分层次加以说明。

5. 营销策略分析　　每个营销目标都需要通过一定的途径去实现。营销策略是指 STP 策略、4Ps 营销组合策略、3Ps 营销组合策略等，即明确企业目标市场，分析不同分市场在产品、渠道、定价、盈利潜力和顾客偏好等方面的特点，权衡利弊。市场营销部门要在精心选择的目标市场上慎重地分配力量，找出产品的主要市场营销策略。

📖 **拓展阅读** --

4Ps 营销组合策略——人员营销策略

在服务市场营销中，人是服务产品中的一个重要因素。建立一支能够并且愿意为企业"创造真正顾客"的员工组成的营销队伍。企业应做好下列工作。

1. 进行顾客满意观念教育　即对企业全体员工进行观念教育，使"顾客第一的观念"深入人心，使全体员工能真正了解和认识到战略的重要性，并形成与此相适应的企业文化，即一种对顾客充满爱心的观念和价值观。

2. 感情投入服务　不断了解顾客的实际需要，"用心"服务、"用情"服务，将每一次交易视为亲情交流，努力满足顾客的各种心理需求，使服务对象感受温情。赢得用金钱买不到的声誉，以提高企业凝聚力。

3. 建立高效的绩效评估系统和奖励制度　强化竞争机制，教育和激励员工不断提高服务水平。

6. 行动方案分析　有了营销策略，市场营销部门必须为各种营销策略的实施制定详细的行动方案。在制定方案里，要确定哪个部门来做、何时做、如何做、实施成本、达到什么要求。具体行动计划可以用图表形式表达，表明每一项工作的日期、工作目的、负责人员及费用情况等，从而使整个营销计划直观可行，便于计划的实施和控制。

7. 营销预算　市场营销部门在确定营销目标和战略之后，可以编制一个辅助预算，说明预计销售量、价格、销售收入总额、生产成本、分销成本和市场营销费用等，从而预算总体盈利。编制出营销预算后，送上级主管部门审批，成为有关部门安排生产、人力、采购、市场营销与营销控制工作的主要依据。

8. 营销控制　营销控制是对营销计划进行检查和控制，说明企业对计划的执行过程，是营销计划的最后部分。营销控制的做法是把目标、预算按月或季度分开，有助于上级主管部门及时了解各个时期的销售业绩，检查每阶段的营销目标是否实现，找出未完成营销目标的部门和原因，并限期做出解释和提出改进措施等，从而保证营销计划的顺利实现。

三、药品流通企业营销计划的实施

由于市场营销计划是对未来营销行为的计划，因此，未来环境的不确定性会导致这些计划在实施过程中可能无法实现，所以要制订一定的保障措施，保证营销计划的有效执行，充分发挥企业的潜力，取得较好的经济效益。通常的保障措施有制度保障、流程保障、权限分配保障及资源保障等。

1. 制度保障　在企业市场营销计划的实施过程中，必须要建立相应的制度，来约束各种营销行为，主要的营销保障制度有绩效考核制度和部门协调制度。绩效考核制度是将营销目标与管销人员的绩效考核联系起来，确保营销人员始终围绕营销目标开展工作，否则，可能会致使营销人员的行为偏离营销目标，不利于营销目标的实现，如营销推广管理制度、区域管理制度、渠道管理制度、销售业务管理制度等。由于营销计划需要营销部门与其他部门之间建立协作关系，因此企业还要制定部门协作制度，协调各部门之间的业务关系，明确各个部门在营销计划中的责权利，以及相关的奖惩措施等，这些制度保障能促使营销计划落到实处。

2. 流程保障　是指优化营销计划的业务运作流程，从业务流程上保障营销计划的顺利开展，如产品研发流程、营销推广流程、营销计划流程、订单处理流程等。

3. 权限分配保障　是各部门在实现营销计划中如何分配权限的问题，营销计划的有效执行很大程度上取决于各部门能否充分发挥各自的职能。计划实施要为各个部门赋予一定的权限，如总部和分部、财务部门与营销部门、生产部门与营销部门、各职能部门与各级销售组织等需要合理进行权限分配，才能保证营销计划的实现，否则将会影响营销计划的执行效率。

4. 资源保障　是指为达成营销计划的目标所必需配备的各种资源，如各种促销与宣传费用、人力资源保障等。有些计划项目分配到的资源往往并不能保障计划的实现，因此，在营销计划实施中，一定要通过相关制度对关键项目给予资源保障，并与绩效考核结合起来，确保营销目标能够得以顺利实现。

5. 营销团队保障　药品销售团队在构成主体上来看，主要分为医药专家、医药企业营销决策人员、医药代表、药品销售代表、医生等。他们都有着各自的特征与使命，通过彼此的信息共享与行为合作来构成药品营销团队。

营销团队在一定程度上决定了药品营销的方式、目的、途径以及效果，他的思维模式和行为模式从最源头就决定了一个药品营销过程中的成败。他们的主要特征集中在专业的企业管理知识以及独有的决策权，他们的使命在于满足企业发展的营销战略和与营销方案。

任务二　药品流通企业营销组织

一、建立药品流通企业营销组织的原则

从管理的角度来看，组织是一种管理职能，是指企业为协调内部的各项活动而设置的管理结构体系。药品流通企业营销组织是指药品流通企业内部涉及营销活动的各个职位的安排、组合及其结构模式，营销组织健全与否，直接关系到企业营销决策的执行力度和效果。每个药品流通企业都应根据市场竞争的特点和自身的实际情况，建立一个富有效率的营销结构体系，使之面向市场担负起组织和实施企业各项营销活动的任务，成为连接企业内部其他职能部门实现整个企业经营一体化的核心。

市场营销是企业经营管理过程中的一个很重要的方面，制约着企业的生存与发展，市场营销的行为从分析市场营销机会开始，并选定目标市场，确定产品在市场中的定位以及具体的市场营销组合策略，制定详细营销计划及营销计划的实施与保障措施等，是一种有序的管理过程。显然，要保证这种管理过程的顺利完成，关键就是要建立能适应公司的目标和任务，适应市场营销环境的具体营销组织部门，营销组织制定要坚持以下原则。

（一）目标一致性原则

市场营销组织依据市场营销决策、计划确定营销组织结构。一切要从实际出发，根据营销的具体任务需要设立岗位，做到机构简单、办事效率高，相互合作的部门由专人负责协调，统一管理，使组织内部各部门于公司整体经营目标下能充分发挥能力而达成各自目标。组织人员要明确目标，按计划完成销售任务。制定目标需要有较高的透明度，才能使各部门员工明确工作方向和任务，通过组织协调使员工个人目标同组织目标一致，这样建立起来的组织机构才是一个有机整体，同心协力做好营销工作，为总目标的实现提供保证。

（二）责、权、利明确原则

医药企业构建规范化的组织体系，明确工作职责，建立关键业务流程。组织机构设立力求层次清晰，人员精干，能胜任者就赋予相应的权力、责任和利益。明确个人在组织中的角色，在工作中相互配合与协作，把整体营销工作做好。

（三）管理幅度与层次适当原则

管理幅度，又称管理宽度或管理跨度，管理幅度是指领导者能够有效地直接指挥的部门或员工的数量，这是一个横向的概念。管理层次又称管理梯度，是指一个组织下属不同的等级数目，是一个纵向的概念。在管理职能、范围不变的条件下，管理幅度与管理层次往往互为反关系：一般来说，管理幅度越大，层次越少；反之，幅度越小，则管理层次越多。

因此，市场营销组织的管理幅度及管理层次的设置不是一成不变的，结构本身应当具有一定的弹性。企业需要根据内部及外部情况的变化，及时调整市场营销部门的组织结构，以适应企业发展的需要。应当指出的是，营销组织和管理结构的设置只是手段，不是目的。

（四）整体协调性原则

设置药品流通企业营销组织结构要能够让各个部门之间进行有效的衔接和合作。要保证统一领导，应该将有关组织全局的重要权力集中在组织的最高管理机构，同时，建立的营销组织要能够有效协调以下几种关系，即协调企业内部各个部门之间的关系，协调企业与顾客、公众之间的关系，协调企业与政府部门之间的关系等，使整个企业处于良性运行状态。只有这样，市场营销部门才能真正发挥其作用。

（五）有效性原则

"效率"是指一个企业在一段时间内可以完成的工作量，可以用销量、品牌美誉度、知名度等指标来体现。有效性原则要求组织机构和组织活动必须富有成效，市场营销效率越高，说明其组织结构越合理和完善；否则，可能营销组织存在一定问题。组织机构设计要合理，因事设机构、设职务匹配人员，人与事要高度配合；主管领导者要能够对下属实施有效的管理。

二、药品流通企业营销组织模式

（一）市场营销组织的发展与演变

企业的市场营销部门是随着市场营销管理哲学的不断发展演变而来的。大致经历了五种典型的形式：单纯的销售部门、兼有附属职能的销售部门、独立的市场营销部门、现代市场营销部门、现代市场营销公司。

1. 单纯的销售部门　是指销售部门仅仅负责产品销售工作，通常由一位销售主管领导几位销售人员从事单纯的产品推销工作，如果公司需要进行市场调研或做广告，这些工作也由销售主管带领团队处理，促使他们销售出更多产品。20世纪30年代以前，西方企业以生产观念作为指导思想，大部分都采用这种形式（图11-1）。

一般来说，这时期的企业只有简单的四种功能部门：人事、生产、销售及财务。财务部门负责资金的筹措；生产部门负责产品制造；销售部门通常由一位副总经理负责，管理销售人员并兼管若干市场营销研究和广告宣传工作。在这个阶段，销售部门的职能仅仅是推销生产部门生产出来的产品，生产什么就销售什么，而不关心产品生产、库存管理、产品的种类、规格、数量等问题。

2. 兼有附属职能的销售部门　在20世纪30年代市场大萧条以后，很多企业的市场规模不断扩大，市场竞争日趋激烈，企业为了应变复杂市场的变化，改被动销售为主动营销，大多以推销观念作为指导思想。此时，企业需要增加某些新的职能，进行经常性的市场营销调研、广告宣传以及其他销售服务活动，于是开始设立市场主任职位，协助销售经理负责营销方面的工作（图11-2）。

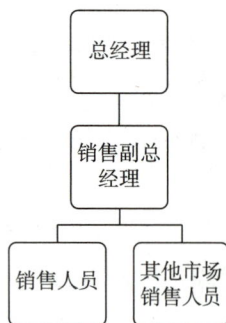

图 11-1　单纯的销售部门示例图

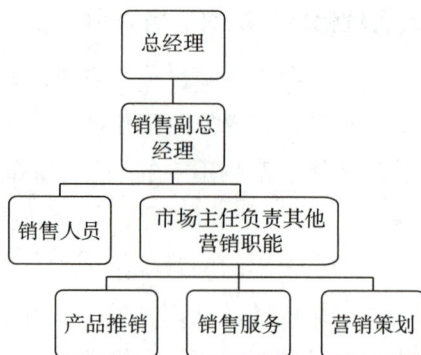

图 11-2　兼有附属职能的销售部门示例图

3. 独立的市场营销部门　是指市场营销部门与销售部门并行，专门从事市场营销研究、新产品开发、广告宣传和为顾客服务等方面的工作，销售经理偏向推销职能，把过多的时间与精力放在销售队伍上，对市场营销的其他职能关注不够。随着企业规模和业务范围的进一步扩大，原来作为附属性工作的市场营销研究、新产品开发、广告促销和为顾客服务等市场营销职能的重要性日益增强。于是，市场营销部门成为一个相对独立的职能部门，作为市场营销部门负责人的市场营销副总经理同销售副总经理一样直接受总经理的领导，销售和市场营销成为平行的职能部门。但在具体工作上，这两个部门是需要密切配合的。这种安排常常出现在许多企业中，它向企业总经理提供了一个全面分析企业面临的机遇与挑战的机会（图 11-3）。

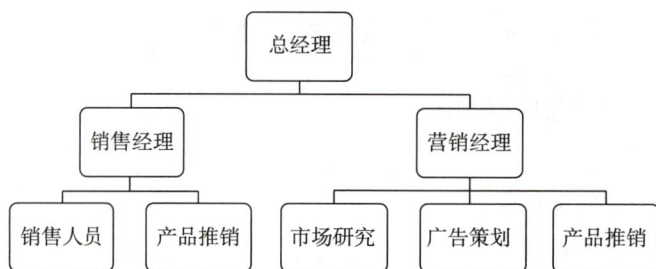

图 11-3　独立的市场营销部门示例图

4. 现代市场营销部门　是指市场营销部门全面负责产品推销和其他市场营销职能。尽管销售副总经理和市场营销副总经理需要配合默契和互相协调，但是他们之间实际形成的关系往往不协调。销售副总经理趋向于短期行为，侧重于取得眼前的销售业绩；而市场营销副总经理则多着眼于长期效果，侧重于制定适当的产品计划和市场营销战略，以满足市场的长期需要。销售部门和市场营销部门之间矛盾冲突的解决过程，形成了现代市场营销部门的基础，即由市场营销副总经理全面负责下辖所有市场营销职能部门和销售部门。

5. 现代市场营销公司　是独立和专门从事市场营销工作的机构。一家药品流通企业仅仅有了上述现代市场营销部门，还不等于是现代市场营销企业。现代市场营销企业取决于企业内部各种管理人员对待市场营销职能的态度，只有当所有的管理人员都认识到企业一切部门的工作都是"为顾客服务"，"市场营销"不仅是一个部门的名称而且是一个企业的经营哲学时，这个企业才能算是一个"以顾客为中心"的现代市场营销企业。

（二）药品流通企业营销组织的形式

市场营销部门的组织形式主要受宏观市场营销环境、企业市场营销管理哲学以及企业自身所处的发展阶段、经营范围、业务特点等因素的影响。现代药品流通企业营销部门的组织形式主要有以下几种。

1. 职能型组织　职能型组织结构是最常见的营销部门组织结构，是在药品市场营销部门内按不同的营销功能建立的不同的职能部门，如广告部、销售部、市场调研部等，不同职能部门各司其职，市场营销副总经理负责协调各部门的工作。它是专业化组织的一种形式，旨在强调市场营销各种职能的重要性。这种组织把销售职能当作市场营销的重点，而广告、产品管理和营销研究职能则处于次要地位（图11-4）。

这种组织的最大优点是营销工作分工明确，能提高工作效率，便于营销职能的实现。特别是当企业只有一种或很少几种产品，市场相对集中，或者企业产品的市场营销方式大体相同时，这种组织结构比较有效。但是，由于各职能部门只负责本部门的工作，而忽视了各部门之间的沟通与协调，随着产品品种的增多和市场的扩大，这种组织方式可能会影响企业产品的整体效率。

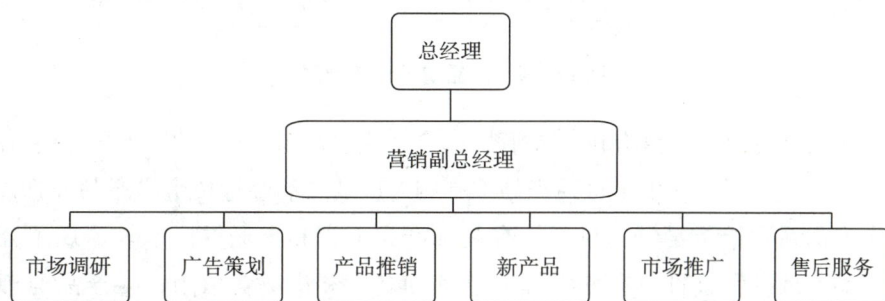

图11-4　职能型组织示例图

2. 地区型组织　是指市场营销部门按地理区域设置营销机构，在不同的地区设地区经理，组建销售团队。地区经理不仅负责药品推销，而且负责该地理区域的市场调研、广告方案和营销计划制订等，市场营销副总经理负责协调各地区经理的工作。一个销售范围遍及国内或国际很多地区的药品流通企业，由于市场规模较大，竞争激烈，通常都按地理区域组建销售团队（图11-5），以便应对激烈的市场竞争。

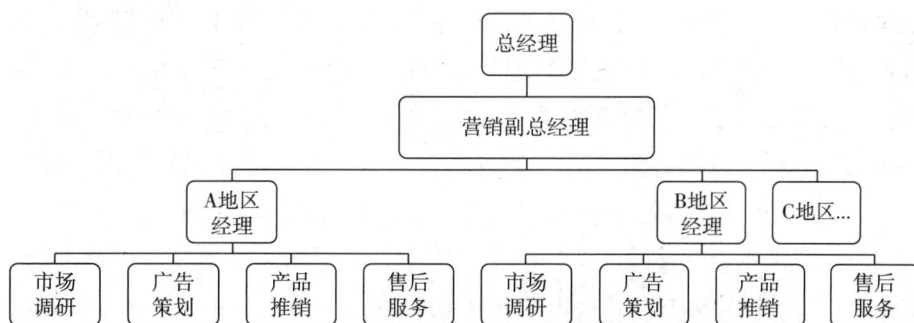

图11-5　地区型组织示例图

地区型组织形式的优点是增加了管理层次，突出了区域特点，易于密切关注销售经理与当地业界的关系，考核方便，也便于根据地区市场变化的情况及时制定有效的营销策略；缺点是易于造成区域经理过于追求短期利益而影响企业的整体计划的执行，另外，不同地理区域设置相同的职能机构，也会消耗较多的人力资源，从而开支过大。一般来说，地区性组织比较适宜于市场地区比较分散和市场范围比较广泛的药品流通企业。

3. 产品型组织 是指在市场营销部门内部分设不同的产品经理，产品经理负责制定某一种或某一类具体药品的全部市场营销工作，包含制订产品长期经营和竞争策略、各类营销计划、全面营销计划的实施和控制等。营销副总经理负责协调各产品经理之间的工作（图11-6）。

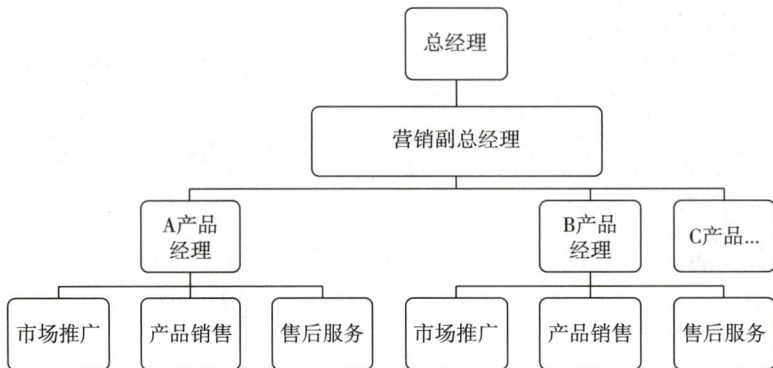

图11-6 产品型组织示例图

产品型组织结构的优点是：①具有较大灵活性，当企业涉足新的产品领域时，只要在组织结构上增加一个新的产品系列部就行了；②由于每种产品都有相对应的产品经理负责，产品经理能够以产品为中心，对负责的各个产品系列给予足够的重视，有利于产品上市和市场推广；③体现了分权化的经营思路，有利于调动产品经理的积极性，有助于提升品牌知名度和市场竞争力；④产品经理熟悉产品和市场，能对市场上出现的产品问题迅速做出反应，可以为某一产品设计具有成本效益的营销组合；⑤这种组织形式着重对国内和国际业务进行统筹安排，产品经理关心的是整个部门的总利润，而不论利润来自国内还是国外，使企业各部门的注意力集中于产品技术和产品市场上，促进了新产品的研发和国际市场的开拓。

但是该种模式也有缺点：①这种组织形式意味着企业随产品种类的不同而需要在任何一个特定的地区建立多个机构，需要多个产品经理，导致机构设置重叠和管理人员的浪费，增加总经理的管理幅度；②产品经理需要协调和广告部、销售部等部门的关系，否则有碍他们有效地履行职责；③缺乏整体观念，各产品部之间如果没有协调好，会为保持各自产品的利益而发生摩擦；④若是地区市场之间差异较大或是空间距离较远时，会消耗产品经理太多的精力，导致地区营销策略滞后。

4. 市场型组织 是指企业按照目标市场建立营销组织，由一个总市场经理管辖若干个分市场经理。其中心内容是确保企业实现"以顾客为中心"的现代营销观念，通过开展药品市场研究、目标人群研究等，建立目标市场及市场营销目标，并由市场经理进行管理（图11-7）。

这种组织结构的主要优点是能够满足市场的不同需求，依据每一类消费者的需求特点、消费习惯、心理等特点，企业可围绕着特定客户的需要开展一体化的营销活动，而不是把重点放在彼此割裂开的产品或地区上。在以市场经济为主的国家中，越来越多的企业组织都是按照市场型结构建立的。这种组织适合于产品较少的、顾客需求比较稳定的市场，当产品较多时，可能会顾此失彼，尤其是开发和推广新产品市场会面临较大的挑战。

5. 营销矩阵型组织结构 有多种产品并向多个市场销售的药品流通企业，常常会遇到如何设置机构的难题。产品经理需要熟悉分散的各种市场，而市场经理要熟悉销往各市场的多类产品，营销矩阵型

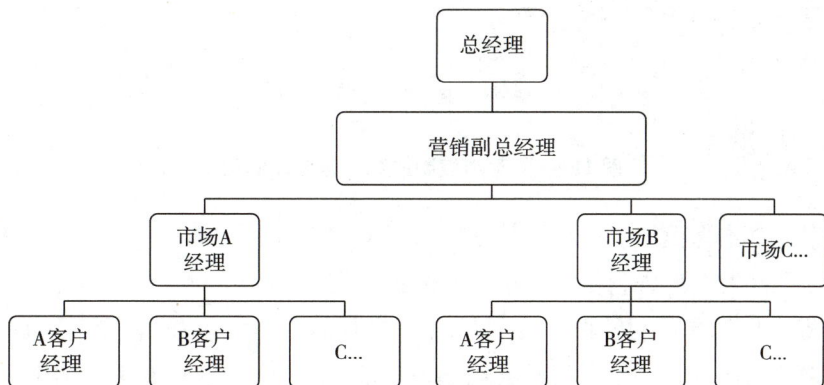

图 11 – 7　市场型营销组织示例图

组织结构是由产品管理型与市场管理型组织组合而成的，各职能部门的垂直系统和各产品的水平系统组成了一个矩阵。产品经理负责不同产品的营销企划、实施与控制，市场经理则着眼市场的长期需求，开发现有的和潜在的市场，负责顾客需求的把握。

这种组织结构的主要优点是，同时具有产品型组织与市场型组织的优点，能充分利用各个职能部门的职能优势，协调满足顾客需求，并进行复杂的决策；缺点是管理费用高，容易产生内部冲突。

任务三　药品流通企业营销控制

一、药品流通企业营销控制的含义

控制是一个管理过程，其目的是确保企业按照管理意图或预期目标运行。药品流通企业营销控制是指药品流通企业管理者对营销执行情况和效果进行检查与评估，衡量营销策略与计划的实施情况，了解计划与实际市场的偏差以及造成偏差的原因，并采取纠正措施，最终确保营销计划的有效执行和营销目标的实现。

二、药品流通企业营销控制的基本程序

营销控制是营销管理的一个重要职能，是营销管理者用来跟踪企业营销执行过程各个环节的一整套工作程序，其目的是确保企业资源的有效利用，实现组织目标的过程。营销管理者通过营销控制不仅可以及时发现计划执行过程中的问题，寻找修正措施，也能在市场营销环境发生变化时及时调整营销计划，化解环境变化带来的威胁。

营销控制的目的在于纠偏，通过不断纠偏，最终实现企业的营销目标。若是营销过程中的小偏差，对于营销计划及其目标并无大碍，则可以微调，根据整个方案来选择解决的时机及手段；若是大偏差或是对营销计划、营销目标影响较大的，则要及时调整，设计系统化解决方案，避免偏差累积造成严重问题。所以，药品流通企业营销部门必须对营销活动进行实时控制，建立科学、严格的工作程序，如图 11 – 8 所示。

1. 确定控制对象　任何控制活动本身都会引起费用支出，因此，管理者在确定营销控制对象、范围、额度时应当注意使控制成本小于控制内容所能带来的效益或可避免的损失。常见的控制对象如销售

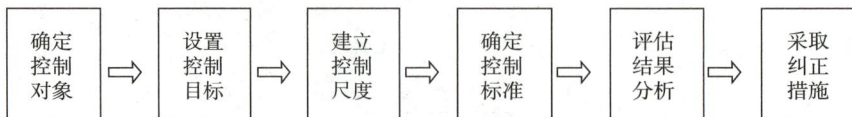

图 11 - 8　营销控制的基本程序示例图

增长率、销售利润率、资本保值率、利润增长率、市场占有率、品牌知名度等，以及对市场调查、人员推销、顾客服务、新品开发、广告宣传等营销活动的控制评价。

2. 设置控制目标　目标是控制的核心及起始点，即有了目标才能开始进行控制。这是将营销控制与营销计划连接起来的主要环节，设置的控制目标与营销计划中设定的营销目标相一致，应该是比较详细的、具体的、可操作的、可量化的。

3. 建立控制尺度　一般来说，企业的营销目标就是营销控制的衡量尺度，如销售收入、利润率、市场占有率、销售增长率等。但某些复杂的问题还需要一些特殊的衡量尺度，如销售人员的工作效率可用一年内新增客户数目、平均每天访问次数及每次访问的平均销售额等销售指标来衡量；广告效果可以用广告费用、记住该广告内容的顾客人数占全部顾客人数的百分比来衡量。由于多数企业的管理目标是多样的，因此，营销控制的衡量尺度也有多种形式。

4. 确立控制标准　控制的标准与营销目标的指标是一致的，当企业依据营销目标制定出业务绩效的衡量标准之后，控制机制即可发挥作用。控制标准的确立通常可参考其他企业的标准以及产品、地区、竞争状况等的差别，并尽量吸收企业各部门管理人员参与，以使其更加切合实际并尽可能得到各部门认可。控制标准一定要数量化，比如金额、数量要明确，另外，控制标准一般允许有一个浮动范围，如某项新产品在投入市场3个月后开发的新客户应达到客户总量的5%~8%。

5. 评估结果分析　评估就是依据制定的标准，根据现有的详尽资料，将被控制对象的业绩与制定的标准相对比，考察业绩是否达到了预期的水平，同时应充分考虑当地的市场环境变化，如发生的"假疫苗事件""流感"等都会对药品流通企业的经营业绩产生影响，遵循实事求是的评估原则是十分重要的。评估过程同时又是分析过程，尤其是被控制对象未能达到既定目标时，必须分析原因，这就要求有关部门工作人员耐心、细致地了解相关背景情况，并进行客观的分析，找出问题的症结所在，并提出相应的改进措施。

6. 采取纠正措施　纠正偏差或失误是控制的直接目的，因而它是控制的最关键环节。药品流通企业市场复杂，纠正的实际难度较大，纠正的措施必须及时，在分析并寻找出产生偏差的原因后，就必须着手进行纠正。需要注意的是，在分析并寻找出产生偏差的原因后，就要及时纠正，以免纠正措施滞后，形成"马后炮"。同时，纠正偏差使投入成本增加，而纠正偏差带来的收益却是预期发生的。如果纠正偏差花费的成本与其带来的收益大体相当，甚至超过收益，则这一偏差的纠正是毫无意义的，营销控制者必须在成本收益上做大量的分析以利决策。

三、药品流通企业营销控制的方法

营销控制是个非常复杂的过程，依据控制的目的、内容及实施的层面，营销控制可分为年度计划控制、盈利能力控制、效率控制与战略控制四种类型。

（一）年度计划控制

年度计划控制实质是一种目标管理，由企业最高管理层设定一个年度目标，并将这些目标分解成各个低管理层的具体目标，于是中层或基层管理人员都要被责成完成若干目标，而上层管理者则负责定期检查、分析和指导，旨在发现计划执行中出现的偏差，并予以纠正，从而确保年度计划所规定的销售、利润和其他目标的实现。

年度计划控制是在本年内采取相关控制措施，主要控制工具包括市场分析、财务分析以及顾客忠诚跟踪分析等，主要检查市场营销活动的结果是否达到了年度计划的要求，并在必要时采取调整和纠正措施。年度计划控制过程分为四个步骤：①建立目标，即确定年度计划中的月份目标或季度目标；②衡量绩效，即监督市场营销计划的实施情况；③诊断绩效，如果营销计划在执行过程中有较大的偏差，则要找出其中的原因；④实施行动，采取必要的补救或调整措施，缩小计划与实际目标之间的差距。

年度计划控制的内容，是对销售额、市场占有率、费用率等进行控制。实施年度计划控制，要进行以下几项内容。

1. 销售分析　销售分析是衡量并评估企业的实际销售额与计划销售额之间的差异。它主要包括三个方面的内容：①将实际销售业绩与计划进行对比分析，确定计划的总体执行情况；②销售差异分析，用来衡量造成销售差异的不同因素对销售的影响程度；③销售深度分析，用来衡量导致销售差异的具体产品或各地区销售指标。

2. 市场占有率分析　市场占有率分析能反映出企业相对于竞争者的经营优劣，揭示企业同竞争者之间的相对关系。在正常情况下，市场占有率上升表示市场营销业绩提高，在市场竞争当中处于优势；反之，说明在市场竞争中失利。造成市场占有率波动的原因既可能是企业所做的战略决策所致，也可能是由于新竞争对手进入市场所致；又或者是因为外界环境因素对参与竞争的各个企业的影响方式和程度不同。因此，市场占有率的波动应该从实际出发具体分析。

3. 市场营销费用率分析　即检查与销售有关的市场营销费用，以确定企业在达到营销目标时的费用支出与预算要求基本一致。营销费用分析一般是对销售费用率、广告费用率、市场调研费用率、销售管理费用率等指标进行分析。分析各项指标是否合理，可以按不同地区或不同产品达到销售额与相应的费用支出的比例来体现，如果费用变化不大，在安全范围内，可以不采取任何措施，但如果销售额较少而营销费用较大，就必须找出营销费用支出差异的原因，并采取措施。

通过上述分析，企业一旦发现营销实践结果与年度计划目标有显著差异，就应采取措施；或是调整计划指标，使之更切合实际；或是调整市场营销战略、战术，以利于计划目标的实现。如果上述方面没有问题，则应在计划实施过程中找寻原因。

（二）盈利控制

获取利润是企业不懈追求的目标，盈利能力的大小，对市场营销组合决策有着重要和直接的影响。

1. 盈利性分析　是按市场营销业务的各个方面计算纯利润额，通过对财务报表和数据的处理，把所获利润分摊到诸如产品、地区、分销渠道、顾客群、订单规模等上面，衡量每个因素的获利能力，以帮助管理者决定是扩大产品或相应的营销活动，还是放弃某些细分市场等决策。

盈利能力的指标一般包括资产收益率、销售利润率、现金周转率、资产管理效益和净资产报酬率等。此外费用支出必须要与相应的收入结合起来分析，才能了解企业的盈利能力。分析步骤如下：①确定功能性费用，一般包括促销费用、广告费用、仓储费用、运输费以及其他与营销活动相关的费用；②将功能性费用分配给各个营销实体，即衡量由每一种渠道的销售所发生的功能支出，按每一种渠道的每一种功能的费用与发生的次数的比值，得出各渠道功能性费用；③为每个营销渠道编制一张损益表。

2. 选择最佳调整方案　根据营销盈利率分析的结果来选择最佳的调整方案，通过分析每一项营销措施能为企业带来的利润情况，经过优化，使企业获得更大的经济效益。

（三）效率控制

效率是营销投入与营销产出之间的比率，效率控制主要是指如何提高营销过程中的效率问题，假如盈利率分析显示企业在若干产品地区或者市场方面的盈利情况不乐观，那么就应进一步研究是否存在更有效的方法来管理销售队伍、广告、促销和分销等活动，针对性地开展效率控制工作。效率控制主要从以下方面着手。

1. 销售队伍效率控制　销售队伍效率一般包括推销员平均每天访问次数、每次推销访问平均所需时间、平均销售额、平均成本等；每次推销发展的新客户数量，流失的老客户数量等。各级销售经理一般都熟悉其管理的销售队伍，通过对销售队伍效率关键指标的统计分析，就会清楚推销员每天访问量、每次访问所花费的时间、访问成本是否合理，是否留住了老顾客、开发了新客户。通过调查销售队伍的效率，容易对其加以有效控制并发现需要改进的地方。

2. 促销效率控制　促销主要是广告宣传和人员推销，由于广告涉及的影响因素众多，难以充分把握，因此广告效率控制难度较大。企业应尽量设法掌握以下信息：每种广告媒体需要花费的广告成本；受众对于广告内容及其效果的看法；受众在广告前后对品牌、产品的态度变化；广告引发受众关注的程度等。在此基础上，企业可设法进一步采取措施来强化广告效果。

促销的目的在于沟通信息，激发消费者购买的兴趣和动力。为了提高促销效果，加强促销效率控制十分必要。促销效率包括各种激发顾客兴趣的方式、方法，每次促销活动的成本等，有关人员应记录每次促销活动及其成本对销售的影响，分析不足，不断改进和完善，提升促销效率。

3. 营销渠道效率控制　产品的营销渠道不仅影响企业的收益，还会影响企业的形象。营销渠道效率控制主要要求企业能够对营销渠道的选择效果进行合理评估，并确定改进办法。具体应注意的问题包括：销售网点的市场覆盖面，营销渠道的结构、布局以及改进方案，交货速度，存货控制、仓库位置和不同运输方式的效果，营销渠道中的各级各类成员的作用与发展潜力，售前售后服务的质量等。

（四）战略控制

营销战略控制是企业高层管理者最重要的控制工作，其主要工作内容包括营销环境审计、营销组织审计、营销渠道、营销战略审计、营销能力及盈利能力审计等，目的在于检查企业的营销目的和战略是否与营销环境相适应。

营销战略控制的主要方法是营销审计，市场营销审计实际上是在一定时期对企业全部市场营销工作运行的总体效果评价。其任务是对企业的市场营销环境、目标、战略和市场营销活动进行定期、系统、独立、综合地核查，以发现市场机会，找出问题所在，并据以提出改进工作和计划的建议，提高营销效益的方法。

目标检测

答案解析

一、单选题

1. 营销年度计划控制要确保企业在达到（　　）指标时，市场营销费用没有超支

　　A. 分配计划　　　　　　　B. 销售计划　　　　　　　C. 生产计划　　　　　　　D. 长期计划

2. 市场营销组织是为了实现（　　），制订和实施市场营销计划的职能部门

　　A. 企业计划　　　　　　B. 企业目标　　　　　　C. 营销计划　　　　　　D. 利润目标

3. 营销组织设置的原则不包括（　　）

　　A. 便利性原则　　　　　B. 有效性原则　　　　　C. 整体协调性原则　　　D. 适当原则

4. 市场营销管理必须依托于一定的（　　）进行

　　A. 人事部门　　　　　　B. 财务部门　　　　　　C. 主管部门　　　　　　D. 营销组织

5. 设置（　　），能够对企业与外部环境，尤其是与市场、顾客之间关系的协调，发挥积极作用

　　A. 市场营销机构　　　　B. 市场营销企业　　　　C. 市场营销职能　　　　D. 市场营销控制

6. 满足市场的需要，创造满意的顾客，是企业最为基本的（　　）

　　A. 宗旨和责任　　　　　B. 营销理念　　　　　　C. 组织形式　　　　　　D. 主要职能

7. 市场营销是企业管理和经营中的（　　）

　　A. 主导性职能　　　　　B. 社会分配职能　　　　C. 市场营销职能　　　　D. 被动型智能

8. 市场营销控制不包括（　　）

　　A. 年度计划控制　　　　B. 效率控制　　　　　　C. 战略控制　　　　　　D. 质量控制

二、多选题

1. 市场营销市计划是战略控制的重要工具，其主要内容包括（　　）

　　A. 市场营销系统审计　　　　　B. 市场营销组织审计　　　　　C. 市场营销战略审计

　　D. 市场营销功能审计　　　　　E. 市场营销盈利能力审计

2. 市场营销部门的组织形式为（　　）

　　A. 产品（品牌）管理型组织　　B. 职能型组织　　　　　　　　C. 地区型组织

　　D. 产品/市场管理型组织　　　　E. 市场管理型组织

3. 营销效率控制包括（　　）

　　A. 广告效益控制　　　　　　　B. 物流效率控制　　　　　　　C. 销售队伍效率控制

　　D. 促销效率控制　　　　　　　E. 营销渠道效率控制

4. 市场营销控制包括（　　）

　　A. 年度计划控制　　　　　　　B. 效率控制　　　　　　　　　C. 战略控制

　　D. 质量控制　　　　　　　　　E. 盈利控制

三、回答题

1. 职能型组织的主要特点是什么？

2. 简述营销控制的概念及必要性。

书网融合……

知识回顾　　　　微课　　　　习题

（仲继燕）

参考文献

[1] 张晓军，蒋玲霞，袁玉鲜．药品流通质量管理实务 [M]．北京：化学工业出版社，2024．

[2] 杨文章．药品市场营销学 [M]．北京：中国医药科技出版社，2019．

[3] 李晓梅，傅书勇．市场调查分析与预测 [M]．北京：清华大学出版社，2020．

[4] 张丽．药品市场营销学 [M]．2 版．北京：人民卫生出版社，2018．

[5] 全国食品药品执业教育教学指导委员会，国家药品监督管理局高级研修学院．医药市场营销实务 [M]．北京：中国医药科技出版社，2021．

[6] 汤少梁，何强．药品市场营销学 [M]．3 版．北京：人民卫生出版社，2024．

[7] 张建华．商品流通学 [M]．北京：中国经济出版社，2014．

[8] 张春晖，章蓉．药品营销原理与实务 [M]．4 版．北京：中国轻工业出版社，2023．

[9] 甘湘宁，周凤莲．医药市场营销实务 [M]．4 版．北京：中国医药科技出版社，2021．

[10] 李伟，孔祥金．医药市场营销 [M]．北京：科学出版社，2018．

[11] 刘厚钧．市场营销实务 [M]．2 版．北京：电子工业出版社，2020．

[12] 沈志平．医药市场营销 [M]．4 版．北京：科学出版社，2021．

[13] 邓金栋，温再兴．中国药品流通行业发展报告 [M]．北京：社会科学文献出版社，2019．

[14] 李晓晖，杨洋．药品营销网络与物流配送 [M]．北京：中国发展出版社，2020．

[15] 董千里．物流市场营销学 [M]．5 版．北京：电子工业出版社，2023．

[16] 杜建刚，任星耀．市场营销研究中常用的 66 个理论 [M]．北京：清华大学出版社，2024．

[17] 欧阳小青．医药物流实务 [M]．北京：中国医药科技出版社，2020．